解读华育中学成功密码

——优质初中教育探索之道

李　英◎著

文匯出版社

目 录

序　言

正能＋智能＋潜能：优质民办初中的使命与担当

■ 唐盛昌

上海市民办华育中学的创办，是 20 世纪 90 年代末上海市初高中脱钩政策的产物。这一政策要求当时的一批重点中学专注高中阶段教育，初中阶段的教育从这批重点中学脱离出来。当时，这批学校的初中师资何去何从，成为需要解决的课题。1999 年，徐汇区华泾镇政府及其所属华泾实业在徐汇区有关部门的支持下，联系上海市上海中学合作开办了一所高起点的优质民办初中——上海市民办华育中学(以下简称“华育中学”)，由华泾实业出资，上海中学输出教育管理并给予教学支持指导，在原罗秀路 99 号建址办学。2010 年，中房置业股份有限公司加盟作为支持单位，上海市民办华育中学迁址于龙吟路 99 号继续发展。

经过 20 年的发展，上海市民办华育中学已成为上海市领先、全国一流的优质民办初中。自 2008 年上海市统一中考以来，华育中学的中考成绩始终保持全市第一，在各类学科竞赛中也取得了骄人的成绩，成为社会认可、家长满意、学生成才的优质初中。华育中学创办 20 年来，充分发挥民办初中的正能量，通过学校课程改革迎接智能时代的挑战，通过教育改革与创新促进学生的个性潜能开发，显现了优质民办初中的使命与担当。

名校，就是能用更长远的办学目标和愿景完美育人；名牌，就是能用更优的成事智慧和技艺厚德载物。华育中学作为民办学校中的名校乃至名牌，注重将党与国家的立德树人教育方针、社会主义核心价值观融入办学的全过程，将家国情怀、责任意识、国际视野融入育人的全过程，将教育的使命、肩负的重任深入治学的全方位，华育中学走出了一条高起点、高品质、高效率建设一流初中的华光之路，避免了民办学校“重智轻德”的怪圈，重振了民办学校“以正示人”的声誉。在“培养什么人，怎样培养人，为谁培养人”的问卷上，华育中学用自己的远见、高见、睿见，做出了一份堪称完美的答案，充满着正能量。

华育中学在追求优质初中的发展过程中，迸发办学正能，敢于面对时代智能，激发学生潜能，成为学校整整 20 年办学的品格概括、育人的品质概貌、形象的品位概览，也是学校整整 20 年教育旅程的起点初心、中途加油、始终如一的竞走路标，更是学校整整 20 年初中教育的重大建树、重要揭示、重点启示。正能，智能，潜能，这“三能”，从某种意义上说，体现了华育中学高位办学的风范、高端育人的风格、高尚致远的风劲，是初中教育如何走向一流的成功方向、成就方略和成事方寸。

从教育的属性出发，迸发办学正能，这是华育中学的理性认知，体现了办学的宗旨。以教育责任、社会责任担当，坚定立德树人、履行社会责任，这是华育中学迸发办学正能量的追求和实践，也是华育中学的品质特征。面对世界多极化、经济全球化、文化多样化、社会信息化深入发展，互联网、大数据、人工智能等为代表的科技革命成果，正在越来越影响办学的走向，尤其是人工智能的出现，给办学提出了新命题。华育中学敢于面对可以预见的“人工智能”社会的到来，致力于将学校课程从“知识”变为“思维”，将“学习”变为“习得”，通过学校课程的丰富性和前沿性，促进学生智能开发，实现课程育人的最大化。在教育教学改革的路上，华育中学敢于从集聚初中学生资质相对优异的学生群体出发，注重学生在全面发展基础上的个性、潜能开发。让每个华育学生在识别、展示、激发潜能上得到全面进步，华育中学采取了诸如在初中阶段开办科技班、建设创新实验室等一系列独到的措施，为学生潜能的最大开发提供了最好的途径。

华育中学在发展过程中，努力探索优质初中教育的育人之道，按照国家立德树人的要求办一流优质初中教育，这是我们国家的要求，也是我们城市的实力。基于此，华育中学依托民办的办学体制和机制，闯出了一条高质量、高品质、高效益的初中教育发展新路。

华育中学建校 20 年，时间虽不长，但定位很明确，就是办出教育的正能量，出色完成立德树人的根本任务，出彩履行社会责任感，把学校培育成能担负起社会责任的文明建设贡献者，把学生培养成能担负社会责任的建设者、接班人。

华育中学建校 20 年，变化虽不少，但落位很清晰，就是正视智能时代的挑战，应对未来社会的需求，建立一整套能前瞻未来、丰富多元的现代课程，成就学生走向未来的知识准备、能力准备、精神准备。

华育中学建校 20 年，经历虽不凡，但品位很独到，就是激发学生的潜能，使教育的热量转化成学生的能量，为学生认识自我、展示自我、激发自我提供开发之谱，使每个学生独具一格，自成一品。

教育，是讲究科学，讲究智慧，讲究艺术的，也是讲究情怀的。办一流教育的底蕴与智慧在于，能用时代的需求校准前行的方向，能用教育的规律精准育人的道路，能用智慧的艺术认准谋划的方略。李英校长的这本著作，从其治校的思考中书写出了初中优质教育的探索之道，包括育人"谋"为基，育人"德"为先，育人"师"为范，育人"思"为魂，也解读了华育中学之所以能够成为名校的成功密码。

华育的过去实践，可以说提供了一个初中优质教育探索的范本。而面向未来，华育在建设有中国特色的社会主义新时代教育上，更需要睿智前行。只要学校不忘初心，认清目标，前行路上必将续写传奇。

（作者为上海市首届教育功臣、上海市民办华育中学理事长、上海市基础教育国际课程比较研究所所长、原上海中学校长、上海中学国际部创始人）

第一辑

育人“谋”为基

上海市民办华育中学（以下简称“华育中学”）从诞生到现在，走过了20年峥嵘岁月。她用短短的20年，成长为上海初中教育的“排头兵”、全国初中教育的先行者，其发展主线就是未雨绸缪，做先一步、高一层的发展谋划。

根据时代发展的特点，对学校每一年的发展做精心细致的谋划，让学校在走向优质、卓越的道路上更稳健。华育中学的历任领导与教育人，都注重立足于国际视野和家国情怀，在为培育高素质人才奠基上早做思考。

我是2013学年正式到任华育中学校长的，到任的第一件事就是制定了2013学年至2020学年的学校发展规划，并把规划的主题定位为继续保持学校优质内涵的优势领先，整体推进品质发展的示范引领。在2013年到2019年，我注重根据学校发展战略规划提出的任务，每年在全面推进学校内涵发展的同时，围绕一至两个重点深化学校改革，并制定了详细的年度发展计划，加以有效落实，形成强大执行力。

这一辑，我选取了几个学期发展计划集于斯，旨在明确优质初中是如何把握新时代跳动的主旋律，引领学校成员共同努力，攀登一个又一个高峰，攻克一个又一个难题。从中，可以看到优质初中教育的发展，需要有深究教育的底气，有遵循规律的内涵，有国际视野的目光。

初心永在，责任在肩，敢于拼搏，前途无量。优质初中教育，是在先一步的整体谋划与实施中取得成功的。

一、为学生“成才”奠基

2013学年是我在华育中学担任校长的第一年，可以用“熟悉＋思考”这两个词来概括我的工作状态：“熟悉”华育中学的教育教学运作，“思考”未来华育中学的发展之路。学校组织起草了华育中学2013学年至2020学年的发展规划，征求了诸多专家的意见，五易其稿。从中考、竞赛的“领先”走向上海初中教育改革的“引领”，从“领先”到“引领”的一字之差，需要付出艰苦卓著的持续努力。

学校究竟要从哪几个方面走向引领？对于这个问题，经过了多次讨论，基本明确了未来发展的指导思想，力求在教育转型综合改革实验中适度超前，指导思想体现了三个坚持：① 坚持“以立德树人为核心，创新精神和实践能力为重点”；② 坚持“以转型发展为契机，转变学校办学理念、转变教师教学方式、转变学生学习行为”；③ 坚持“以绿色指标为导向，强健学生的身心素养，强调和谐的师生关系”，努力探索引领上海市中心城区优质初中的率先发展、引领发展、创新发展之路。基本明确了六个方面的引领方向：① 学校德育工作引领成人成才融合；② 依法规范办学引领内涵品质提升；③ 校本课程建设引领个性多元智慧；④ 课堂教学变革引领学生潜能开发；⑤ 教师团队合作引领专业发展境界；⑥ 教改实验经验引领义务教育发展。

这一学期的工作重心，我想说的是达成共识、凝聚智慧，为走向“引领”奠基，为学生“成才”筑台，树立四个方面的核心观念。这四个核心观念是：① 学生是学校发展的主人和主体，满足学生的需求；② 教师是学校发展的源泉与动力，给教师创设平台；③ 校园文化是学校发展的标杆与标志，依法规范办学；④ 管理团队是学校发展的带头人，做好保障服务。这学期学校将围绕“四个核心观念”的落实，做好六个基础性的奠基工作。

(一) 立德树人的奠基

学生的全面发展,德育为先。华育中学的学生学习成绩与智育水平处于领先,无可争议,但学生的德育有很多工作要做,需要在"立志、素养、服务"的思想引领下抓好德育工作。由于要去华育工作的原因,过去的1—2年里,我在上海中学担任副校长工作或开行政会议时,特别留意有关华育中学毕业生在上海中学的成长信息,发现了一个很值得深思的现象:上海中学学习成绩优秀的、竞赛成绩好的、学生会干部中表现突出的、积极参加各项社团活动的、获各类奖项的,相当一部分学生来自华育中学,但很多时候我们有些学生还不够"大气、谦和",不懂得"尊重、服务"。

学校德育工作,仍然要继续围绕"立志、素养、服务"这六个字下功夫。这六个字的相互关系是:通过服务和开展各种活动,提升学生的素养,通过素养的提升,进一步确立个性化的志向,还要引导学生既要立志,又要立身,从身边的小事做起,不断成长。学校的立德树人奠基不是空洞、只讲大道理的,需要抓好三个不同层面:① 学校层面抓导向。对先进班、文明班标准大幅度修改,重新给全校班主任一个评价是导向。每个学期学生处确定的活动主题是导向,每个时期重点问题的解决是导向,不同时期有不同的活动主题,这就是导向。② 年级层面抓风气。从年级组讲,实实在在抓学生认真学习的风气、积极向上的风气、诚信友爱的风气、社会服务的风气,年级组要达到标准,关键要看风气。③ 班级层面抓实效。班主任要通过班级落实到每一个学生个体身上,使得每一个学生都有个性的最好发展。

我们还需要做好以下三个方面工作:① 抓好主题班会,让主题班会成为学生心灵洗礼的场所。要将好的主题班会汇集起来,变成班主任培训的好教材。抓好学生自主管理与诚信教育,做到四个一样:老师在与不在一个样,校内与校外一个样,有检查与没检查一个样,家长督促与不督促一个样。平时早读、自修也让学生自己管理,诚信教育贯彻其中,平时周爽练习,尝试无人监考。② 做好学生的引路人。从班主任、年级组长到校领导,对学生的思想工作要特别关心,包括对优秀学生。上学期有个别学生学业优秀,但行为举止不够规范,要求该生写出反思认识,得到家长认可。③ 策划好各类活动,营造好良好的德育氛围,让学生具有独立的人格。我们的老师要让学生懂得如何爱自己、爱身边的人、爱社会,让学生不但自己弄明白哪些事情不能做，而且要劝导别人也不能做。

（二）学生成长环境奠基

创设学生成长的良好环境，是学校工作的第一要义。这学期学校将立足于学生全面而有个性的发展，努力为学生的成长搭建各类平台。目前，我们面临的局面是：华育中学只有中考成绩是站不住脚的，华育要实现引领，就需要在原有基础上不断开阔视野，为学生个性发展搭建更为宽广的平台。从这学期开始，各部门认真思考，力图搭建以下四个方面的学生成长平台。

1. 潜能发展的平台

学校要探索走出一条龙的培养和个性化的发展路子，给学生搭建潜能发展的平台。本学期的发展思路是强化学校数学优势的同时，将潜能发展平台延伸至多个学科领域。这几年华育的数学竞赛，虽然进冬令营的学生数增加，近几年每年高中联赛都有华育的学生，而且有四个学生进入上中后获得国际数学奥林匹克竞赛金牌，这四个学生基本都是比较全面且后来居上的。要形成上海初中的数学尖子在华育的局面，需要研究分析教研组实力，合理布局、定位，充实力量，形成数学特色。与此同时，通过数学这一基础，向多个方向发展，与上海中学科技班、工程班、数学班的专门方向衔接。2014 年 9 月华育中学将开设科技兴趣班，培养学生的科技兴趣、探究意识与创新素养，在学生培养方面走出一条新路。除了点上设置数学兴趣班、科技兴趣班外，学校还将在平行班的面上开设文史兴趣小组、英文兴趣小组与拓展科技、人文、体艺等方面的第二课堂，供学生选学。让学生在选择学习中激活兴趣，识别与开发潜能。当然也包括物理、化学、生物学、计算机科学、医学、土木工程、环境、能源、海洋、通讯等多个专门方向，在这些方面开发出多样的课程，为学生潜能发展提供更广阔的舞台。

2. 开阔视野的平台

大学主要是学术性展开，高中主要是有专业发展方向引领。初中要注重培育学生的探索精神，开阔学生视野，打开思路。华育自身发展定位要清晰，以兴趣激发为主。可以通过上海市青少年科技创新大赛这一平台，引导学生去了解相应领域的知识。由于该项比赛涉及地球与空间科学、工程学、环境科学、计算机科学、物理、化学、数学、微生物学、医学与健康、动物学、植物学、生物化学、社会科学 13 大领域，可以让学生在边学习的同时，尝试进行一些自身感兴趣的课题探究，接触现代科技发展的知识，明确自身学习与社会生活、未来发展的联系。另外，教师可以通过国内外教材的比较研究，汲取国际课程优质元素，并在课堂教学中以学生可接受的方式有目的地介绍学科最新发展趋势，激发学生的内在学习动力。

3. 人文底蕴的平台

初中阶段是一个人人格形成的最重要阶段，因此初中阶段的教育不仅意味着传授知识，更重要的是还承担着对“人”的教育的重要职责。华育中学关注学生内涵品质的提升，而这个品质就体现在人文底蕴上。在学科教学方面，人文学科以及自然科学都要找到不同的培养载体，尤其是历史、语文、政治等学科。政治学科可以考虑关心上海自由贸易实验区等问题。人文的视角有多个方面，包括影视、动漫、经济、法律等，多视角激发学生兴趣。当然，对于华育中学来说，除了让学生能够在学科教学中加强人文素养之外，还应该让学生从丰富的实践活动中学会如何与人相处、加强团队精神以及对自然的亲和力，把学生的眼光引向更为广阔的文化领域，在实践中受到人文素养的熏陶，帮助学生打下精神的基础、文化的基础，形成深厚的人文底蕴。

4. 思想境界的平台

华育的学生不应该只是学业成绩好，更要有志向与追求、有责任与境界、有诚信感恩的情怀与社会服务意识，能够真正成为社会公认的高一级学校青睐的优秀初中毕业生，所以我们非常强调促进学生基于社会责任感的价值追求。预初要抓好适应性教育，通过军训夏令营培养学生的组织性和纪律性，督促学生养成良好的学习和生活习惯。初一要抓好道德修养教育，让学生养成健康心理与审美情怀，在生活中讲文明、讲礼貌、不浪费等。初二要进一步强化理想信念教育、团队合作及诚信教育。初三要抓好社会责任感的教育与立志教育，强调培养学生的综合素养以及艰苦的意志品质、抗挫折能力以及面对挫折的韧性。学校将通过升旗仪式、社团活动、社会实践等进一步提升学生的思想境界，针对当前社会热点举行辩论赛，不定期组织学生参加各种公益活动，并通过德育课程的形式对活动进行评价。按照这个方向去做，才能把我们的学生教得更好，培养得更好，成为对社会有用的人。

(三)教师发展环境奠基

如何满足华育中学教师发展需求?只能靠华育人共同的智慧来解决共同的需求,用我们积极的实践、体验来创造出更多分享与碰撞的平台。我们华育的教师创造出一种信任的文化,这个信任包括对学校的信任、教师之间的信任以及对自己的信任,每个华育的教师都应该为创造这种信任文化做出自己的努力。在这里应该积蓄每个人的能量,应该让信任随时发生,并且制造出属于每个人的快乐成长的环境,信任文化可以让我们教师彼此真正凝聚起来,打造华育的未来。

我在上海中学主管人事工作三十多年,担任了四年的中层干部,23 年的校级领导。在我的心中,无论职务如何变化,都坚持一个原则,那就是对教职工的评价从不以个人好恶出发,处理事情都是对事不对人,只要他们对学生、学校的发展有利,我都会由衷地尊重他们。我不在乎他们对我的态度,都以一颗包容的心去接纳,事实上,我们最终都会成为好朋友。

刚才讲到,为学生创设四个方面的平台,就需要教师充分发挥自身智慧,挖掘自身的学科优势与潜能,在自己的岗位上不断提升。各教研组与各位老师都可以从"微课程"建构以及引导学生在学习"微课程"基础上,在一些小的课题探究与研究性学习上大显身手。我们的教师完全有能力也有必要在激发学生学习"微课程"的同时,让学生尝试在学习过程中开展一些小课题的探究。这些年,我们新引入的教师大部分是研究生毕业,有指导学生进行课题探究与研究性学习的能力。如果在这方面有所突破的话,我们的学生素养就能在探究、创新上迈开一大步,这也是当前我们比较缺乏的。我相信,通过一段时间的积淀,我们的教师会在这个过程中不断学习到新的东西,尤其是跨学科的交叉整合与提升,获得更高的专业发展,学生也会从中获得更好的成长体验。这学期,我们将让每个教研组开出 1—2 门微课程进行试点,拍摄下来剪辑 6—7 分钟,放到网上让更多的学生学习,教师点评,再逐步进行拓展。对于这些"微课程"的开设,学校将根据教师开发课程容量的大小,以大型、中型、小型、微型科目的方式予以实施,拓展学生发展的选择空间,如大型课程安排一学期,中型课程安排半学期,小型课程安排一个月,微型课程安排 1—2 周的时间,鼓励教师开出更多的、让学生获益的课程。学校将根据学生对这些课程学习的满意率来对教师开发课程的质量进行评价。每一位教师都要在这方面做出努力,包括体育、艺术学科教师,将开发课程、开展探究、组织社团、艺术汇报等充分结合起来。

我想举一个例子,那就是吴老师带出的“DI创新思维国际比赛”的学生团队,带领学生这些年在国际、国内屡获大奖。吴老师很不容易,自己是学历史的,带领学生在这个创新思维团队比赛中取得好成绩,就在于她善于钻研,并尝试在学科交叉领域中寻求新突破。DI的团队挑战题有五种类型:技术类、科技类、艺术类、即兴类以及结构类,她带领的华育中学队之所以获得佳绩,在于他们既不完全走技术路线,又不完全走艺术路线,而是在两者结合上走出一条新路,加上华育学生比较聪明,从而多方力量整合,创造了华育的一个亮点。

我相信,像吴老师这样的教师还有很多,我也希望大家各自发挥出自身优势,在创设学生发展的多样平台上展示自己的才华。我们有理由相信,有华育这样一群高素质的教师,加上一批好资质的学生,集聚在一起,如果能够找到好的切入点加以培育,学校提供相应的财力支撑环境,就一定能孕育出更多的像“DI”这样的项目或成果。

(四)校园文化环境奠基

华育中学要形成自身的校园文化价值导向,学生优先、事业优先是我们校园文化的核心,当然同时学校也会营造“绝不让雷锋吃亏”的氛围。每一位教职工,在华育工作,要努力耕耘才会有收获。我的老父亲经常跟我讲的一句话就是:人老都是从头、脚开始的,因为随着人的生命体征下降,你的体力不够,你的血液、气脉都到不了最底端与最顶端,就接不了地气了。一个学校,就是一个生命体,如果这个学校办学规范不到位,就没有生命力。由此我感到,要把学校办成有活力的学校,就必须经脉打通、血气打通,既能接地,也能到顶。这个经脉就包括文化、价值观,要把学校的文化、价值观融到每个教职工的血液里。如果我们的文化、价值观血气不通,这个学校就没有活力。

要想有收获,就必须先要付出,以承担责任为幸福感,这是华育文化的重要组成部分。尽管有时候付出未必有收获,但如果不努力就一点成功的可能都没有。事物的发生都有一个循序渐进的过程,需要足够的积累,才能产生质的飞跃。我希望华育中学的平台将帮助教职工成功:① 这个平台上能够继续吸引到全市最优秀的老师和学生到这里任教与求学。做老师不可能成为富翁，一个人有多少钱固然重要，但有一个平台做事，那种幸福感更重要。② 这个平台应该使全体教职工气血相通、血脉相连。③ 这个平台是能够登高望远，让教师的聪明才智得到展现，让职工更好地为师生、学校服务。④ 这个平台也能让我们共同享受成功。

校园文化作为学校发展的标杆，就要坚持规范办学的价值取向，要做到依章办事。我的一个管理理念是以道德约束为主管理学校，虽然理想但并不现实，而以制度治理的学校，制度条文看似无情，但对需要的人来说，可能是最可靠、最温暖的保护。这些制度规范要贯彻到每个部门，不能有死角，横向到边，纵向到底。于是我们组织了各部门对华育的各项规章制度进行了梳理与完善，现在已经装订成册，为今后依章办事提供了规范依据。这些规章包括园丁业绩奖、病事假制度、班组等级评比、文明班与先进班评比细则、经费使用审批制度、物资采购内控制度、工程项目议标制度、合同签订与保管制度、学校各岗位责任、班主任带教制度、学生评选制度、学籍管理制度等，将有力地推进学校规范办学。

（五）服务保障环境奠基

让每一位师生进入华育校园后，首先感觉到的是整洁、干净的校园，然后感觉到的是学校有完备的、系统的规章制度，有章可循，内部有约定俗成的合情合理的行为规范和价值导向。最后，通过一段时间的学习工作后，进一步感受到学校是一所讲规则、讲诚信、讲情谊的场所，从而激发对学校的信任感、归属感和敬畏感。我向来认为学校领导者是“做事”而不是“做官”，是要在把握方向、起好引领带头作用的同时，努力为教育教学服务，做好教育教学的保障工作。刚才说到，规范管理就是打通经脉的管理，是增强免疫的管理，是有生命力的管理，这种管理需要我们的管理团队发挥好引领作用，这种引领作用要成为全体教职工的智慧激活的引擎，积极创设服务环境，为第一线师生做好服务保障工作。

为此，在 2013 学年第一学期学校做了一些事情。首先是教代会的代表充实，共 31 人，以后每学期定期召开教代会，讨论学校的发展，讨论教职工的活动安排、福利等，增强教师的幸福指数。第二，成立后的校务委员会已经开过四次会，行使对学校事情的重大决策。第三，充实调整了家委会班子，进一步完善了家委会民主选举的程序。在我心中，华育的家长是上海最好的家长，家委会成员又是优秀家长的代表，在学校发展中应该起到正能量的作用。第四，年级组、教研组上等级的条例，文明班、先进班评比条例的完善，这学期将按照这些新条例来进行评比。第五，进一步加强财务管理。学校将对财务规章与管理制度进行进一步梳理，制定各类财务规章制度，补充完善操作程序，为华育当好家、理好财。

（六）体育艺术的奠基

我想重点讲一下学生全面发展不可或缺的体育、艺术工作。学校重视学生体育、艺术工作，这是有利于学生成长一辈子的事情，国际上的知名学校都重视学生的体育、艺术，华育要成为一流领先的学校，体育、艺术工作必须到位。体育组要认真思考这个课题，在增强凝聚力的同时，思考怎样在严格执行体育与健康标准的同时，多动脑筋，多花心思让学生喜欢体育，找到自身乐于开展的体育项目，并突显华育的体育特色。上学期的早操，学生退场抓得有声有色，学生羽毛球也获得了上海市团体第一的成绩，这学期要进一步思考有特色地实施课程标准。

对体育组来说，有三项工作必须抓好，而且应该是“三高”：一是高标准抓好每天30分钟的早操。早操不仅是广播操，而且还应该有素质操或武术操，包括学生进场、退场；二是必须高质量上好每一堂体育课，包括雾霾天、雨天的合理安排，室内可以训练基本功或讲解体育知识，或播放精彩的赛事并做好解读；三是高效率抓好课外体育活动，发展学生的兴趣与特长，形成华育的体育特色。我们除了羽毛球外，还有什么可以拓展的？要发挥体育组的聪明才智去构建。艺术方面的教师也要按此要求进行思考，如何提升学生的音乐素养？学校将营造这样的一种氛围：我们的体育老师、艺术学科老师，与其他学科教师都是一样的重要，也会像上中一样，体育和音乐老师做得好，辅导学生取得好成绩，业绩奖励也会一视同仁。

在这里特别要强调的是体育老师要重视自己的体育，很多时候你自己不重视，别人无法重视你。我知道美国的学校在体育方面的热情和表现堪称全球无敌，美国有些中学教育是重体育轻学业，这是不可取的，会影响到国家发展大计，但是现在美国仍然有不少学校在体育设施建设、请教练、参加比赛方面的支出惊人，而一些预算不足的学校宁可舍弃师资与听课也要力保体育的投入，面对走低的高中毕业率，美国教育界开始质疑这种失衡教育的战略，一些学校也开始挑战重体育轻学业的教育传统。

总之，从本学期开始，我与我们的团队，将努力为一线教师成长的良好教育教学环境提供服务。在这里，与各位教职工分享三点心得：一是要敬业。每天需要敬业，才能不被淘汰。对自己担负的工作，每天需要敬畏，坚持不懈始终如一地工作。二是懂感恩。人生不可能一切如意，磨难往往是财富，要对帮助你的同事心存感恩，要对批评你的人感恩，是他们让自己知道还有许多需要提升的地方。感恩是一种生活态度，让自己有满足感，你怎样对别人，别人会怎样对你，总是看到比自己优秀的人，说明你正在往高处走；总是看到比自己差的人，说明你在走下坡路。三是危机感。如果没有危机意识，很可能今天的优势就会被明天的大趋势代替，我们每一位教职工都要善于把握学校提供的各类舞台，包括学校的压担子、挑大梁等，把握机遇，迎难而上，才能做出应有的成绩。没有危机是自身发展的最大危机，满足现状是自身发展的最大陷阱。学校管理团队将努力做好学校带头人，做好保障服务。我在上中国际部经常说四句话：校级领导要有使命感，起到举重若轻的作用；中层领导要有危机感，不能有了成绩就沾沾自喜，满足现状，要经常看到危机，否则不进则退；教师要有紧迫感，把教书育人作为自己的事业，不断充实自己，拓宽视野，提升境界，关心每一个学生的成长，真正能够担负起教书育人的职责；一般职工要有饥饿感，要积极工作，做好每件事，不努力工作会丢饭碗，大家都这样做才能与时俱进。总之在华育努力工作会得到认可，因为我们在做的事情，更多的是受儒家思想的影响，儒家是以承担责任为幸福感的。华育始终立足于做好一个平台，在这个平台上，华育给大家一个期许，我们希望把华育的平台做成发展的平台，这个平台能够帮助老师成功。

我一直说，作为学校领导与管理者，历来都是为教育教学第一线服务的，为学生成长服务的。作为在华育中学工作的每一位教职工，都应该有一个更重要的目标，那就是提升境界。境界，既是如何做事，更是怎么为人。境界就是你的人生目标，就是价值观念，就是生活态度，就是你生命旅途中的每一个脚印。境界体现在人生的选择上，不是舒适安逸，不是名利地位，而是超越自我、胸怀天下的价值追求；是勇于担当、无私奉献的爱校情怀。

境界不是你得到了什么，而是你付出了什么；境界不是你个人的贫富荣辱，而是国家民族的盛衰兴亡；境界不是你的智商、学历和才干，而是你的善良、诚信和正直。境界的提升，是一个人加强内在修养、不断战胜自我的过程，需要你们从我做起，从现在做起。只有如此，我们才能更好地为学生的成才筑台，为学生的发展奠基。

（华育中学2013学年第二学期工作思路发言摘选）

二、为学校内涵发展助力

2013学年第二学期，我们重点对华育中学的七年发展规划进行了解读、学习、领会，这一学年，我们将从三个方面努力：① 全面启动华育中学六个方面领先的行动计划，营造良好的华育中学转型发展环境；② 进一步寻找数学、科技、全面育人等方面的五个突破，为学校内涵发展助力；③ 加快构架有利于未来发展的四个舞台，为学校能量集聚引航。

华育中学的工作计划，需要立足于未来5年乃至10年学生的成长，需要从未来高中乃至人生发展的视角，寻求华育中学启动改革行动的突破口。在上学期，关于"立德树人、素质教育、综合评价、绿色指标、全面发展、趣能开发"的思想已经深入人心，这学年我们还要在分析当前教育部、上海市正在酝酿的高中教育改革、高考改革的思想中，寻求学校发展的新生长点，立足长远、持续引领。高考改革也正在思考推进两种模式的高考：学术型人才模式高考与技术技能型人才模式高考。对一些高中、高考改革思想和趋向，对于立足在上海初中教育领先发展的华育中学来说，需要引起我们的重视。这些趋向主要有：① 将立德树人放在重中之重，践行核心价值观；② 关注学生文理全面而有个性的发展，提供学生丰富的选择课程；③ 推进培养模式多样化，满足不同潜质学生的发展需要；④ 深化教育教学改革，探索多种培养方式；⑤ 注重学思结合、知行合一，确定不同教育阶段学生必须掌握的核心内容，开发实践课程和活动课程；⑥ 坚持国际视野、本土行动；⑦ 保持学习领域、科目、模块的基本结构，为校本课程的开发提供更为广阔的空间。

在上学年，在全体教职工的共同努力下，我们学校取得了良好的成绩，今年毕业生中考成绩再创佳绩，比去年略有提升，继续保持上海市第一，这是非常不容易的。我校学生中考平均分为592.79，按照上海市零志愿最低控制分数线568分计算，我校学生的市实验性示范性高中达线率为96.53%；按照徐汇区市实验性示范性高中最低控制分数线572分计算，我校达线率为95.99%；按照上海中学录取分数线，我校达线率为59.94%。今年升入上海中学的毕业生创历史新高，达160人，超过了今年毕业生的50%。当然，一个好学校不仅是学生成绩的达线率，而是学生们更加被尊重，学生们的选择更加自由，每一种个性都被给予合理的解释，而无需修正；许多活动设置得几乎没有失败者，让每一个参与的学生都带着成功兴高采烈地回家。在这方面，我们还有很多地方需要提升：比如如何激活不同孩子的兴趣、潜能，如何重新定位与评估各类竞赛的含金量，如何将立德树人放在首位，如何将绿色指标与综合质量评价落实在教育教学中，如何培养学生的社会责任感、良好思维品质、思想境界、修养和学力等。为推进学校的进一步引领发展，下面我将按照学校七年规划的要求，围绕三大方面去谈本学年学校的各项工作。

（一）推动六个行动计划落实，为学校营造改革环境

1. 推进学校德育行动计划

当前教育改革，把立德树人放在重中之重，个人道德品质、公民责任、国家认同、国际理解四个方面，对正在形成世界观的初中学生很重要。华育中学的育人导向必须清晰，如“华育学生的大气、谦和、诚勉、博雅、笃行”。要想引领初中教育发展，就需要在立德树人上下功夫。将立德树人、潜能开发、全面发展三者有机地结合起来，将境界、修养、学力、潜能结合，德智交融，无痕衔接。境界的核心是如何处理个人与社会、个人与国家、个人与人类的关系。一个人要想做大事，就要以社会、国家、人类的利益为重，如果我们的境界是以个人利益为重的话，那么社会的基本道德行为规范也必须要做到，也需要以爱身边的人、爱校、爱家、爱国做起，这是最基本的底线。

修养的核心主要是文明的问题：① 基本修养，主要是看常规问题的处理或者是日常行为举止，比如有些人在国内外公共场合谈笑风生，不顾别人的感受，就会给人修养文明程度差的感觉；② 个性化修养通常是指个人的文化修养，包括历史、地理、文学、艺术、运动等方面的特长。学力主要指学习能力和学习水平，它也包括基础学力和专业发展性的学力。潜能与兴趣是不同的，潜能不等于兴趣，是不容易被发现的，关注学生的潜能，家长和学校是需要共同关注、配合、发现的。

本学年突出四个重点：

(1) 要通过绿色指标与文明班、先进班有机结合，全面抓落实，逐步完善文明班、先进班的指标。文明班与先进班指标不同，有所侧重，两者之间如何更加合理？文明班第一名不容易，先进班第一名也是不容易的。

(2) 要以培养学生对社会的责任感为主体，初步形成年级以及学校德育的系统化、系列化，包括礼仪规范、社会责任、立志、志愿者服务、社团服务，加强良好校风、学风的营造。

(3) 在学生评价上，进一步加强对学生思想发展指标的重视，不要被学科分数卡住。在区、校“三好”的评选上，既要看学生成绩是否处于班级、年级前列，还要看核心价值观、志愿者服务、礼仪规范、社会责任感等方面的素养，真正体现德、智、体全面发展。

(4) 进一步推进“今天我来说”活动，让这一形式成为华育中学的品牌。

上学期开展的“今天我来说”活动很好，这学年还要进一步思考如何深化，是否可以每月围绕一个核心价值观主题(富强、民主、文明、和谐、自由、平等、公正、法治、爱国、敬业、诚信、友善)进行探讨，结合学生发展实际进行总结，要有想法、观点，形成一个系列，推进相应的教育引领活动，从而构建自身富有特色的1—2门校本德育课程。

2. 推进课程教学变革行动计划

学校将进一步推进第二课堂与讲座课的多元化发展。学校课程要进一步拓展选择，并且以比较科学的方式进行归类，与学生的兴趣、特长发展紧密结合，加强学科建设(如数学、物理、化学)，拓展兴趣小组训练(如桥牌，今年成绩惊人)，可以将这方面有兴趣的、全面发展的学生相对集中，放在一个班或两个班切磋。

对通过竞赛来推进学生潜能开发的思路将有所调整，向“跑量竞赛说不”。具体做法：① 对于有利于学生潜能发展的竞赛必须进一步加强、鼓励参加，比如科普竞赛，是上海市科技艺术教育中心冠名的，通过各区县青少年活动中心组织，有含金量。今年初三、初二获一等奖的可以作为初三推优加分项目。② 对于普及性的竞赛，让学生自愿安排。③ 对于应试性的、功利性的、大规模的竞赛不一定参加。比如，以学校名义冠名的竞赛，而冠名的学校本身组队参与竞赛，这样的竞赛缺乏公正性，我校不认可。各学科要对竞赛类型与重点进行梳理，不要被竞赛牵着鼻子走，要走个性、高端、有潜能的路线。

在学科竞赛和科技创新上，淡化竞赛，强化潜能，关注三个层面：兴趣层面、探究层面、激发潜能层面。今后要开设有利于学生学科、科技潜能开发的辅导，小班人数要控制(15 人左右)。小班辅导要以数学为核心，物理、化学、科技等方面要考虑如何进一步突破。

在教学改革上，尝试通过多样的方式来推进教学方式的变革，包括对数学的分层教育；加强对教学的研讨，举行教学研讨公开课等。理顺学校课程体系，借鉴教育部高中课程分类与 IB 国际文凭组织初中 MYP 的分类，形成较为科学、合理的分类与设置依据。

3. 推进教师专业发展计划

需要搭建教师专业发展平台：

(1) 帮助教师做好七年职业发展规划。开学后，学校要组织交流个人发展规划，使教师真正做到职业有理想、发展有规划、工作有目标。

(2) 打开教师专业发展的渠道。本学年重点与市、区教研员建立联络通道，华育的骨干教师要想办法，要有主观愿望，成为区教研核心组成员，与教育学院沟通。华育的骨干教师要充分利用资源，要进圈，要有发言权，用社会的资源提升自己。当前，我们需要着力培养在市、区具有影响和有高水平的教师。同时，还要进一步加大高水平领衔教师的培养力度，加强以学科带头人、重点课程负责人为主体的中青年教师的培养。开学后(10 月中旬)，学校要把市区教研员请到华育，面对面指导，加强学科研讨和学科建设。

(3) 做好新教师入职前的培训、教育教学能力的培训，仍然围绕怎样进行课堂综合管理、掌控课堂秩序、与同事相处、合理安排时间、应对突发事件等针对性的培训。

(4) 加强骨干教师培养，形成研究氛围。加强对学生因材施教的方式、策略训练和总结，最大限度地激发学生的创造性思维和教师理论水平提升。水到渠成后，可以发华育的专刊。发文章没有问题，关键要有研究性的文章和课题，骨干教师应该考虑如何将自己的经验真正上升到理论水平，使新老教师能将华育的教学特色“激发兴趣、夯实基础、发展潜能”贯穿在教育教学全过程，为学校新一轮发展奉献青春和智慧。

(5) 为激励教师的专业发展与持续提升，学校正在酝酿“华育中学最佳教师”与“最受学生欢迎教师”的评选活动，每学年评选一位，从 2014 学年开始。

4. 推进教育国际化行动计划

上学期，英国最好的男子高中校长来学校访问，对学校印象很深，希望进一步加强交流；另外借助上海市基础教育国际课程比较研究所的力量，加强国际交流与合作(将与全球知名的教育机构哥伦比亚教育学院合作)，推进对国际课程先进经验的融合，推进学校课程、教学改革与学校管理的国际视野。

今年，我们将与杜克大学合作，参与杜克大学“天赋学生发掘项目”(Duke TIP)，其包括夏季研究计划(7—10 年级，以实地考察研究为主)、电子学习(7—11 年级，以基于全球虚拟教室的互动为主)、自主学习(4—12 年级，以学生根据自己的进度学习各科目为主)等内容，通过与具有学术天赋的学生、其家长以及教育工作者合作，发现、发掘、检验和吸引天赋学生，帮助学生充分发挥潜能。

5. 推进学校管理行动计划

学校将进一步打造华育中学信任文化，用信任积蓄每个人的能量，让彼此凝聚，共同推进学校发展。做好对学生成长的教育服务，引导家长正确树立具有华育内涵的正确教育观，使学校成为社会、家长满意的学校。

(1) 充分利用家长资源，发挥家长学校的作用，通过每个年级每年两次的家长会，每次 20 分钟的家长学校报告的方式进行。

(2) 充分发挥工会作用，通过每月一次、每学期四次的工会活动的方式进行，做好计划，凝聚教工队伍。还要发挥教工团支部作用。充分发挥学生团委和少先队辅导员的作用，团队工作定位要高，标准要高，要物色更年轻的教师接班。

(3) 进一步推进网络改造。上个学期，在唐校长的指导下，学校花了 30 万元投入网络改造，开始效果不错，后来由于个别老师使用不当，上班看视频，网管给予了流量限制，造成大家使用不便。网络管理不是堵，而是疏，谁的问题找谁，不能让大家吃药。大办公室上网遇到一些线路上的瓶颈，一个教师三个设备，平板电脑、手机、笔记本电脑，通过每层楼加一个无线 AP 就可以解决。

(4) 我们要拓展数字化校园的应用空间。微格教室需要全新改造，现在的功能很差，离标准很远。是否需要投资？看教师使用，只要有使用率就可以投资重建。转播系统也需要考虑是整合还是换线路，是大改造重建还是小改造整合的问题。学校不怕花钱，但不能浪费钱。

6. 推进学校示范辐射性计划

上学期，《文汇报》又专门报道了我校托管上海市公办紫阳中学(开了上海市民办初中托管公办初中的先河)，使紫阳中学的教育质量从留住生源到吸引好生源的改变，教育质量得到了持续提升，显现了示范辐射的价值，本学年仍将继续支持紫阳中学办学质量提升。将通过上教学公开课、开研讨会的方式进一步推进教学特色的辐射。

(二) 寻找学校五个突破，为学校内涵发展助力

1. 寻找数学教育突破

华育中学的数学教育是有鲜明特色的，数学教研组组长能力很强，内部藏龙卧虎，年级组长多，中层干部多。这个组既好领导又不好领导，吕老师得心应手，得到大家爱戴尊重。本学年：

(1) 通过数学高端竞赛，形成华育新的格局，扩大影响。大规模的竞赛有学校比我们强，但高端竞赛的顶尖学生我们最强。上海中学连续获得了七块国际数学奥林匹克金牌，其中华育中学的毕业生获得了五块。

(2) 通过形成数学日常的教学风格，寻找新的切入口，满足不同学生的需求。

(3) 在数学教育上，要进一步布局，推进分层教育。需要压缩数学班日常教学的课时。继续抓好预初、初一数学 A 班、B 班的教学，初二、初三抓好数学 A 班和小班的教学，以及理化分流，充分利用第二课堂。特别要探索数学小班的教学模式。

(4) 对科技班的数学也要研究。通过提高课堂效率，可以利用现有课时，挤出一节课的时间进行分层教学，增加难度和深度。科技班的数学课应高于平行班，低于数学班。

2. 寻找科技教育突破

今年组建科技创新兴趣班，主要为具有科学兴趣及科研潜质的学生构建一个多元化、多层次的教育平台，着力提升学生的科学素养、科学精神，培养具有创造力、有志于今后从事科研事业的人才。本学年学校科技工作要以科技班为突破口，逐渐形成华育的科技教育和青少年创新大赛的亮点。

(1) 科技班有半天的专门课程需要研究，需要高质量完成。有些课要与科协共同讨论大纲开发，每周外聘教师上 1.5 节课。华育落实老师全程跟进听课，然后在第二课堂辐射 B 班。

(2) 华育老师承担的科技课，要与市科技社的课程相对接。比如先做机器人，不要让学生马上进入编程环节，先用几个模块做，老师辅导时给指令，然后再拆开。这是现代学习黑箱理论，学生可以跳过几个过程，等有了知识积累再打开。这也要形成自己的教材。

(3) 四个实验室建成后(水质薄膜分离技术实验室、温室植物培养室、3D打印、太阳能综合利用实验室)，如何投入使用？谁负责？生物老师可以多承担实验室管理的职能。学校可以聘请华东理工的老师(学生家长)来带教。

(4) 为将来学生做课题做准备。让学生在做课题前：① 学会收集资料；② 对于假设的论证；③ 用材料事实验证观点；④ 得出结论。先做老师统一规定的题目，在此基础上，每个同学可以找出自己喜欢的、有兴趣的课题。指导学生正确做课题，让他们学会思考、分析问题，学会对感兴趣的领域进行研究。

我们知道 STEM 教育，在美国一个州里也只有几个学校会去做。华育中学要为高中输送这方面的创新人才做好衔接。这次课程模块设计可以按照美国 STEM 素养要求进行设计，同时考虑我国实情，提高学生运用科学、技术、工程、数学知识和创新实战能力，了解科学、技术、工程、数学交叉学科知识在实际生活中的应用。课程设计的深度参照美国科学教育标准开发，培养学生系统掌握科学研究方法，帮助学生理解科学研究本质。另外，设计了对学生科技竞赛的优秀案例分析，如英特尔国际科学与工程大奖赛(ISEF)、全国青少年科技创新获奖案例，目的是帮助学生开阔视野，启发学生独立的课题思路。与之匹配，筹划与新建四个创新实验室。同时，对科技类竞赛、OM 竞赛进一步放开手脚推进；进一步加强 STEM 整合探索，借助青少年科学素养"科学种子、STEM 云"计划拓展科技教育项目;加强绿色环保项目的推进,对少科站、科协、科学会堂的作用进一步充分利用。加强理化与信息科技的整合,形成自身统整的科技特色。

总之,华育中学今年创办科技班、面上科技兴趣小组,初一学生也可加入。与科技社教学部合作,借助外面的资源,签订了合作协议。当下,有几件事必须做:① 华育的团队对 STEM 的认真讨论,弄清科学含义;② 华育团队跟着学生听课、辅导,并对面上的科技兴趣小组辐射;③ 让华育的学生了解 STEM,热爱 STEM,了解如何做科研,培养会工作的人。

3. 寻找艺术、体育教育突破

艺术教育,我们将在华育开辟更多的艺术教育天地,四楼开设演奏厅,给学生创造小型多样的演奏机会;三楼开设华育画苑,展示不同的美术作品。要营造准专业水准的艺术教育环境。注重学生艺术修养的培养,不以功利的态度,把高雅艺术、民族文化中的好作品尽可能全面地提供给学生,开设艺术欣赏课程。上个学期,上中陈老师对初三学生开设的艺术欣赏课很受学生的欢迎,本学期希望我们的音乐老师开设更多的讲座,让学生在欣赏的过程中提升艺术修养。要进一步突显体育强项,包括乒乓球、羽毛球与上海中学二线运动队紧密配合。体育工作要继续发挥三个全员参与:① 体锻课全员参与;② 学校体育特色活动全员参与;③ 各种体育比赛全员参与。体育组要抓好三项常规性工作:① 每天高质量的"三操"和课堂教学。② 课内外的体育活动,避免伤害事故,体育老师不能离开现场,有难度的动作要加强对学生的保护。③ 特色项目如乒乓、羽毛球、健美操要形成自身的品牌。

今年的田径运动会能不能改为体育运动会?把田径的跑、跳、投三项扩大到球类和体操,把课内的体育项目融进去,体现群众性、竞技性和娱乐性。羽毛球、乒乓球、篮球、足球和排球;民族体操、武术操、体操、跳绳、踢毽子,这些项目都可以在运动会上体现,充分展现学生的青春活力。

我希望每一个华育的学生在学习知识、提升能力的同时,都能塑造健康的体魄与人格。体育与艺术教育对于强健体魄、培养积极阳光的心态和抗挫折能力具有重要的作用,是培养健全人格的最好工具。加强体育、艺术教育与德育的一体化健身,让体育和艺术成为学生的一种生活方式。

4. 寻找学生心理健康教育突破

我是“50后”，在座的大多数老师都是“70后”“80后”，在我年轻的时候，基本上生活在一个“平均主义”的时代，人和人之间、家庭之间的差异没有现在这么大，后来在改革开放大潮中，有的人抓住了机遇，出人头地，脱颖而出，当然也有很多人过得比较平淡，当谈到身边的精英人士，我们大部分人是发自内心地为他们的成功感到高兴。一方面固然会认为他们运气不错，很努力，另一方面反观自己，大家都会感到平安是福、随遇而安，不至于产生心理失衡。但和我们这一代人不同的是，现在的孩子生活在一个快节奏、充满竞争的社会中，很多孩子从小就面临所谓的“起跑线”上的竞争，成人世界的竞争过早地辐射到未成年人的世界，即便到华育的孩子也有学业竞争的压力，因为他们有很多的竞争对手，还有更高的目标要攀登。所以，当下教育面临的问题，不仅仅局限于教育，而是和整个社会的大环境相关。实事求是地说，一代更比一代强，现在的学生论其吸收知识的速度、他们的眼界和见识，都要比过去几代人强很多，但他们的精神家园、心灵世界也因此更需要呵护，需要我们的积极引导，营造一个良好的学校环境。

上学期，学校已经完成了心理咨询室的硬件建设，本学年，希望在心理特色方面有更大的突破。要知道，学生在华育就读，处在强手如云的学习环境中，一旦遭遇挫折和失败，个人如何化解压力、如何在挫折中成长，这是一个很需要被重视的问题。如果学生无法泰然地面对自己，哪怕他的考试分数再高，学得再好，这样的教育也是会受到质疑。所以，加强心理健康教育，不仅是心理老师的事，也不仅是班主任的事，而是所有任课教师都要关心学生的心理健康。学校也会安排心理指导教师对这方面进行指导和培训，真正使华育的孩子充满阳光、自信，有很强的抗挫折能力。

5. 寻找教学研究突破

华育的教研组很强，教学有章可循，但本学年，我们将进一步推进教师对教学的研究。初三教学很重要，明年是否有变化？各学科需要研究中考题，研究发展的方向和趋势，初三教学工作是学校重中之重，必须抓实：① 密切关注自主招生动向，及时研究对策；② 密切关注面上的中考，如何确保成绩第一；③ 密切关注分析本届初三的特点，对优势与不足做到了如指掌；④ 密切关注各个学科教学质量分析，针对学科领先的对策研究，学科内部要有核心竞争力；⑤ 密切关注学生动力激发，学生学习动机激发和出现问题的及时应对处理很重要，从而提炼华育中学的教学特色。此外，也可以吸纳一批骨干教师参与“中美理科教材的比较研究”，加强对国际上同类学校教材的认识与优势整合，进一步营造研究氛围。

（三）构建四个成长舞台，为持续能量集聚引航

1. 为学生成长搭建舞台

努力营造华育的人文环境，对于以理科擅长的学校来说，努力营造孩子人文和境界提升显得尤为重要。上学期，我们通过才艺秀、荣誉墙、书法作品展等一系列活动，营造了孩子相互尊重的广泛空间。本学年我们还将通过科技、体育、艺术、人文等一系列活动，促进孩子在发展自身潜能的同时，提升思想境界，志存高远。我们一些孩子喜欢写诗歌、写文章，那就鼓励他们到读写月报、当代学生、中文自修、中学生报、新民晚报、上海学生英文报上去发文章、展示自己。学校可以收集学生发表的文章，装订成册。鼓励学生多阅读，参与各种演讲、表演，打开思路，独立思考。学校图书馆配合语文组搞阅读交流，每年要增加一些适合初中学生阅读的新书。促进学生相互欣赏，向上、向善、向美；鼓励学生成为一股清泉、一缕清风，净化社会风气，成为内修而外美的华育人，华育的学生就应当是有境界、修养、学力、潜能的人。学校在育人上继续走高端发展、综合发展之路。

2. 为教职工成长搭建舞台

我觉得做教师是幸福的。孟子曰：“君子有三乐，而王天下不与存焉。父母俱存，兄弟无故一乐也；仰不愧于天，俯不怍于人，二乐也；得天下英才而教育之，三乐也。”这三乐中，一是亲情之乐，二是处世之乐，这两乐很多人都能获得。唯独这“得天下英才而教育之”是最崇高的快乐，并非人人都能享有。华育孩子多才多艺、刻苦钻研、充满激情，为老师们送来了“得天下英才而教育之”的快乐幸福。没有一块地方，能像校园这样纯洁，没有哪个人群，能像学生那样单纯善良，所以我们要充分利用学校的舞台表演自己，施展才华，提升内涵，不断积累自己的身价和竞争实力。

我一直说，华育的教师是优秀的，只有优秀的教师，才能培养这么优秀的学生。优秀教师的成长与个人的素养、学校的环境是密不可分的，有些人离开了好的舞台，就没有用武之地，或者一事无成。正因为我们教职工立足于学生的可持续发展，立足于华育中学的内涵建设与引领发展，要求每一位教职工从学校更为长远的视野看待学校改革，所以不可避免大家的工作会更忙，压力会更大，标准会更高。但如果我们形成规范，高标准以后，大家有条不紊，不扯皮，不重复，工作一定会出现忙而不乱的高效率，累并快乐着的局面。作为学校，我不希望大家没有个人生活，没有家庭乐趣，整天都是工作。整天都是工作是不能持久的，所以我们学校会努力营造教职工成长的舞台，把华育的小环境搞好，给老师们宽松的人文环境。在这里努力工作的人都会被尊重，即使有些老师离开学校，也是因为个人原因或家庭原因。学校要真正为教师人文品格的提升鼓掌，为教师的人文理想的追求喝彩，为教师的团结协作的精神加油，为教师的整体大局观的奉献致敬。

3. 为管理团队领导力提升搭建舞台

每一个管理团队成员，要形成开放、大气、宽容、豁达的心胸，要乐于奉献，在主管的领域既要有自己的想法，又要不计较个人得失。真正的开放是打开自己的视野和心胸，增进团队间的彼此理解与合作。上学期，我们对华育中学的规章制度进行了整理，作为管理团队在执行过程中，既要照章办事，又要有一定的灵活处理的技巧与方法，提高决策水平。我们要想办法去努力改变周围的小环境，将正能量传递给身边的人。本学年，我们在管理队伍上进一步加强、充实，给予年轻人更多的发展与提升机会。学校成立了德育工作小组，成员由年级组长、政治教研组长、学生处轮岗主任和心理老师组成。同时成立教学工作小组，成员由教研组长和骨干教师黄老师、吴老师组成，这两个组的成立，加强了德育和教学工作。希望这两个组以前瞻视野、有效决策、高效服务为导向，用心、用脑，感性智慧与理性智慧结合，推进学校德育和智育管理水平的提升。

4. 为把党支部建设成为人才高地搭建舞台

民办学校的党建工作面临新的课题，我们需要探讨民办学校党建与公办学校党建有哪些不同和相同。华育确实需要提升党建工作的力度。华育党建从开始在体制上就不太顺，由于华育党支部挂靠在上中党委，属于三级党支部，去年 4 月份刚刚脱离，上中的党建仍然跟着徐汇区走，但属于双重领导，这次党的先进性教育按照市教委走，而徐汇区和市教委的工作侧重点有所不同。现在华育处在学校转型时期，更要考虑如何把党支部建设成为学校人才高地，真正发挥二级党支部的作用，把华育办成社会满意的高层次民办学校。

本学年希望党支部的工作突出两个重点：① 突出思想引领，以党支部为依托，健全全覆盖的政治理论学习制度，紧紧围绕时事政治开展重点专题学习，可以邀请先进典型人物面对面交流，进一步坚定教师党员的理想信念。同时实施核心价值宣传，在党员中开展以“中国梦”为核心的系列主题教育活动，引导党员教师把自己的事业发展与学校的事业发展结合在一起，鼓励教师在践行“中国梦”的过程中，实现自己的“青春梦”。② 突出师德修养，健全师德考核评价机制，实行师德“一票否决制”等，进一步激发教师树立崇高的职业理想，肩负起立德树人的职责。同时实施先进典型的推广，形成一支爱岗敬业、善于创新的高素质教师党员队伍。

华育的办学理念是学生优先，事业优先。学校担负了培养人的重任，没有责任感和使命感的人是无法在华育生存立足的。我虽然是一校之长，但非常清楚，我是一个过渡性的人物，或者坦率地说我们这代人是过渡性的人物，前面的人我们比不上，他们文化积淀很厚重，像唐校长那样的人。后面的人起点很高，包括在座的有些年轻人，知识结构完整，而且处在国际化的大环境中，和他们相比，我们又相对知识结构单薄。虽然学无大成，但总算没有虚度。总的来说，我们与共和国同龄，我们参与了，见识了，也奉献了，无怨无悔。

我立下一个规矩，凡是给师生讲的东西，都是我自己真正相信的，是我已经做到或努力朝这个方向做的。我平常就是这样要求自己，已经成为习惯，改不了，也不想改。我把华育看得很重，是因为华育有今天的地位，是经过十多年师生的奋斗，来之不易。我把校长的责任看得很重，希望在唐校长的领导下，通过我的努力和团队的努力，把学校建设得更好，让华育的教师拥有幸福感，要赋予教师无比骄傲的团队荣誉感，为身在这个集体而自豪。最重要的是让教师能在这里实现最渴望实现的价值，让教师通过学校平台得到人生的最高梦想。我希望华育中学最重要的工作优势，不是薪资高，不是学校硬件好，而是学校的文化和独一无二的团队信仰。

（华育中学 2014 学年发展计划发言摘选）

三、在“转型发展”中彰显“无限能量”

今天的开学时间，正逢纪念中国人民抗日战争暨世界反法西斯战争胜利70周年纪念活动，9月3日举行阅兵仪式。铭记历史，缅怀先烈，珍爱和平，开创未来。目的是营造深厚的爱国主义氛围，激发爱国情怀。

2015学年是华育中学2013—2020年七年发展规划中的第三学年，也是我到华育中学和教职工团结协作的第三年。这些年，我们围绕“从领先向引领”的发展持续走向强大。所谓“走强”，我是立足于三个思考：既是立足于我国建设教育强国的背景下思考，也是立足于上海市作为国际化大都市建设基础教育的“强教高地”的思考，更是立足于上海作为科创中心背景下的思考，有明确的走强指标。“走强”应该体现在四个方面：一是对优质生源有强大的吸引力，学校有很高的知名度；二是有显著的教育特色，显现了高位的、引领的、公认的特点；三是有内涵的教师队伍，彰显教师专业能力强、气度风范佳、价值追求高的素养；四是优质的教育服务，达到了高水平、高规格、个性化的标准。走强的指标，我们有些方面取得了突出的成绩，有些方面还要继续努力。本学年要推进学校进一步“走强”，那我们必须要知道学校走强的根基在哪里？还要知道学校在哪些方面转型发展，从而进一步积聚发展的能量。

（一）华育走强的根基在哪里

华育中学是一所高端的民办学校。从1999年创办到2013年，13年来，华育的中考成绩持续保持上海市第一。近年来，每年进入上海中学的人数递增，今年165人。之前几年进入实验性示范性高中的比例超过96%以上，今年第一次达到99.4%。华育不但学生学业成绩优秀，而且在各类竞赛中也取得了相当不俗的成绩。今年暑假，华育第三次代表上海市参加华罗庚金杯少年数学邀请赛总决赛，获得团体总分第二，比第一名少2分。令人鼓舞的是，今年上半年竞赛成绩全面提升，尤其是物理和数学。上海市大同杯比赛，上海市15个一等奖中，华育获得了8个。数学竞赛中，华育有32人获奖，占全市的25%。今年参加上海市高中数学竞赛，华育作为初中，获得高中组排名第 5 的好成绩。上中先后有 10 枚国际数学奥林匹克金牌，6 枚是华育毕业的学生获得的。化学、信息技术、科技英文竞赛保持多年第一名，而且获奖层次不断提升，遥遥领先。出人意料的是，今年第 30 届科技创新大赛，科技创意板块全市 60 个一等奖中，华育获得 20 个；全国 30 个上海获奖的，华育获得 11 个，在社会上引起了良好的反响。今年，学校被评为 2015 年度 DI 上海青少年创新思维竞赛获得模范学校，吴老师被评为 DI 优秀教师。今年破格申报科技特色学校已被通过，这是很不容易的。此外，5 月初的全国中学生桥牌精英赛，不分初高中级别的，全国第一名为人大附中队，都是高中学生参加；第二名是上海市中学生队，桥牌俱乐部选拔的学生；第 3 名就是华育中学队，华育的孩子完全是超常发挥。13 年来，华育毕业生进入上海中学后，已有 5 名毕业生成为当年高考状元。华育为什么会取得这样高端的成绩？为什么会超常规发展？我认为，华育走强的根基在以下四个方面：

1. 有灵活的办学机制，教育家办学，企业不求经济回报

高端民办的机制明显优于公办，我们在早几年就已经为教师们购买了企业年金，都是学校购买。最近公办学校在调整工资标准，不是加工资，工作在 10 年左右的老师，提高标准后实际没有增资，要支付 17.5%的社保和住房公积金，4%的事业年金。现在的趋势是公务员、公办学校的人向民办、民营企业流动。

学校办学机制灵活，自身是“强强联合”。教育家唐先生带领团队办学，其特点是把育人放在首位，而不是盈利，经费使用宽裕，为华育持续发展打下了坚实的基础。准备考虑新建几个适合初中学生的高端实验室，1 000 平方米的图书馆改造功能更加健全，效率使用高，花了 50 多万元，近两年新书又投入了 60 万元左右，图书馆凸显了学校发展的品位。

为配合科技班，又新建了四个科技方面的实验室，添置了一些设备。学生的心理咨询室，加大了硬件和软件投入，现在的孩子生活在一个快节奏、充满竞争的社会中，他们的精神家园、心灵世界更需要呵护和引导。

教师微格教室进行了重新改建，也投入了 40 多万元。咖啡吧开放使用，提供点心与咖啡，成为教师备课、研讨的重要场所。

2. 有一支优秀的教师团队,基本功好且有高度的责任感与敬业精神

我招聘新教师,并不是看他学业越优秀越好,而是看他是不是适合做教师,适合的就是最好的。华育优秀的教师团队,是华育的核心竞争力。华育教师学科、年龄结构很好,集中在中青年上,退休教师1个,他们都是能干事、想干事、也干得成事的集体,有一批教师早晨7点前到校,晚上值班到9点30分离校,不计时间,没有怨言,有积极进取的工作目标。在华育的许多年轻教师结婚不请婚假,这让我很感动,这是非常难得的境界。正因为教师集体的敬业,我非常愿意为教师解决一些后顾之忧,为教师的专心教书育人创造一些条件。

3. 有一支视野开阔、有工作绩效的管理团队,注重为教育教学一线服务

学校在唐盛昌先生的引领下,集聚了一批有组织能力与工作绩效的管理团队。年级组长、教研组长、中层班子都很强,本着为教育教学服务的宗旨,兢兢业业。学校的STEM课程设置领先,与学生的匹配度吻合,符合学生个性发展,显现了管理团队引入新的改革思想,拓展国际教育视野的张力。

对于学校管理团队来说,我一直这样强调:干不好工作没有借口,工作没有最好,只有更好。一个人再强不如一个团队强,一个团队再强不如一个系统强,一个系统再强不如趋势的把握。现在,学校骨干有使命感,教师有责任感,职工有紧迫感,学校有很强的执行力。形成了良好的学校共同体氛围,有了这样的共同体,学校肯定能更上一层楼。

4. 有一批优秀的学生和有潜力的学生被学校吸引,家长眼界开阔

华育吸引了一批优秀的学生和有潜力的学生,他们以校为荣,自信淡定。华育家长更是见多识广,对教育有研究,他们注重维护学校荣誉,包容青年教师的成长。华育没有年轻教师加入,就没有未来。华育要几十年保持高端发展,就需要几代人的持续努力,要让年轻教师在短短几年内崭露头角,青出于蓝而胜于蓝。当然我们理解家长的这种宽容是有时限的,更需要年轻教师加倍努力和珍惜。我们家长自己可以不满意学校的某些方面不足,但他们决不容许别人随便指责华育。

由此看到,华育面临“天时、地利、人和”的发展环境,超常规发展是必然

的。但我们必须意识到，华育尽管达到了这样的高度，但真正要实现从“领先到引领”的发展战略，实现“持续走强”的发展高度，仍然面临诸多挑战。华育要成为上海初中教育领域的领头羊，我们需要做强，还有许多难题需要解决。唐盛昌理事长在2015年6月给《上海教育科研》写了一个卷首语，题目是《构建国际化大都市的基础教育强教高地》，他指出：这种“强教高地”，其衡量的标准绝不只是国内领先或一流，而是国际领先或一流，要形成自身特色的核心竞争力。这种核心竞争力的形成，更需要“与高手过招”，认真研究与分析“高手”的优势、长处甚至不足，然后站在更为开阔的视野，立足于我国教育优良传统以及上海教育发展的特色，建构属于自身的、能够在国内外所推崇、认可的“强教高地”。

也就是说，如果我们要在上海这个国际化大都市中成为初中教育领域的“强教高地”：① 需要立足于上海建设国际化大都市的基础教育“强教高地”的视野，找到自身发展的难题与突破口，包括在“走强”中怎样形成为大家公认的“标准”；② 需要有利于学生志趣能发展的引领平台和有影响力的载体；③ 需要学习国际上基础教育领域推进不同领域优秀创新人才早期培育，特别是基于数字平台的学习和探究；④ 需要有艺术修养培育等方面的做法、经验，在学习中进行创造性改造与运用，并且整合自身的教育优势，形成属于自己的核心竞争力。基于这样的思考，华育还需要不断学习、实践与思考如何找到初中教育领域的“强教高地”突破口，还需要学校具有新的视野进行教育转型发展，从而进一步集聚学校改革的无限能量。

（二）华育需要在“四个方面转型”发展

大家都知道，转型是不容易的，特别是像华育这样的高质量的学校如何转型？华育的转型非常明确，从让学生进入优质高中，转型到对学生人才的培养上，竞赛、中考不是衡量学生的唯一标准。唐校长经常说，民办学校的定位，已经与过去不一样，过去主要解决有书读，现在需要关注读好书，要满足家长对优质教育的需求。只有成为立足于学生可持续、高端发展优质民办初中，才能成为素质教育的领头羊。

华育作为民办学校，需要解决特色和质量，还需要从根本上解决对人的培养，没有这些，就没有生命力。只有当学生和家长认同了这些理念，学校才能发展，学校的转型才能成功。现在社会是非常敏感，市场也是非常敏感,社会上已经关注到了华育在转型,华育在全面提升。在唐校长的领导下,制定了新一轮华育发展规划。在规划里,不仅明确了未来七年的办学目标,从中考领先、竞赛领先,到全面引领。要引领,华育必须转型,只有转型,才能攀登新的高峰。我想,这是华育人对社会作出的承诺。

我感到欣慰的是转型奔跑的力量来自每一个华育人。两年来,华育已经开始起跑,也开始奔跑,也看到了华育引领的可能性。这次申报科技特色示范性学校,就说明华育的实力。华育的破格是不容易的,2012 年华育没有被批准为科技特色学校,是当时我们的申请写得不够好。这次能够破格,是因为社会认为没有华育参加的科技特色项目,含金量不高,希望华育加入。这就是实力。2020 年很快会到来,华育又该怎样确保领先到引领这一位置呢?又如何一步转型呢?这不仅是华育关心的问题,也是学生和家长关心的问题,是社会方面关心的问题,这股热量来自教师、学生和学校。因为大家明白,学校越高端,教师发展的平台越大,学生的制约少,成长越快。作为华育学校的校长,我非常清楚,华育已经奔跑了一段路程了,而推动这个学校奔跑的力量,则来自华育的每一个人。华育只有不辱使命,才能再创辉煌,20 年后看华育学生在社会上的贡献。

1. 在办学目标上需要转型:坚持立德树人,立足激发学生的潜力、内力

在办学目标上需要思考转型,坚持立德树人,抓住重点,立足学生的潜力开发与内动力增强。对学校的办学目标作出精准定位是关键,只有定位精准,才能让走进这所学校的每一位学生,在做选择时清楚地知道他们在这所学校里可以获得什么?这所学校将把他们带向何方。定位,是一所学校从社会、学生、自身发展的需求出发,选择正确的定位是学校发展至关重要的一步。我们培养的学生不能贪图过舒舒服服的小日子,不能是"精致的利己主义者",而必须是有抱负、有思想、有远见、有担当的时代英才。在学校里,所有的教职工都要承担起对学生的培养教育的职责,通过言传身教来感染学生,用人格的魅力陶冶学生情操,从而影响学生的思想、人格和人生。

(1) 坚持把立德树人放在首位,要用润物细无声的方式渗透德育工作。要通过大量的活动来突破,而不是空洞的说教。学生的努力学习不是靠倒逼，而是通过激发动力，激发学习的积极性，当学生有了进取积极的动力后，自然而然会提高学习成绩。我的看法是，现在的环境下，高分低能很少，书呆子很少。

(2) 培养学生的社会责任感和合作精神，提升思想境界。抓好初一和初二的社团活动，提高社团活动的质量，培养学生的社会责任感；抓好预初三天军训，严格训练，鼓舞士气，形成集体；抓好初三的合作精神和拼搏精神培养，激发内动力，提升思想境界。不同年级的学生都要对行为规范的遵守、到价值判断的引领及价值观的思考，要通过实施价值塑造教育，出发点是立德，落脚点是树人，按照习近平总书记的要求践行社会主义核心价值观。

(3) 鼓励学生奉献自己，服务社会，报效祖国，这也是衡量菁英的标准。华育的学生有可能将来成为国家的栋梁之材，学校要为学生搭建平台，让他们积极参与学校和社会活动，服务社会。通过义卖，关注社会弱势群体，从而体现自身的价值。实际上，这是学生社会责任的反映，也是按照不同的年级立德树人、全面发展基础上的个性发展。要知道，华育是高端的民办学校，培养目标是具有国际视野的高层次学生，应该为我们国家的和平崛起、国家的强盛发展奋斗，按照中国公民和国际视野目标实施，低调和高端培养学生也意味着学生高素养，也意味着我们培养目标经得起检验，办学目标是有成效的。

2. 在课程建设上需要转型：满足不同层次学生需求，显现学校活力、动力

在课程设置方面需要转型，满足不同层次学生的追求，这是学校改革发展的活力与动力。探索创新人才在初中阶段早期培养，创造环境，营造氛围。初中的学生，毕竟知识储备量不足，考虑问题深度不够，知识面比较窄，潜能在哪里又没有充分显现，但在华育，确实发现有一些学生在某些领域有潜能和天赋。未来的华育不仅是数学强、理科强，而且是应该科技强、人文强和艺体强。现在我们感到欣慰的是，另一所竞赛强的学校在盯着华育，华育学生连续几年有高中联赛一等奖，它现在跟着走，但华育与这所学校的办学目标不同，我们更注重人才的培养，而他们更看重竞赛获奖。以下几个方面是我们需要进一步努力去转型的：

(1) 华育要关注数学班和科技班课程。现在数学班和科技班，日常教学适当加入了竞赛内容，课堂教学加宽加深，做到课内外结合。现在可以修改调整课程大纲，其他学科竞赛课程也都要有目标，建梯队，吸引优秀教师加入团队。今年新增了数学和信息竞赛的老师，有经验的老师要加强面上的各类竞赛指导，化学、计算机、科普英文，语文的古诗文、阅读写作，要形成一个系统，保持强劲的势头。

(2) 华育要关注高端的、顶尖的学生培养。要真正把有天赋的学生、有潜力的学生选拔出来，进行小班教育，让学生之间互相促进学习，不完全是上课老师灌输。这是点上的教育。过去鼓励学生在全面发展的基础上竞赛，现在加强对有潜力学生的竞赛培养，这就是在转型。点上的目标突出一等奖和高中联赛，这次上海市数学竞赛组委会正式通过文件，直接拨给华育参加高中联赛的名额，这是华育实力决定的。人在攀登高峰的路上，需要斗志，需要坚强的心理品质，需要面对挫折失败，需要克服困难的勇气和信心，我们高度关注小班的培养。

(3) 华育要关注学生科技方面的兴趣。这次选拔很明确，科技 A 班看三门总分，看数学的突出成绩，参考科技测试成绩；科技 B 班看科技成绩，参考三门总分和数学的突出成绩。我们小时候，对于科学家是崇拜的，但现在已经不是了。上海将建设具有全球影响力的科技创新中心，未来需要更多的科学家。如何让初中学生重新把科学家作为自己的偶像，作为自己的奋斗目标，学校要给学生搭平台。华育 DI 活动不再仅仅是比赛，更成了让更多学生参与的创新教育课程。学生通过研究赛题、讨论剧本、制作道具，提高了创新能力，也涌现了一批倾注 DI 创新教育的老师，他们呕心沥血钻研业务。学校要充分利用家长、社会和各种协会的资源，主动与四个部门保持合作：与上海科学社协作，升级研究会员；与区青少年活动中心联系，区每年有 30 个项目供选择；与中福会少年宫联系合作；与上海科技艺术教育中心合作，把华育科技大门完全打开。

(4) 华育要在人文、艺体方面跨出大步。科技与艺术结合，科技与人文结合，优秀人才不能都是数理化高手。长期以来，学校乃至社会上衡量一个青少年的标准，很唯成绩论，而成绩中又以数理化为重，所谓学霸无一不是数理化高手。文科似乎低了一等，更别说传统哲学文化的教育，这方面将采取措施。华育还要以艺术节、体育运动会为载体，带动日常的教学工作，音体要有学校的特色，特别是高度，平常日常的艺体是基础，这样申报艺体特色就有实力了。华育明年将举行第三届露天音乐会，唐盛昌先生建议可以举行露天草坪音乐会，把音乐大师请进校园。华育今年举行的第二届露天音乐节变化很大，从表演形式上有很大变化，在推广高雅艺术的同时普及流行音乐，开设了华育好声音、电声乐队、弦乐重奏专场，吸引了一批同学加入。总之，体育、艺术方面过不去，就不能说一个学校是高素质的学校。现在的体育运动与过去的体育运动有不同，现在的体育运动个体化多了，群体少了。网球、羽毛球、游泳等都是个体化，所以要重视个体化的体育素养培养。艺术也是一样。

(5) 华育要继续拓宽第二课堂和讲座。当所有的学生都为了“学得更好”这一根主线去发展的时候，学校第二课堂和讲座就变得纯粹而高难度，学生们对课程的高挑战和教师对学生的高期望，构成了共同的聚焦点，而确保高质量的课程和教学实施则是最为重要的战略。激发学生的潜能，鼓励家长走进校园。华育应该是开放的，既要鼓励学生走向社会，也要鼓励家长走进课堂，让家长成为学校的监督员、协调员、志愿者，每天安排家长代表来校管理，早晨值勤、图书馆阅读辅导、巡视校园安全、学生用餐服务、课堂讲座、社团指导，让家委会分别负责，每人一摊。

3. 在教师发展上需要转型：扩大教师专业发展空间，突破教师的能力、实力

在教师发展观上需要转型，给教师创设更大的平台和发展空间，促进他们能力、实力的突破。

(1) 强调营造教研氛围。每周有教研活动的时间，从现在起，每月有一次周五的政治学习给教研组安排。教研组是学校发展的基础，任何一个学科的老师不努力学习是过不去的，即使有多年经验的老师，也需要不断研究新的课题。数学组很强，整个教研组研究气氛很浓，在我看来，他们完全是跳出初中的范围去研究初中的教学，有高度。2010 年、2011 年的试题，到 2015 年的试题更新很大，大量的题目更新后更加符合学生的实际，难度也随之提升了。当然把握难度的度很重要，并不是所有的学生越难越好，这些都可以在教研组做进一步探讨和研究。

(2) 教师的公开课除了组里推荐外，也建议教师每学年根据自己的情况

申报1—2节课，邀请同行、分管领导前来听课，并提出改进的意见。在华育，如何保证每一位教师的教学质量？由教师自己发出听课邀请是一个非常有效的方法。而同行、分管领导听课的用意，则在于会同执教教师一同改进教学，并提出优化及建议。

(3) 每学年度坚持评选华育最佳教师和最受学生欢迎教师活动。通常情况下，已经当选的最佳教师和最受学生欢迎的教师，三年里不再当选，包括提名奖。今年9月11日学校举行2014学年度最佳教师的颁奖活动，通过全体教师的当场投票揭晓结果。9月18日学校举行2014学年度最受欢迎教师的展示活动，每班派一名代表投票，揭晓结果。我希望向教师们传递这样一个理念，教育者不是不食人间烟火的圣人，而是真实的人，他们不仅有个性有思考，而且有兴趣特长；他们不仅对教育充满激情，而且拥有丰富而美好的生活，有着良好的家庭，幸福的人生。教育对他们而言，不是痛苦，而是一种富足与享受。事实上，这样的价值取向在华育最佳教师、最受欢迎教师的评选上可见一斑。从今年评选的教师看，为我们透视了不一样的优秀教师，不一样的教师素质，而他们对教育的迷恋与热爱，对事业的探索与追求，对教育内涵的丰富与完善，无不让我为之敬佩。

(4) 爱学生上的转型。我一直认为爱学生是教师的天性，但是教师对于学生的爱不能是盲目的。如果仅仅沦为父母之爱，那么教育的专业性以及教师的敬业价值也就不存在了。对于学生的爱不是空洞的，要消除限制学生发展的状态，使学生能够达到自己人生新高度，这样的爱，才是具有专业潜能的爱，才是理性的教育之爱。我希望华育的教师不仅拥有高超的教育技能，对教育教学有着深刻的研究，而且还是教育的多面手。他们不仅为学生提供优质的课堂，让学生获得优良的学业成绩，还善于创造性地开展各类活动，让学生体验丰富多彩的校园生活。

(5) 在华育的教师团队中，提倡简单的人际关系，学校内的关系融洽，互相包容。大概指导思想是，我们都是为了一个共同的目标，有缘分走到一起，我们都是高素质的成年人，都有文明宽容的心态。我对人的弱点怀有同情，有时会超过对优点的敬佩，那些有着明显弱点的人更使我感到亲切。人皆有弱点，有弱点才是真实的人性。那种认为自己没有弱点的人，一定是浅薄的人，多半也是虚伪的人。人生皆有缺憾，有缺憾才是真实的人生，那种看不见人生缺憾的人，或者是幼稚的，或者是麻木的，或者是自欺的。正是在弱点和缺憾中，在对弱点的宽容和对缺憾的接受中，人才会幸福地生活着。所以营造华育同事之间的互相包容、互相协助很重要，希望团队中的每一位都要做出自己真诚的努力。

(6) 建立华育老师的幸福感。从华育大多数老师的眼神中，能分明地看到一种幸福，此生有幸遇到一群如此热爱学习的高素质学生，实在是教师的最大福分，不能把他们视作珍宝，就是罪过。正是学生的好学、渴望和每天都在进步的成长，倒逼着教师们更加投入自己的专业发展，累并快乐着！其实幸福感靠大家筑成，一个学校气氛好，氛围好，教师的才华才能被发挥，在这种境界下，心情一定不错，形成一个能找到幸福感的群体，大家都是主人翁。希望每一个在华育任教的教师都有幸福感，每一个人都成“强”人。

4. 学校管理上需要转型：优质高效服务，创设环境的张力、魅力

学校工作要上去，不是靠少数人的努力，一定是靠全体师生的努力、每一个人的努力、每个部门的努力。只有大家有条不紊，按规定办事，整个学校工作才能达到有序高质。

(1) 坚持以高起点、高标准来打造紫阳中学，打造一所家门口的好学校。紫阳中学被华育托管，要成为一所有灵魂、有信仰的学校，就要为每个孩子打造最亮的人生底色，让每一个学生体验学习的快乐，从而为他们的未来做好最殷实的准备：① 华育中学托管紫阳中学是长期的，不是权宜之计，是多方合作，强强联合。华育要依靠教育局、华泾镇、紫阳中学的力量，调动一切积极性。② 紫阳的目标定位要适度，真正达到同类学校中最好有难度，主要生源有差距。③ 只要有利于紫阳发展的模式，都要坚持，不管是托管前还是托管后，都要坚持正确地形成三个优势管理的维度。教研组与教学处、年级组与政教处、总务处与行政教辅，形成一个网状管理结构。支持紫阳、办好紫阳是华育义不容辞的职责，也是每个教师需要关心的。

(2) 确保初三中考继续领先，这是华育底线。中考对华育来说不难，正因为题目不难，很多学校都有可能第一，所以对华育是一个很大的挑战。持续保持第一是很难很难的，哪一年华育中考不是第一，就是上海滩上的重大新闻了。诸多学校现在势头很强，一直紧逼华育。而我们这届有压力，学生之间的学科差异蛮大，这些因素都要消化、面对。所以初三的老师和学生一

点也不能松懈。我希望学校提高教学质量不只通过延长时间，而是通过提高效率达到，靠长期加班加点不能持续。

(3) 教学处、办公室建立教师成长档案。鼓励教师自主培训方式，教师可以为自己的发展献计献策，提倡教师可以自己填写专业发展意向表，教师可以利用暑假或双休日拜师，通过网络向外地或海外教育取经等，为每一个教师建立“教师成长档案”，见证教师成长的过程，每年学校评选最佳教师、最受学生欢迎的教师，是帮助教师找到成功点。教师不断成长发展，教师的职业幸福感才会不断增加。建立教师成长档案，就是为教师搭建平台，真正让教师实现自我发展。

(4) 培养一批优秀的班主任担任心理辅导教师，推动学校心理教育特色发展。初中时期是学生成长发育的关键阶段，这个阶段的学生在生理和心理上都经历一系列的重大变化，面对学生越来越多、越来越复杂的心理问题，学校教育所承担的角色，不可能仅仅停留在心理咨询室。如何才能从单纯的“事后补”转变为有预见的“提前防”，在学校里，学生出现心理困惑最多的方面还是学习，紧随其后的是情感、情绪和交往，还有来自家庭的原因。每一类问题都有专门的教师把关。政教处可以招收志愿者，具有中级以上有经验的教师，或者具有国家级二级心理咨询师资格；也可以招收一些做德育工作经验丰富的班主任，一起参与咨询工作，帮助学生健康成长。

(5) 做好2015学年的招生工作。**学校的教学质量与学生生源有直接关系，只有不断地把住招生质量关，才能使学校的发展有保证**。招生工作的目标是不错过一个好学生，同时向社会展示华育的品牌。非常可喜的是，今年是华育历史上招生学生质量最好的一年，全市的优秀学生在往华育流动。招生是全局工作之一，要充分利用华育的资源、校友的资源、家长的资源开展招生工作。每年民办学校招生压力大，按照市教委的规定“三不准”，但华育不能不作为，变压力为动力。通过各种努力，吸引优秀学生来华育。

(6) 毕业典礼继续按照隆重、神圣、简单进行，各部门早做准备。明年毕业典礼可以再准备充分些，弦乐可以增加几个人，气氛会更好。今年的毕业典礼达到了预期，毕业生进校有鼓号队欢迎，走红地毯签名，穿礼服进会场，有弦乐制造气氛，每一个学生上台拨穗，领毕业证。同时舞台两面的屏幕，展示学生在校的风采。最后拍毕业照留念。邀请家长参加毕业典礼，见证这一时刻，建议家长给孩子鲜花，传递的观念是父母与孩子双方地位平等。通过这种方式的沟通，学生感觉到自己被家庭重视，可能会触发他们回顾和反思人生的前一段旅程。

(7) 总务、食堂、交通班车、校园安全、后勤、财务、实验室、图书馆，都是学校的重要部门。要不断提高工作效率和服务质量，学校在不断变化，所以我们每个人服务工作要改变、要变革。但是，这个学校又是在很多时候需要你去坚持的。比如，不管移动互联网发展多么快，但是服务的本质、教育的本质是必须坚持的。服务和教育的本质是培养学生，让学生能找到更好的平台发展，用更高的效率达到他们成长的目标，所以华育每一个职工的工作，都必须抱有坚持和改变的态度，精益求精，不断提高工作效率和服务质量。

(8) 申报徐汇区见习教师规范化培训第二批基地校。徐汇区原来有15所基地校，还准备扩大一批。基地校不仅承担自己学校的培训，还要愿意为其他学校教师队伍建设做出贡献。华育有能力、有条件做好这项培训工作。我们几个教研组整体实力很强，能承担规范培训带教任务，希望华育更多的教师，在培训中发挥示范引领作用。

又是一个新的学年到来了，我们的工作仍然很繁重。我想，尽管我们已经处于高端，但我们仍然要想得更高、更远，这是学校可持续、高端发展应有的气魄与担当。既然我们将目标定位于上海市初中教育的引领者，那我们就需要立足于国内领先、国际一流的“强教高地”建设，去持续奋斗。

（华育中学2015学年工作计划发言摘选）

四、在重“品”走“高”的探索中迎接挑战

2016年既是我国“十三五”规划推进的起始年，也是华育中学朝着2013—2020年发展规划预定目标前进的关键年。我的感觉是，现在的华育继续在上升，又将迈向新的探索与迎接新的挑战，从领先到引领的实质就是从优质到更好的品质发展，品质突破需要调整华育办学的标杆，要用世界的标杆、中国的标杆定标准。上海市教委希望上海的基础教育领先全国平均

水平20年，华育中学应该有勇气与实力超前发展，让世界刮目相看，让国内的同行认同。只有这样，华育才能在新的探索和挑战中，迎接新的提升和发展空间。在这学期，华育中学将在重“品”走“高”中推进“六个探索”与迎接“三大挑战”。

（一）在“重品”的征程中推进“六大探索”

华育不仅需要用世界的标杆、中国的标杆来推进学校从优质走向更好的品质发展，而且更需要用国际视野、能力、智慧推进学校“六大探索”，本学期有以下六个方面探索：

1. 立德树人的探索——重“品格”

华育中学始终将立德树人放在首位，学校教育的根本任务就是育人。任何一个强国或者发展中的国家，教育都面临三个层面：① 基本教育，确保每一个公民有书读，满足大多数孩子的基本教育需求，这关系到国家的稳定。② 优质教育，提供多元的教育，满足孩子的个性化发展，这关系到国家的发展。③ 精英教育，涉及高端的教育，它能促使学生潜能的发挥，这关系到国家的战略。我希望，华育在优质教育和精英教育层面上能走出一条自己的路。在我看来，现在的孩子，是未来的人才；华育的孩子，是未来的菁英，他们是家庭的希望，学校要把他们的道德品格塑造放在第一位。学习文化知识是学生的任务，但分数不是衡量学生的唯一标准。

华育的立德树人要通过提高学生的思想境界、修养和学力来提升他们的道德品格：① 境界。培养学生从小学会奉献自己、服务社会、报效祖国。② 修养。提高学生的个人修养，包括言谈举止以及人文艺术修养、个性特长等。③ 学力。夯实学生在远大志向引领下，可持续发展的学习内动力，就是鼓励学生为了理想、信念而勤奋学习，达到华育学生的基本标准同时，发挥自身的潜力和能力，提升发展性学力与研究性学力。

学校要思考通过德育课程系列化、一体化设计来塑造学生的品格，以文明班、先进班为抓手，通过班会、社团活动、社会考察等多样的形式系统化落实，促进学生道德品格的升华。目前华育有学生社团39个，种类丰富，活动积极，迎来了华育社团百花齐放的时代。为了使社团更好地发展，本学期：① 纠正社团评估中重结果、轻过程；重数量、轻质量的问题。② 重新梳理社团职责不清，造成少量学生活动有名无实，推卸责任的问题。③ 规范社团管理，落实社团评审制度和优秀社长、社员的评选制度。真正社团的突破，与学生的好奇心、兴趣及长期的专注和努力是分不开的，好的社团的培养，就是要对个人兴趣的挖掘，对研究活动的专注度以及对未知探索的执著等方面形成积极的引导，所以华育要围绕立德树人，培养学生具有历史使命感和社会责任心，使之成为创新思维的未来人才。

2. 文化价值观的探索——重“品真”

华育创办16年来，是教师造就了学校，也是学校成就了教师。我来到华育工作一点不陌生，很快适应。是一种偶然吗？不，当然不是。其背后是学校文化的深层驱动。在这种文化价值下，能够让我们开诚布公地进行讨论和对话，无论是我们的愿景还是我们存在的问题。

华育中学，要成为一所真正有品质的学校，必须在文化价值观上花更大的功夫、做更深的文章，立意在“品真”上。华育文化渗透着上中“自强不息、思变创新、乐育菁英”的文化烙印，这是唐盛昌校长引领上海中学一直走在上海乃至中国教育顶端的文化价值观精髓。华育之所以成为上海初中教育的标杆，就是因为华育有着自己追求“乐育菁英”的文化，有着自己“大气、谦和、诚勉、博雅、笃行”的文化价值观。这种文化价值观的背后，有着教育家唐盛昌校长的教育思想支撑。世界上一切资源都可能枯竭，只有一种资源可以生生不息，那就是文化。在企业界流传着这么一句话：“三流企业靠生产，二流企业靠营销，一流企业靠文化。”没有文化的企业就没有生命力，同样没有文化价值观的学校，就不可能有可持续发展的生命力。高端学校的可持续发展，靠我们共同打造的华育文化。我们要为学生营造更好的文化环境和读书环境，培育书香学校，建设学习型、创新型学校，引领学生多读书、读好书、善读书，让学校书香四溢，让欣赏各类文艺作品成为学生生活中不可缺少的一部分，让华育“乐育菁英”的文化内化为学生的行为准则与学习风格。

3. 课程体系的探索——重“品位”

华育课程体系的探索一直是华育核心竞争力的重要源泉，在绿色指标引领下以及注重不同类型优秀学生兴趣激活、潜能开发的思想驱动下，今后华育中学的课程体系将更注重“品位”，既使强潜能学生得到应有的发展，也使不同层次、类型的学生得到更好的发展。这些年，在学校竞赛课程的支撑下，华育学生取得了令人仰望的成绩，如我们的学生参加信息学奥林匹克高中组比赛，前20名中有三人是华育的学生，拿到了一等奖很不容易，初中组前三名都是华育学生；2015年参加“新知杯”联赛和高中数学联赛，华育都排在含高中在内的第五名，最近的初中“大同杯”数学满分华育有六人，成绩超过了另一所竞赛强校；OM竞赛获得了全国一等奖，高同学获得DI品学兼优奖，全国只有两人获奖，准备去美国比赛。

从建设有“品位”的课程体系探索上，我们还需要进一步努力。要继续探索竞赛课程，华育的竞赛要关注孩子的潜能，不仅仅是兴趣，要发挥高端学生的优势。2015年华育的竞赛明显提升，成绩显著，这是所有老师和学生努力的结果。如何持久？唐盛昌先生谈了三点意见：① 每个竞赛学科要聚焦1—2个方向。语文的作文竞赛含金量高可以加分，英文竞赛突出科技英文，OM和DI，集中熟悉的DI，科技要参加创新大赛。② 特色很重要，DI、作文大赛、创新大赛等领域逐渐形成传统，别人才赶不上。③ 要建立可持续发展的梯队，不能乘电梯，上上下下，一届不行不要紧，形成互补，两面夹攻也可以上去的。

华育的课程架构，过去较多的是走传统的中考道路，如何使整个学校的学习环境更加宽松、活泼？如何满足不同优势潜能、不同类型、不同层次学生的发展需求？数学、科技是华育的强项，如何通过规范大班化教学、小班化、小组化、个别化的教学组织形式，促进学生得到全面而有个性的发展？如何通过大型讲座、中型讲座、小型讲座和微型讲座打开学生思路？这些都需要我们进一步思考。我们希望教学处与各教研组认真梳理本学科领域的课程，形成一些有自身特色的精品课程，学校愿意资助编写一批精品、特色校本课程教材。

4. 教学有效性的探索——重“品质”

随着“互联网＋”时代的到来，教师的学习方式将发生重大改变，利用现代信息技术工具开展教师教育必将是大势所趋。对教学有效性的探索，立足点应该在教学质量的提升，重“品质”内涵的持续拓展。上学期我们的数学组被评为区示范组，并在全区学术节上作了“实施有效教学、助力学生发展”的汇报，反响很大，原来外面只知道华育的学生“牛”，现在知道华育的教师也“牛”。这学期的教学要基于华育学生的实际，进一步加强各个学科教学有效性的探索,提炼出切合学校实情与各学科特点的有效教学方式与方法,既守住教学底线,又不断提升教学高度与品质。数学教研组面对不同层次的学生,采取了分层教学模式,给予有天赋学生(前5%)个性化指导,给予有潜质学生(30%)小班化指导,给予踏实稳健型学生(60%)专业化指导,给予基础较弱学生(5%)关爱型指导,实现了三个"百分百":关注百分之百的学生;关注百分之百的教育目标;关注百分之百的行动过程,促进了教学目标明晰化、教学设计层次化、训练题目典型化、训练方法科学化。这些探索,有些是数学组特有的,有些可以为其他组在探索中加以借鉴、改造的。

要真正体现华育的教学品质,需要做到:

(1) 必须不断发现问题和解决问题,教研组长对教学有效性的探索要有指导力,教师对教学有效性的探索要有执行力。今年的中考能否保第一?对华育来说是一个挑战,现在是中考的对手强,系统内外都有强校倒逼我们,需要通过我们全体初三师生的努力,通过我们的智慧去解决,去真正突破瓶颈。

(2) 要以教研活动为抓手,建立教和研一体化格局,激励教师积极、主动参与教研活动,保障教师参与教研活动的质量和持续性。上个学期末,《现代数学》的主编栾老师来华育看望我,借此机会我通知一些年轻教师与栾主编见面约稿,短短时间里有12位教师主动与他约见座谈,探讨论文撰写,反映了年轻教师积极探索科研论文的进取精神。

希望这学期,各教研组通过上研讨课、开研讨会,形成本学科的有效教学模式。

5. "STEM"和活动的探索——重"品牌"

华育中学的科技班探索、STEM探索以及现代实验室建设,已经在上海市初中教育领域形成了自身的特色;与此同时,学校开展了丰富多样的科技、社会实践活动。这学期,要立足于品牌的建构,进一步推进活动的开展与提炼、升华,促进学生的创新精神与实践能力提升。STEM探索,让学生崇尚科学、追求真知,重在点燃学生的创新思维,锻炼学生的创新能力,主要体现在:① 质疑能力。让学生敢于质疑前人、质疑导师,另辟蹊径。② 敢于面对失败。任何一次创新都意味着不计其数的失败,而我们的科研、比赛,尽管有一定的功利目的,但立足点在于培养人,要鼓励学生从生活细节入手，从自身兴趣出发，敢于面对失败，促进“异想天开”。这学期，我们将进一步推进五大类活动：探究学习活动、个性发展活动、社区服务活动、体验实践活动、社会考察活动。形成三层次组织架构：个人组织、团队或社团组织、社会组织机构组织。鼓励年级、班级根据自己的特点开展活动，形成丰富多样的表现形式。根据参与人数、延续时间、个人作用、结果档次、活动影响进行个性化全程评价，提炼、形成一些有特色的活动品牌。目前，开展有个性特色的活动、项目在中国的教育体系中，没有列入重要的位置，在美国等发达国家，如果没有自身有特点的活动，即使标准化考试很好，大学也不会录取。探索各类活动的开展，不局限于周一到周五，关键是激活学生的内动力，只要有内动力，周六、周日也可以利用社会资源、家长资源，培育学生的领导力、组织能力以及社会责任感，成为同龄人的追随者。

6. 高标准常态化的探索——重“品位”

华育中学的师生是有品位的，这是在这些年发展过程中的“高标准”锤炼出来的。显然，华育中学要在我国教育从大走向强，我国基础教育走向世界一流的背景下实现“领先”“转型”发展，这种高标准常态化的管理探索必然是艰难的，需要坚持不懈的努力，这也将成为华育中学管理的独特品位。追求有品位的常态化的管理，其实大家应该已经体会到这些年华育变化，如华育有品位的咖啡厅，有品位的科技长廊，有品位的图书馆等。

我们仍然需要在学生管理上进一步推进有品位的高标准常态化探索：

(1) 学生管理要进一步精细化，数学班、科技班要按照纵向衔接、横向沟通管理，解决他们在学校发展中的特殊和共通的问题、矛盾。这个意见最初是初一数学班班主任栾老师向我建议的，这是非常好的建议，我采纳了。

(2) 学生常规管理守住底线的同时，要提升高度。无论是早操、早锻炼，还是每一节课的上课规范、活动规范，都要形成可操作性的制度。我再次强调，在华育的每个学科，没有什么主课、副课之分，都是学生全面发展的重要组成部分，每节课都很重要，都要高标准地上好，不能马虎，在精细中追求品质，在常态化中追求超越。

(3) 评价学生要注重三个方面：第一，品德纯正，有社会责任感，有自己的理想和目标；第二，具有学习和研究的能力和潜力，有一定的自学能力和质疑精神；第三，具有一定的活动能力，善于与人交往，沟通能力强。

（二）在走“高”的过程中应对“三大挑战”

华育现在走的是一条传统学校的创新之路，吸引了上海的优秀初中生，也吸引了一批中青年教师奉献华育。我想，珠穆朗玛峰，它为什么能够成为最高？因为它在喜马拉雅山脉，这个山脉超过 7 000 米的山峰有 50 多座，其中 8 000 米以上的高峰有 11 座。这让我想到高峰的形成有宽厚的基础，整体水平高了，高峰的高才是稳健的。

这些年，华育中学持续不断地走在新的高度上，“高处不胜寒”。学校处于“高位”，就需要充分认识到以世界的眼光、国内领先的气魄审视学校发展中面临的新问题。学校的发展、学生的培育，更重要的是在学校管理者、教职工的教育教学与教育服务的能量不断激活、增强。为此，学校每一位管理者、教师、职工都必须同舟共济，根据教育教学要求与时代的变化，更新观念，应对挑战。

1. 领导班子的挑战——立足“高超”

走“高”，意味着超越一般的标准，在尊重对手的同时，升华自己。我们领导班子要率领全体教职工朝着华育“六大引领”与“四个转型”的方向发展，要认真分析我们的对手——同类学校的发展趋势（不仅仅是上海的同类学校，更重要的是全国的同类学校，乃至世界上其他国家的同类学校），与高手过招，不断提升自己的管理水平。我在这所指的领导班子，不仅仅是学校的中层以上管理者，还包括我们的年级组长、教研组长以及各个方面的领头人，需要我们一起应对挑战，拓宽视野，共同寻找学校进一步发展的突破口。

现在我们中层以上干部九人，相当一部分没有中层与校级管理经验，需要在工作中不断历练，把握大局观，顺势而行，不断超越自己。我每天在学校工作 10 小时以上，回家思考的还是工作，每天日程排得满满的。在我孩子眼里，妈妈最擅长的就是工作，陪伴家人的时间太少，这是我觉得最愧疚的，但能得到家人理解支持也是我的欣慰。无论是在上中，还是在华育工作，所有的付出都是值得的。我是一个乐观者，但乐观不是理想化，也不是不切实际。我的乐观表现在用积极的态度去看问题、解决问题，很少抱怨。我挺喜欢这样三句话：① 当自己的才华撑不起自己梦想的时候，就需要学习，学习是应对诸多挑战的一个方法。② 能够与高手过招的人，才是有竞争力的，能够不断走向成功，挑战过高手并不断修炼自己的人，自己也会成为高手。③ 只有团队强，学校才会强，教师才能更强，个人更有作为。

我们管理人员要树立先进教育的理念，打造一支能干事、想干事、干成事的管理队伍，形成高绩效的学校治理机制，包括形成以评促教、以评促管的学校管理体系；持久打造创新型、学习型的管理团队；进一步发挥唐校长引领的上海市基础教育国际课程比较研究与咨询中心等第三方咨询的作用，充分利用好家长、少科站、高校、高科技企业等社会资源，从而让华育的教育教学与管理迈向新的台阶。

2. 教师发展的挑战——立足"高强"

本学期华育中学正在全力以赴申请徐汇区教师专业发展学校，由市区派专员到校检查，核对资料，要校长汇报，召开两个座谈会，听课，参加教研活动，具体由校办老师布置。这是关系到华育中学教师发展的大事。在这个充满竞争、挑战的时代，我们每一位教师要不断地学习、教学相长、磨砺自己，思考自身发展的教学特色与个性，把自己锻造得足够高强，练就自己既能与同事团结协作，又有自身深厚内力的教坛高手。现在的信息更新速度快，互联网＋时代的到来，面对新的知识，借助网络技术，我们的教师与学生处于同一起跑线上，有的时候学生会比我们老师更强，在这样的背景下我们教师如何不断加强自己的业务学习，提高信息素养，凸显自身个性？成为每一位教师应该认真思考的重要课题。

面对变革的时代，我们华育的教师正变得大气、更具包容性，这样也就充满了创新的活力。卢老师带的预初 5 班按照现在文明班、先进班的评比条例应该进入先进班，但考虑到预初三个先进班，到校只有半年，而其他还有两个年级只有一个先进班，感觉比例不合适，进行调整后，预初 5 班先进班落选了。卢老师顾全大局，维护大家的决定，很大气，在去年教师节卢老师的最佳教师的投票率超过 95%，这显示我们的教师正变得包容，认可别人的同时，也在认可自己，心态也变得越来越好。华育的教师正在变得越来越强，越来越优秀，变得有境界有使命感。一群优秀的教师在一起进行思想和教学的碰撞，在碰撞的过程中肯定会有很多的改革火花出现，因此要加强教师的实践共同体建设，年级组和教研组经常开一些研讨会与研究课，促进研究氛围的形成，不断强化教师基于实践的教学研究与比较研究，出一些教学成果，育一批好苗子。前段时间黄老师通过微信转给我一个2003届1班的刘同学已经去香港第一卫视主持财经节目的录像，韩老师转发给我一个我校姚同学被美国哈佛大学提前录取的短信。这表明我们的老师对学生能够成才有一种自豪感。这种自豪感，能够让我们的教学思考得更好、更深、更广、更有意义。

我们将进一步营造“学生优先、事业优先，认真负责、追求高质，团结协作、共进共荣，光明磊落、顾全大局”的师资队伍，进一步提升教师引领学生兴趣激活与趣能匹配的能力，进一步促进教师自主开发校本课程的能力，进一步促进教师进行国际教育比较的能力，进一步促进教师熟练运用数字技术的能力，加强校本自培基地的建设，打造教师研修、发展平台，推进高端教师培训，促进一批有影响的骨干、特色教师产生；进一步深化对教师绩效的评估与工作量考核，完善教师发展提升机制。

3. 职工发展的挑战——立足“高远”

既然学校教育的要求在变化，外部环境对学校的要求在变化，我们为教育教学服务的职工队伍也会面临新的挑战，需要进一步思考在新的形势下如何为教育教学服务、为师生服务。我认为职工为教育教学服务的眼界一定要打开，不能满足于现状，要立足于华育中学发展的高度与未来发展的追求，对自身的发展要有“高远”的定位与思考，不仅要立足于岗位要求，自身业务素养要过硬，而且要立足于学校新的发展变化，不断加强学习，从长远发展出发进行业务提升。之前，我对职工的发展提的要求比较少，这次为什么专门对职工提出新的要求，就在于学校的“重品走高”是一个高标准要求，要求每一位教职工融入其中，绝不能置身事外。

我经常说：“一个优质的学校发展，需要有四个方面支撑：需要一个核心，华育中学的核心是唐盛昌校监，他是学校的灵魂；但一个学校光有这个灵魂还不够，还需要依靠一个很强的管理团队，这个团队就是年级组长和教研组长以上的管理层，他们是学校的骨干，有很强的执行力；光有这个团队能量的发挥还不够，还需要有一个健全的组织保障，这个组织就是体制机制，它是确保组织正常运行，教育家办学和不盈利模式；有了这个组织的保障还不够，还需要形成一个强大的系统，这个系统就是每个教职工能认识到自身的价值与任务，凝聚成一个能够不断创造活力的系统”。只有当核心、团队、组织、系统都围绕共同的目标前行时，才能不断推进学校工作达到新的高峰。因此，我们每位职工也需要不断学习、不断反思、不断提升，才能更好地为教育教学服务。行政和总务部门要组织职工班组长、骨干到一些国际化的大企业、大宾馆去考察学习，开阔眼界，看看他们的星级服务是怎么做的？也要鼓励职工继续充电、深造、学技术，适当考一些具有实用性的资格证。总而言之，要从立足于服务学校以及职工长远的发展来调动自己的积极性，发挥自己的聪明才智。

最后，我想说的是，我们华育的每一个人都要有梦想，与中国梦、华育梦同行，因为华育是一个让所有有梦想的人展示才华的地方。只要你有好的改革想法、行动，都可以提出来，我们一起探讨、努力、践行，用自己的青春、用自己积累的多年经验及才华，去推进学校发展的“六大探索”“三大挑战”，在学校发展的“重品走高”中，贡献自己的力量与智慧。

（2016 年 2 月 16 日华育中学新学期工作要点发言摘选）

五、以课程引领为突破，激活学校发展动力源

华育中学在过去的一年里，在全体教职工的共同努力下，硕果累累，连续三年被徐汇区评为综合优秀、科技特色示范性学校。数学连续六年获高中联赛一等奖，今年一等奖 1 人，二等奖 3 人，三等奖 2 人，获奖人数 6 人，为华育历史上最多。“大同杯”数学竞赛，一等奖 4 人，二等奖 13 人，三等奖 11 人，获奖总人数比去年 25 人略有增加。信息学奥林匹克联赛高中组，连续 5 年获得高中信息学联赛一等奖，其中一等奖 2 人，二等奖 5 人，三等奖 2 人，汤同学还参加了 ACM 国际大学生程序设计竞赛并获得了铜牌，并将继续参加上海市队选拔赛。学生参加初中组总体成绩仍是上海市第一，参加高中组也有 3 人获得一等奖。OM 比赛，获得第 30 届上海市头脑奥林匹克创新大赛团体第一名，接下来准备参加国家赛。DI 我校曾获得过全球赛第 1 名、第 7 名、两个第 20 名成绩，不容易。语文组主攻作文竞赛，获得 3 个一等奖，2 个二等奖，1 个三等奖，这个成绩不容易，但古诗文大赛需要重新布局。事实证明，好学生不抓，照样不出成绩，华育要强化人文素养。学校

朝着构建“上海领先、全国一流”的优质民办初中发展的路上，迈出了坚实的步伐。

我们每一年在全面工作推进的过程中，都侧重抓一两个重点予以突破。学校在立德树人引领学生成人成才融合方面，有了重大突破。在依法规范办学引领内涵品质提升方面，受到了社会和政府的高度赞扬，多次市或全国的检查都获得好评。课堂教学变革引领学生潜能开发方面有重大进展，好几个教研组在区里作经验介绍。教师在课堂教学中，充分体现了华育特色和上中传承的三高（高思辨、高立意、高互动）教学特点。备课组、教研组的有效活动激发了教师的潜能开发，教学质量保持高水平。教师团队合作引领专业发展方面，华育达到了很高的境界，互相支持，互相认同，促使教师迅速成长。华育教师团队里，90％都很强，专业和敬业精神是同行业的楷模。在本学期内乃至今后一段时间，学校将发动全体教师的力量来推进校本课程建设，引领学生个性发展与多元智慧的生成，学校管理人员与职工将为教师推进学校课程的开发与实施营造良好的运行机制与提供强大的支撑保障，共同努力为华育中学课程建设走向引领、创新，奠定坚实的基础。

必须认识到，学校课程是学校发展的核心竞争力，是学生成长不可或缺的载体，先进的理念要靠课程支撑。华育集聚了一批资质相对优异、天赋良好的学生，学校的学科课程已经难以满足这些学生发展的需要，学生进行超越初中学科课程的学习将成为未来课程的一种可能趋势。

上学期上海市教育督导事务中心督导来校专项督学，一方面充分肯定了我校规范课程教学、实施素质教育的经验，另一方面也提出了一些在推进引领过程中需要解决的问题。学校在课程教学方面的改革需要进一步厘清思路，形成系统和体系。我们的计划是分两步走：① 2017 年框架形成。华育要在 2009 年完成的华育课程标准基础上，从当前中考、高考以及人才培养的要求出发，进行重新架构，在 2017 年形成框架。② 2020 年后真正形成华育自己的课程体系。这学期的计划，我们将从共识、共建、共进三方面推进学科课程与非学科活动整合的学校课程建设。

（一）发展共识：认清学校发展挑战与核心素养的基本要求

1. 推进学校课程改革是迎接学校发展挑战的必然

一种需要。华育的学生要走向卓越，学校课程改革是基础。学校应当清晰地认识到科技进步十分迅速，如拍照过去用胶卷，现在用手机以及数码产品，新媒体代替纸媒体，电商颠覆了实体经济，滴滴打车的出现使传统的出租车行业遭到颠覆，教育机构、资本＋高科技的形式成为新的形态，对教育冲击很大，让我们措手不及，难以应对，家长加码，所有这些都远超预期。此外，信息技术的发展，使我们快速走进智能社会，阿尔法狗可以模拟人的思维。学校课程应当跟上时代发展的需要，无论是从内容还是结构上，都需要做出改革。

一种展望。华育的学校课程，要从学生面向2030、2040来思考今天的教育内容改革。未来的学校教育，以单一学科为基础的教育将受到巨大挑战，今后必将走向跨学科、超学科乃至多学科发展的时代。从人的素养发展来看，单一学科的教学，无法培养学生必备的核心素养；从培养学生的认知能力、协调能力、团队合作、抗挫折的角度讲，都需要整合学科课程与非学科活动的育人能量；从创新精神讲，大力推进学校课程建设是对个体条条框框的突破，不限于基本技能、技术。学科课程只是学校课程的一部分，不是主渠道。因此，传统的学科知识教学格局，必然面临重大的改变和挑战。

一种应对。华育的学校课程，必须不断走向现代，整合现代科技的内容。我国的理化生教育内容，大多以经典内容为主，而欧美等国际主流教育，则更强调与科技、生活紧密相关的现代内容传授。2016年我国北京、上海等四省市学生参加的PISA测试，排名第十，其中科学素养测试反映了我国学生对现代科技内容掌握不够。学校课程改革，要促进学生开展基于现代科技的学习、基于探索与证据的教育，养成学生的批判性思维。

一种财富。学校课程改革，是学校发展的一种巨大财富，是学校个性、特色彰显的制胜法宝。各教研组要努力带领教师围绕学科课程与非学科活动标准，完成课程大纲。把教师的财富集聚起来，变成学校共同的财富，变成学生全面而有个性成长的财富，进而变成能够引领上海市初中学校课程改革的品牌与财富，推进学校基于课程建设的转型发展。

2. 推进学校课程改革是夯实学生核心素养的必需

进入21世纪以来，为提升人才适应未来的竞争能力，许多国家与国际组织把培养学生的核心素养作为育人的重要环节加以引领，围绕学生核心素养进行课程建设，成为世界各国教育发展的一种必需。

欧盟于2005年正式发布《终身学习核心素养：欧洲参考框架》，提出了母语沟通能力、外语沟通能力、数学和科技基本素养、数字(信息)素养、学会学习、社会与公民素养、创新与创业精神、文化意识与表达八项核心素养，主要从互动地使用工具、在社会异质群体中互动、自主行动三个方面进行思考。2012年联合国教科文组织发布了《作为学习结果的核心素养草案：幼儿、小学和中学》，提出了包括身体健康、社会情绪、文化艺术、文字沟通、学习方式与认知、数字与数学、科学与技术七个方面的核心素养指标，主要涉及自主发展、社会参与、文化修养三个方面。

美国21世纪技能联盟提出的核心素养框架，包括来自三个领域的11个核心素养指标，包括学习和创新素养(创造力与创新、批判思维与问题解决、交流沟通与合作)，信息、媒体与技术素养(信息素养、媒体素养、信息·交流与技术素养)，生活与职业素养(灵活性与适应性、主动性与自我导向、社会与跨文化素养、创作与责任、领导与负责)。

新加坡面向21世纪的核心素养框架，包括三个层面14项核心素养指标。14项指标里，自我意识、自我管理、自我决策、批判与创造思考主要涉及"自主发展"方面；价值观素养(尊重、诚信、关爱、抗逆、和谐、负责)、人际关系、社会性意识、公民能力/全球意识/跨文化素养主要涉及"社会参与"；信息与沟通主要涉及"文化修养"等。

日本国立教育政策研究所于2013年发布了日本学生的21世纪能力框架，主要包括基础能力(语言技能、数量关系技能、信息技能)、思维能力(解决和发现问题的能力、创造力、逻辑思维能力、批判思维能力、元认知、适应力)、实践能力(自律、建立人际管理的能力、社会参与能力、可持续发展的责任)三个领域的素养指标。

2016年9月13日，林崇德教授领衔的北京师范大学"中国学生发展核心素养研究"课题组正式发布了《中国学生发展核心素养总体框架》，从"文化基础、自主发展、社会参与"三个方面发布了"人文底蕴、科学精神、学会学习、健康生活、责任担当、实践创新"六大核心素养。华育中学作为集聚优质初中生源的学校，必须在学校课程建设和活动中高标准地落实这六大核心素养，同时还应提出更高的要求。在总结国内外核心素养研究的基础上，我提出了华育中学的"6+3"核心素养要求，作为学校课程框架的建构支撑，得到唐校长的支持认同。

“6”是在中国学生发展核心素养的基础上加上修饰语，即“良好的人文底蕴，高尚的科学精神，持续的学习能力，富有情趣的健康生活，强烈的责任担当，优秀的实践创新”。除此之外，华育的学生还应具备“3”项华育特定要求的核心素养，即“宽广的国际视野，高远的生涯规划能力，优秀的信息媒体运用能力”。

（二）课程共建：改革学科领域课程与非学科领域活动架构

华育中学的学校课程建设，要走向引领，促进学生个性发展与多元智慧的生成，需要不断推进学科领域课程改革以及非学科领域活动的建构。活动课内容很多，很多知识以活动的形式传授和巩固，文艺、体育、文学、社团及综合实践活动课程。总活动课 9 节/周，活动课也是由指导老师上，可以与学科一致，也可以不一致。按照上海市和国家规定的总课时是 34 节/周，9 节课可以作为非学科活动加以探索。非学科活动，不是以学术性作为重要指标，而是以开阔学生视野、介绍前沿内容为主，与中考无关，但与人的素养发展有关。通过学科课程与非学科活动的学习，我们将促进学生在文化基础、自主发展和社会参与三个方面的“6＋3”核心素养上获得更好地提升。必须认识到，学校课程是学生成长不可或缺的载体，先进的理念要靠课程支撑。

1. 学科领域课程结构奠定了华育学生走向卓越的发展基石

华育中学的学科课程，要围绕上海共同要求与华育个性要求结合的方式进行校本课程纲要的编写，明确哪些是基础型内容模块要求（与中考有关）、拓展型内容模块要求（与实验性示范性高中的自主招生、学科竞赛以及学生强潜能开发有关）、研究型内容模块要求（与学科在生活中的运用、学生学科探究能力与创新素养提升有关）。育人目标定位在培养有良好的学科发展功力、理性思考能力以及有探究与批判思维的强潜能、有责任心的华育学生，以学科领域课程建设和活动培养具有国家规定的核心素养学生。

学科竞赛的课程建设，属于学科课程中拓展型内容范畴，要形成华育中学学科竞赛课程标准与团队建设。尤其是数学竞赛课程，包括指导学生参加高中数学竞赛内容，过去依靠上海中学的师资力量，现在逐渐形成自己的学科竞赛辅导力量，更有利于学科竞赛课程标准的建立。计算机学科竞赛，过去也主要依靠上海中学的师资，现在主要是华育自己的团队，然后适当借助上中的资源。在今后，各个学科竞赛，要逐步形成自己的辅导团队以及学科竞赛课程标准。

科技方面的课程，不仅强化与国际接轨的STEM课程，而且深化符合学校特点的科技特色专门课程的建构（包括聘请外校专家来授课），已经有了华育科技教育A班、B班的持续特色与梯队，科技教育创新与探究，从过去只有少数学生与教师自发组织，到现在的学校组织、自觉开展，不断凸显了自身的科技教育亮点。

我们学校的德育课程与音体美学科变得越来越强，也要形成自己的学科课程标准与校本纲要。德育大量的活动、社团都要上升为课程层面进行思考，围绕育人开设多种课程。音体美组现在实力很强，需要在今后制定富有成效的课程标准与校本纲要。音乐组在综合的基础上可以探索自己的亮点：音乐课程能否提供声乐、器乐、舞蹈、歌剧、欣赏等多种科目让学生选择？通过教师的强项，形成多个音乐教育的亮点。体育组基础好，需要深化现在的课程，强调选择性，建构富有个性化的课程体系，真正形成自己的特色课程。华育的美术课程应该超越当下，在促进学生的美术修养、美术欣赏方面，再上一个新的台阶，真正形成特色。下学期能否提供素描、书法、陶艺、插花等科目供学生选择？最近学生的书法展示，我看到苏老师的工作激情和深厚的专业功底，也看到了学生的兴趣已被激发。学校将尽快把书画展的背景墙装饰好，希望今后师生书画作品能定期展出。

2. 非学科领域活动架构为学生志趣能开发创设广泛的发展空间

对于非学科领域活动的架构，我们的感觉是现在高端的教育应该更强调个性、差异的发展。每个人的差异怎样显现？每个人的性格特征是什么？优势潜能在哪里？这些方面单一的学科课程是难以培养的，所以还必须要有另一套非学科活动体系，通过各种各样的活动、项目，来培养学生的志向、兴趣与潜能。

非学科活动的课程，不仅深化学生必备的核心素养以及华育独特要求的核心素养，而且要培育华育学生的三种能力：

(1) 让学生不仅有理性思考的能力，而且具有感性的思考能力，是有品质、会聆听、能跨界、有人情味、会学会玩且有自身发展追求的人。

(2) 培养学生科技与人文素养交融，具有根据自身发展的志趣进行人生规划的能力，引导学生在自己所喜欢的领域里发展潜能、创造为社会发展所需要的一番事业。

(3) 引导学生不仅能够享受成功的快乐，也具有面对失败的沉着，提升抗挫折能力。未来我们的学生面临的环境与竞争，会远远超出我们这一代人的经验可以理解的范畴，所以我们的非学科领域的活动建设，不仅要引导学生形成良好的核心素养、全面的综合与跨界思维，而且要帮助学生在未来生活中体验与思考如何才能找到自己想要的幸福生活。

非学科领域活动的架构，应当允许不同的学生有不完全相同的个性化知识结构，这对于学校发展来说是一种巨大挑战，要求所有教师从科技、服务社会、文化艺术、演讲、个性特长等学生需求方面，大力推进非科学领域活动的建设。非学科领域活动的每一个科目设计，参照八大课程要素：① 科目名称；② 科目类型；③ 教学对象；④ 科目目标；⑤ 科目描述；⑥ 选用教材；⑦ 具体内容；⑧ 评价方式(如多元化、个性化，包括出勤率、课堂互动参与、写小论文或读后感等)。

显然，每一个非学科领域的活动，按八大课程要素进行梳理只是第一步，之后还将整理每年的活动资料(包括学习人数、满意率情况、学生评价、成效评估等)，通过 2—3 年的努力，形成完善的活动构建与实施的数据，争取三年一个轮回进行持续更新，以紧跟时代、科技与社会发展的脉搏。

(三) 实施共进：创设学校课程架构实施的机制与人文氛围

1. 努力创设学校课程架构走向实施的良好机制

(1) 进一步促进教师的专业发展，打造高素养、懂开发、善研究的师资团队。华育的学生是幸运的，也是幸福的，在华育中学能够遇到在座的这样一支师德高尚、学识渊博、技艺高超、关爱同学的好教师。华育有一群老师都有一手“绝活”，他们过硬的专业本领让学生信服，让课堂精彩，让教育生辉。但不可否认的是，在构建具有引领价值的学科课程与非学科活动系统架构与体系实施过程中，我们的教师还应当具有学生志趣引领的能力、进行学校课程开发的能力、开展具有国际视野的比较研究能力以及运用现代数字技术进行教育教学的能力。这些能力，还有待我们的教师在今后的课程开发中进一步锤炼。

(2) 进一步强化基于学校课程建设的研讨共同体建设。在学校课程建设中，教研组长是负责制、备课组长是责任制、教师是执行与开发制。① 新教师要抓住制定课程框架的机会，不断学习，尽快熟悉了解华育的课程框架，通过积极参与和投入，使自己早些适应框架的要求。② 教师在制定学校课程框架时要立足课堂教学。华育的课堂是师生教学高互动、高思辨、高立意的课堂，课程框架要在内容上体现出来。学生的诸多问题，需要教师在课堂上去解决，教师的专业发展也需要在课堂上提升。③ 骨干教师应该借制定学校课程框架的契机，使自己积累的专业知识升华为专业思想。专业知识不仅仅局限于教师所教的学科、所教的学段，而且要注重邻近学科或跨学科地去思维，善于把握小学、中学、大学的学科或专业领域的知识体系，把所教学科知识点串成线、连成网，最终构成知识体系；善于从具体的学科内容中提炼出对学科知识体系本质的认识，从而归纳出解决学科的、跨学科的、综合的教学手段、方式和方法。④ 教研组组长应该是学科带头人，要把制定本学科的课程框架作为抓手，只有研究学科、吃透课程教材，才能准确把握课程框架背后的学科思想或专业思维，真正落实课程框架。把遇到的问题作为课后的课题研究，形成不同类型的论文。课程框架制定后，要发动本学科教师写论文，为华育积累财富和经验。

(3) 进一步强化学校课程实施的硬件支撑与技术支撑。首先是与现代学校课程匹配，大力推进硬件的更新。在现有九个新型实验室的布局基础上，进一步挖掘可以利用的资源(包括人力资源、物质资源、家长资源、政府资源、社会资源等)，拓展实验室建设的利用率以及新建实验室。对于二楼的工程实验室，除机器人、3D打印实验室外，准备引入电子工程等方面的实验室；对于三楼的信息技术，除机房以及非线性编辑实验室外，还将增加VR体验室和OM全新实验室等；对于四楼的微生物实验室外，考虑拓展植物生理学实验室、人体医学方面的实验室等；对于五楼，已经布局环境监测实验室、模分离技术、大气监测和水质监测、太阳能综合利用等方面的实验室外，还需要添置天然植物提取和植物分离的装备。比如桂花里的有效成分提取，或者无花果汁液的提取等。对于底层除现有暖房、温室植物培养外，如何将科技与植物结合起来？还将丰富植物品种，提升学生参加实验的利用效能。

(4) 学校的体育场馆作为强健学生体魄的重要载体，如何提高场馆的利用率？需要总务处和体育组总体再思考设计改造。2010 年投入使用的体育场地已经整整使用了七年，目前不少地方已经坑坑洼洼，影响活动的质量，也存在安全隐患。学校已与教育局联系，协商解决重建体育场地经费等问题，减轻学校的负担。

(5) 学校信息技术将进一步更新，推进信息技术与学校管理、教学的融合，与此同时加强对校园安全信息技术的监控系统改造。原来学校使用的是模拟监控设备，很不清晰，上学期通过与华泾镇联系，达成协议，本学期准备改造成高清教学监控系统。学校将按照市教委对住宿学校最高标准布局，除教室、办公室外，将做到校园全覆盖。

(6) 学校管理团队要进一步提升课程领导的能力，促进课程管理“善治”空间的营造。学校管理团队首先要理解、吃透学校课程建设的框架与体系，通过制度设计、系统营造、资源优化、广聚意见等，最大程度地参与到各学科、各领域的课程建设中去，努力听取教师的课程开发意见、建议。

2. 进一步创建学校课程，激活学校发展的人文氛围

(1) 营造学校课程建设的良好文化支撑氛围，对于学科课程与非学科活动的系统架构与实施，具有潜移默化、可持续发展的影响力。学校的人文环境对学生成长的影响很大。人文环境体现在学校对学生的态度、对教师的态度以及教师对学生的态度；如果教师对学生的态度不好，学生之间的关系不融洽，校园文化环境不好，学校对学生、教师不尊重以及贴标签，就不利于学生的身心健康发展与教师的专业发展。学校要努力营造一种氛围，不完全用学科水平判断学生的好坏，而要用志趣、优势潜能来判断学生。

(2) 营造学校课程建设的实施境界升华。当华育中学的教师与管理团队、职工把学校课程的实施作为提升学生素养、促进学生走向卓越的不可或缺的载体时，学校课程建设就形成了一种“不以物喜、不以己悲”的境界。尽管我们不能让学生家长达到不以中考成绩论质量的境界，这一点督促我们的中考一定要保持领先；但从学生的核心素养夯实来说，从促进学校走向卓越、学生走向志趣能匹配而言，我们必须认识到只为了追求中考“第一”是没有实质意义的，必须立足于学生未来成才、可持续发展去思考今天的学校课

程建设以及实施。这种境界已经超出了单纯的学科育人的范畴,已经走向了人文育人的新境界。

(3) 建构良好的华育课程架构,不仅要求所有的教师参与,而且要求所有的职工积极配合。譬如随着学校教务管理系统的升级,对教务员提出了新的要求。教务员对学校课程的编排、学生的评价与资料的收集要求将变得越来越高,不仅要拿得出手,而且要体现华育的水平;华育的实验员岗位要求很高,需要了解很多前沿科技的发展,不仅要掌握传统的实验室使用,而且要掌握对新的设备的使用和维护技能;图书管理员要不断采购与学校课程架构匹配的图书资料,及时向师生发布最新的图书添置动态;财务人员要熟悉财税政策,帮助学校当家理财,在不影响国家利益的前提下,确保教职工利益的最大化等。诸多此类的对学校职工的要求还有许多,我们的管理人员与职工要在学校课程建设的人文氛围中找到自己的位置,显现自己的服务特色与亮点。

(4) 学校还将进一步营造与学校课程建设匹配的物质文化、宣传文化以及走廊文化。譬如,在适当的时候开展教研组特色课程展示与评比活动,围绕科技、艺术专门课程建设进行研讨活动,组织教师进行基于学校课程建设的研究活动,开展非学科领域的精品活动与星级课程考核(采用多样的考评方式,包括竞赛获奖、学生满意率等),进一步深化学校课程改革与建设。

(5) 学校课程建设要做到具有对上海市初中的引领作用,绝不是一件容易的事情,需要全体教职工形成共识、花大力气才能完成的事情。目前国家与上海的课程标准修改已经基本完成,如何根据国家、上海的标准形成自身的课程架构,进而形成实施体系,包括课程领导、课程管理、课程实施、课程评价以及相应的实施机制与文化建设,让学校课程成为引领学生个性发展与多元智慧生成的载体,我们要走的路还很长。因这方面的探索属于初中领域开创性的,没有经验可循,唯有集聚全体教职工的智慧与借助外部资源共同努力才能完成。

最后,再强调一下,学校德育工作。学校是培养人的地方,华育如何培养学生?我的看法是,华育的学生总体学业水平很高,求知欲强,见多识广,聪明能干,但是他们毕竟只有十几岁,不可能十分完美,也不可能生活在真空里,普通学校发生的问题,我们华育也会发生;普通学校学生的行为问题,我们华育学生也会有。每个年级都会有一些奇奇怪怪或者特殊的学生，有些有心理问题，有些有行为问题，有些有习惯问题，有些有态度问题。比较棘手的是心理和行为都有问题的学生，这对老师和学校是个挑战。有问题不可怕，关键是如何针对性地解决问题。学业成绩是衡量学生的一个方面，但绝不是全部，有一些孩子被宠坏了，只因学习好，家长和老师就迁就原谅。华育要把立德树人放在第一位，创设学生成长的人文环境，学校给学生大爱，不完全是父母的爱，可以给学生设定做人的标准，关注学生内心是否独立自信，是否能控制自己的情绪，是否有是非观念，是否愿意服务大家，是否能够承受压力和挫折。现在有一种流行的育人理念，核心观点是：让孩子在未来人生中获得成功的关键要素，并非智商，也非情商，而是一种向着长期的目标，坚持自己的激情，即便历经失败，也百折不挠的坚毅品格。

让我们携起手来，共同创造华育更美好的未来！

（2017 年 2 月 14 日华育中学新学期开学工作要点布置摘选）

六、应对新中考的学校综合教育教学改革

过去的五年里，我们全体教职工围绕《2013—2020 年华育中学发展规划》齐心协力，共同奋斗，分步骤、分重点地逐年推进学校在上海市六个方面的引领作用：学校德育工作引领成人成才融合，依法规范办学引领内涵品质提升，校本课程建设引领个性多元智慧，课堂教学变革引领学生潜能开发，教师团队合作引领专业发展境界，教改实验经验引领义务教育发展，取得了可持续发展的领先成绩，真正领略了“幸福是靠奋斗得来的”真谛。

在唐盛昌理事长的领导下，华育今年正式评为 5A 等级，这是中国社会组织评估最高的等级，含金量很高，需要在国家民政部备案，这是我们全校师生的荣誉，谢谢大家为获得这个崇高的荣誉所做的一切。值得一提的是，今年学校的中考，初三师生不负众望，中考继续保持上海市第一，平均分 601.8，创历史新高，100％的学生进入上海市示范性高中。还有四位学生破格与北大、清华签约，只要达到一本线就可录取。在这里，我们把掌声献给

全体初三师生。

除此之外，上个学年华育各类竞赛达到了历史上新的高度：2017 年“大同杯”初中数学竞赛团体总分上海市第一，连续七年有学生获全国数学高中联赛一等奖，获上海市高中团体总分第三，这是华育历史上数学竞赛最好的成绩。2018 年信息奥林匹克竞赛获上海市高中排名第四，连续六年有我校学生获得一等奖，有学生进入上海市信息竞赛代表队。科技创意创新成绩显著，连续三年获得高中组排名第三，今年第二。2017 年荣获第 12 届 DI 创新思维竞赛，上海市和全国总决赛都是第一名，全球 DI 第二名，即时挑战第一名。2018 年第 39 届 OM 世界头脑奥林匹克创新大赛，获上海市和中国区决赛第一名，全球 OM 第七名。连续几年上海市“大同杯”物理竞赛获奖人数保持上海市第一。2018 年荣获上海市“天原杯”化学竞赛团体总分第一，近七年中六年获得化学团体总分第一。科普英语竞赛连续 10 年获得上海市团体总分第一名，最佳辩手、一等奖获得者上海市第一，获奖者占整个获奖人数的三分之一以上。语文作文、现代文、古诗文三大竞赛成绩位居上海市领先位置，获奖人数全市遥遥领先。以上这些成绩体现了华育学生的全面发展和综合实力的领先水平。

2018 年新中考改革政策的出炉，对所有初中学校而言，都是一个巨大的挑战，华育中学也不例外。我在今年招生时的校园开放日上说，对华育中学影响不大，这其实是在采取战略上“藐视”的心态，然而在战术上必须采取重视的姿态。新中考改革政策，其实质上对学校的高品位、强内涵发展与学生的综合素养发展提出了更高的要求，华育中学要想继续保持高位领先，就需要全面深化学校的教育教学综合改革。前五年，我们学校发展的战术是以六个方面的引领逐个深化，其中在五个方面有新的突破，获得学校可持续发展。今后两年乃至更长的时间，学校仍将围绕六个引领，特别是教改实验经验引领方面进一步加强。结合中考改革，下面从“三个立足”（新高度、新挑战、综合改革）谈谈本学年工作思路。

（一）立足新时代，把握学校发展的新高度

我国正进入中国特色的社会主义建设新时代，作为立德树人的初中阶段，华育应当着眼于我国未来人才的早期培育打好基础，学校应该关心每一位学生的长远发展，不仅仅是初中四年，要关心他们到高中、大学，甚至今后

走入社会的影响力。学校还要客观正确地认识中考改革带来的挑战,从华育中学需要达到的新高度出发,注重拓展办学的国际视野,看重自己作为名校储备的资源,敢于与世界一流的知名初中比肩,为学生的发展提供更高的起点。走进新时代的华育中学,需要牢牢把握住四个方面的办学新高度:

(1) 华育中学的办学新高度,在于坚持传承上海中学"储人才,备国家之用"的办学理念,敢于从教育站起来、大起来到强起来的高度去思考华育今后育人,营造学生成人成才的环境。办学的视野应始终立足于学生的将来成才,让学生能赢在20年、30年乃至40年后,不以学生一时的成绩论英雄。华育的学生绝不能是死读书,学校更看重的是他们在学习的过程中是否敢于担当、有没有责任意识。让孩子们懂得自己的成长好、学习好不仅仅是为了自己,而是为了更好地服务他人、服务家庭、服务社会、服务祖国走强的需求。

(2) 华育中学的办学新高度,体现在敢于从上海国际大都市建设出发,敢于从全球具有影响力的科创中心出发,放眼世界,坚持高标准的平台创设与教育资源的集聚,办好的教育。好的教育充分关注的是人,是人的健康成长,是人的快乐幸福,是人的个性化发展,是让人成人,是让人成为他应该成为的他那样的人,是让人成为一个有爱心、有担当、会感恩、能够服务于社会,而且能够成为国家的"菁英"和栋梁之材或自食其力、对社会有用的人。学校的办学视野,已经远远不再满足于"上海市第一"这些因升学成绩而有的初中学校排名,更看重的是学生内涵的发展。

(3) 华育中学的办学新高度,依赖在座的无私奉献、专业精湛与有高度责任感的教师群体,尤其是你们具有无可比拟的教学相长的魄力与追求。你们的动力来自你们内心的进取,你们深知进入华育的学生太优秀了,不论自己之前有多少专业储备,都必须不断拓展、拓展、再拓展。教师优秀一定与学生的优秀相辅相成。学校仍将不断推进教师专业发展持续向前,不断推进学生走向更高的巅峰。我们的教师也要主动把握学校创设的平台,积极开展基于教育教学实践的研究、学习与再提升。

(4) 华育的办学新高度,在于继续打造出更好的学习共同体,或者说是"牛蛙成长俱乐部"。华育的学生将来都有可能成为人才,这是因为华育有教育的灵魂,有乐育菁英的情结。学校有先进的理念与机制,有学生成长严谨而又可选择的宽松环境；教师有境界，有专业，有修养；家长有视野，识大体，教子有方；学生有目标，当许多聪明、求知欲强、具有同情心而又目光敏锐的学生聚在一起相互学习、相互交流，会碰撞出许多新的火花，使优秀的孩子更优秀。

（二）立足新时代应对中考改革的新挑战

要达到新时代学校办学四个新高度，需认真分析上海中考改革给学校内涵发展带来的新挑战。无论是教育管理者、教研组、备课组乃至每一位教师，都需要理性认识中考改革，对学校内涵发展提出的新要求，从而在教育教学改革上做出应对。

高中阶段入学招生改革的一个核心理念是，促进学生全面而有个性的发展，要求学生全面发展，不偏科。与此同时，努力让学生获得综合素养的全面提升和个性潜质得到良好的开发。新中考实行"两条腿走路"，一个是"初中全学全考"，一个是"初中生综合素养评价"。这样的改革，对于一般的普通学校挑战很大，对于华育这样的优质名校，如果仍然要获得以上多个方面的领先优势，挑战也不容忽视。主要面临两个挑战：

1. 高分高能的挑战

"全学全考"更加凸显"高分高能"，要求华育中学的教育教学，在促进学生的高分高能提升上，迈出更为实质性的步伐。新中考改革中，语文、数学、外语满分 150 分，综合测试 150 分，体育与健身 30 分，新增历史、道德与法治两门计分科目，满分各 60 分。记分科目由以往的 630 分增加到 750 分。其中，综合测试 150 分：70 分物理题、50 分化学题、15 分跨学科案例分析题、15 分物理与化学实验操作题。七门等第评价科目为地理、信息科技、生命科学、科学和社会五门科目统一命题，统一评分标准，统一时间组织开卷考试；艺术和劳动技术两门科目考试，注重平时学习的综合评判。

新中考改革，侧重于学生的全面发展，必将凸显今后学生发展的"高分高能"特点。从新中考的考试改革来看，对学生的学习能力要求更高，不仅强调学生对语文、数学、外语的基础知识与能力的夯实，而且强调对学生的跨学科分析能力、动手实验操作能力，更强调学生对道德、历史等方面政治、人文素养的奠基。学生要想获得高分，就需要提升自主学习、持续学习以及综合学习的能力，并且思考学习与人文历史、品德的发展。学校理想中的学生，不是一个精致的利己主义者，而是要学会去改变自己、改变生活、改变世界，要敢于与勇于帮助、影响更多的人。

2. 综合素养提升的挑战

对初中学生综合素养评价，要求学校乃至家庭从一开始，就做好孩子综合素养提升的多种准备与创设多样发展的舞台。像华育这样的学校，就需要在学生综合素养提升上，创设更多、更高、更好的平台。

初中学生综合素养评价，主要包括四个方面：品德发展与公民素养、修习课程与学业成绩、身心健康与艺术修养、创新精神与实践能力。这个综合素养评价，与华育中学强调学生成长的“6＋3”核心素养是一致的：“6”是指“良好的人文底蕴，高尚的科学精神，持续的学习能力，富有情趣的健康生活，强烈的责任担当，优秀的实践创新”；“3”是指“宽广的国际视野，高远的生涯规划能力，优秀的信息媒体运用能力”。这“6＋3”的要求，既包含了初中生综合素养的基本要求，同时又针对华育的学生提出了更高层面的要求，我们每一个学科在今后育人过程中，要更加坚定地贯彻这个核心素养的要求。

在“品德发展与公民素养”上，我校的育人仍将注重德育先行，进一步创设丰富的德育课程，搭建广阔的实践舞台，让学生的品格与胸怀决定学生发展的格局，让学生发展的格局影响学生学习的眼界与学识。在“修习课程与学业成绩”上，教研组要继续深化课程体系的分层化与拓展课程的多样化，三个层次（平行班、科技班、数学班）教学还要注重学生个性潜质的开发。在“身心健康与艺术修养”上，我校应继续注重让学生在多样活动中，积淀人文情怀和提升审美情趣。在“创新精神与实践能力”上，我校还需要继续打造科技特色学校宽广的发展平台，还需要继续拓展多样的科技教育社会资源。

（三）立足新时代深化学校教育教学的综合改革

面向上海新一轮中考改革，对于华育中学来说，难的不是“中考”分数的持续领先，难的是如何在提升学生综合素质中，进一步张扬与提升学校多方面的领先优势，进一步深化与拓展学校引领、可持续发展的内涵。为此，学校需要深化以下五方面教育教学的综合改革。

1. 推进以立德树人为导向、创新人才早期培育的初高中衔接探索

进入华育中学的学生学习成绩很优秀，学校创设的数学班、科技 A 班、科技 B 班及面上的实验探究等各类创新平台，就是希望他们能够成为未来的创新人才。初中阶段只是学生可持续发展的一个阶段而已，既要认识他们在初中阶段的成长规律，也要加强对他们升入高中阶段获得优质、可持续发展需要夯实的基础研究，大力推进以立德树人为导向的创新人才早期培育初高中衔接探索。

(1) 育人德为先，对初中阶段的创新人才早期培育需要在学生的思想品德奠基上下功夫，才能推进他们走向高中的可持续发展。在上学期立项的课题中，诸多管理人员与一线教师认识到这方面的重要性，提出了相应的课题，如"建立优秀人才早期培养的德育课程体系的初步探究""关于提高初中生的创新与实践能力的德育实践研究""新时代背景下优秀人才早期培养中责任与担当意识培养的初步探究""社团活动中初中生领导力培养的实践研究"等。希望这些教师，能够立足于学校发展的育人方向开展实质性的探索。

(2) 深化创新人才早期培育初高中衔接的探索，需要明确初中阶段激活兴趣与高中阶段聚焦志趣的联系与区别，进行针对性的分析。学校将继续推进学生的兴趣培育，创设学生广泛涉猎的舞台与空间，及早关注他们的潜能识别与开发，推进他们的创新意识与感兴趣学习领域的整合。上学期立项的课题中，如科技特色班学生的科学素养培养与科学伦理观念形成相结合的研究，多学科教学培养学生创造性解决问题的教学实践研究，基于 STEM 视野下初中科学的实验教学设计，基于资优生培养的学生高阶数学问题解决能力的实践研究，在初中阶段基于 3D 打印新技术课程建设与实践研究等，都可以在这方面进一步加强探索，了解不同类型、不同优势潜能领域的学生在走向创新人才过程中，需要在初中阶段夯实怎样的基础，需要培养初中阶段的哪些素养。

2. 推进学生多元个性发展与学生核心素养提升的一体化探索

这个探索，在我们国家处于初级阶段，需要加强综合性的研究。我们现在的核心素养的研究探索，更多的是国外成果的移植，其实我们本土也有很好的东西，华育也有实践。下一步华育可以结合自身做法，在探索核心素养

一体化时，需要加强专业化、综合化和本土化。传统的基本素养指标：语言能力、数学素养、学会学习、问题解决的能力。现代的基本素养指标：沟通与交流、团队合作、国际视野、信息素养、创新与创造力、社会参与、自我规划与管理等。

我校学生“6＋3”核心素养的提升，是学校发展的生命力所在，也与中考改革强调的综合素养发展一脉相承；与此同时，我们也鼓励学生在核心素养提升的过程中，充分拓展自己的学科发展、兴趣特长、艺体能力方面的多元个性发展。据我所知，初中取消竞赛，8月25日全国高中数学联赛组委会紧急通知，高中联赛不允许初中学生参加。今后的教学重心可能会有所调整，但华育还是会一如既往，开设各种兴趣班，激发学生的潜能，校内自己搞竞赛，竞赛偏高中。我们不是为了奖项，而是真正考虑学生的发展，在华育确实有一批悟性好、有潜质的学生。今后我校的教育教学综合改革，应强调推进学生多元个性发展与学生核心素养提升的一体化探索。这种一体化探索，既注重核心素养与综合素养发展的导向，又鼓励学生的个性潜能开发，将学生学业提升与以学生德育为核心的思想维度，以可持续发展、个性化发展、创新性发展为导向的智能维度，以体验为特征的行为方式维度等多方面发展结合起来，走出一条新路。

为此，在学科教学上突出基础夯实和班级之间的分层拓展的思路，科技班、数学班、平行班在拓展课程与第二课堂上凸显多样、特色发展的路线。这方面的拓展希望各个学科教研组在下学期工作研究时，要以形成的核心要点作为工作思路。

3. 开展基于校本研修课程与实践智慧教师的专业发展探索

学校在鼓励教师开展基于实践的教育教学课题过程中，将鼓励教师采取“走出去、请进来”的方式，深化学科专业视野与拓展专业实践智慧。学校将以课题研究、分组培训等方式，促进教师与学科专家、外聘教授的对话，拓展研究，开阔视野，推进教师育德能力，增强教师的学科功力，提升教师人文修养与信息素养，鼓励教师进行跨学科的交流与研究。

(1) 学校将进一步鼓励学科教研组、备课组开展多样的校本研修课程，校本研修课程与校本课程不同。校本课程是针对不同学生发展的学校课程，而校本研修课程指向教师培养的研修课程，往往由几个骨干教师为主体进行开发，集聚学科组教师的智慧，促进学科教师的成长与学科育人特色的生长，形成教师基于实践探索的各学科特色研修课程，供全体教研组尤其是新教师学习。每一个有兴趣的教师都可以尝试开发供全体教师使用的校本研修课程，如英语教师使用题库研究、错题指导策略等。校本研修课程的开发与实施过程，也是研究型教师培养与集聚的过程。校本研修课程的开发与学习，尊重教师团体与个体参与的价值，注重调动一线教师共同研修的力量。研究型教师，是立足于学校发展实际与学生成长，注重把基于实践的课程开发与教学研究当作一门工艺、技艺、手艺去认识的教师，能够在研究过程中，形成一种关注教育教学实践与时俱进的“工匠精神”。

譬如具有引领作用的“数学学科教学”，教研组长带领备课组长一直坚持探索与运用两门正式显性校本研修课程：一个是《数学基础型课程校本教学纲要》的深化探索，一个是《数学学科作业活页系统》（精选的数学作业活页不仅涵盖阶段单元测验，而且可以具体到每一天的作业量控制）。这两门校本研修课程，最先是以教研组长与备课组长少数几个人探测形成的，他们成为数学研究型教师的代表，然后带动所有数学教研组成员共同研修，并且根据时代发展与学生发展需求持续完善，形成数学校本研修课程与教师共同研修的适应机制，使数学教学质量保持领先。这就是很好的基于实践的校本研修课程，每个学科组都可以开发出适合自己学科的特色校本研修课程。

(2) 校本研修课程的多样形态建构。学校将根据办学追求、育人目标不断革新，这种革新需要创设多样的研究氛围、创新平台，推进研究型教师的成长。这种研究型教师的成长，聚焦以学生发展为本的教育教学实践探究，注重“以学生为导向的教育和以研究为导向的教学”。校本研修课程催生研究型教师成长，它在促进研修知识在教师间转移的探索、交流、应用与接受过程中，培育一批研究型教师。学校将努力创设多样的平台，促进教师进行校本研修课程研究，也可以提出申请给予经费资助。今后，学校将借助教师校本研修课程的多元平台与空间的创设，促进研究型教师的持续生长。

4. 深化阶梯式课程建设与创意性教学特色创建的整合实验研究

学校立足于“数学教育见长、文理基础厚实、科技教育凸显、艺体素养奠基”的育人特色与学生发展后劲，努力推进各个学科从预初到初三的阶梯式课程建设。以阶梯式的学校课程体系建构为突破口，把学校课程项目建设作为十分重要的驱动力量，发动全体教师，并积极与高校专家学者等进行实质性合作，从基础型课程的学科教学纲要与各学科应当拓展的发展内容开展研究，努力推进特色学科、创意性教学特色创建与现代技术平台的整合探索，促进教师、学生基于数字平台(如创新实验室等)的教学方式革新。生物组彭老师 10 月份将参加全国教学开放 30 年大赛。

从 2018 年立项的课题来看，德育类与文科类比较丰富，但华育的主要优势学科理科方面，这次只有五个课题。另外，艺术与体育方面的课程建设与课题研究结合也远远不够。希望理科方面、艺术与体育方面的教研组与学科教师加强这方面的课题研究思考，凸显学校以及自身的特色，并且将课题研究与学科阶梯式课程改革、创意性教学特色创建整合起来研究。

5. 基于新时代要求推进学校法理情管理机制的完善

学校这几年的管理，注重学校管理与文化环境的营造，修订与完善了一批规章制度。在本学期，学校还将围绕六个引领和新中考的改革要求，对现有的评价制度、管理制度进行进一步梳理，推进学校法理情管理机制的完善，推进“以人为本，依章办事，诚信合作，和谐发展”的理念落实，建构高效能的学习型与管理型组织体系。

(1) 全方位落实学校法理情管理的理念

我们这个团队的灵魂人物是唐校长，他善于把学校的目标与老师的发展结合，使老师的利益与学校荣誉联系在一起。我在华育主要职责是管理，归纳为九个字：立风气，用人才，建规则。

- **立风气**。就是倡导唐校长先进的教育思想，倡导高尚的道德情操，倡导菁英教育，倡导以奋斗者为本的理念，并在行动上带头实行。让全体教职工逐步树立共同的信仰，共同的价值观，共同的道德标准，把学校的发展放在重要的位置，从而促进学校与时俱进。

- **用人才**。华育是培养人才的大熔炉，这里很多老师都具备人才的素养，作为校长就要及时发现培养和任用有能力的老师，让一批有责任感、使命感的老师有用武之地。华育中学的强是团队强，老师强，疑人不用，用人不疑，这是唐校长到上中的信条，已经融入了我的血液。

● **建规则**。一个好的学校要有规则，要有行为准则，做事要有制约。招生工作比较敏感，绝不允许一个人说了算，必须要由领导小组集体讨论决定。这几年华育的规章制度越来越多，越来越细，比如，突发事件处理、各类评优。建规则就是健全制度、订规矩、制定纪律等，共同的规则，可以提高效率，有章可循。华育的病事假管理比较规范，考虑到新进人员，有必要再告知请假流程。中小学实行坐班制，华育在执行坐班制的前提下，有一点弹性。请假条交给谁？教师的请假条通常交给年级主任登记，教研组备案；年级主任、教研组长的请假条，交给分管的副校长登记；中层以上管理者的请假条，交给我（校长），由办公室登记；我的请假由唐校长批准。今年学生处修改补充违反课堂纪律的规章，多次教育劝告无效的给予处分，越是聪明的孩子，越要有底线，越要有敬畏、守纪。各部门都要自查一下，管理方面有哪些漏洞？需要建立哪些规则？

（2）研究家校合作的新模式

研究家校合作很重要，要建立家校互动新型模式，充分利用家长资源，学校要相信学生、相信老师、相信家长，这是我们建立信任系统的基础。这个系统就是学校的生态环境，就是学校创新人才在初中早期培养的环境，系统好，人才成倍涌现。传统的家校联系一对一，单一模式，现在完全不是这种状态，是多维的。目前我们面临的是：

● **家长群多样化**。现在家长群很多，各种群，大群、小群，有些群拉老师进来，有的群把老师踢出去，还有家长群是一对一、一对多、临时群、长期群，五花八门，呈现多样化。

● **家长团课普遍化**。课程本来是学校的事，现在兴起家长团课，主要原因是学校不可以补课，机构又不允许在职教师补课，出现了家长团课。家长关心课程，经济条件好的家长，还在考虑培养学生的特长，都在孵化超前教育，超前补课。

● **沟通渠道网络化**。家长之间、家长与学校之间的联系都是以网络为主，微信群在家校联系中不可或缺。微信具备强大的文字、图片、语音、视频交流功能，而且具有零资源、跨地域、亲密性、即时性等特点和优势，可以群聊，适合家校沟通。

● **信息发布多元化**。过去的舆论中心是官方，是学校，是媒体。现在弱化了，很多舆论难以控制，谁都可以发表感言。这种放大效应，处理不当，各种矛盾容易爆发。所有这些都对家校合作既是挑战又是机遇，如何应对？需要德育处与家委会一起研究。

(3) 重视尖子学生的选拔和培养

今年招生工作超出预期，全市的尖子学生云集华育，这是教育的马太效应。其实我本人比较喜欢有对手，有竞争，这样就会有斗志。华育是选择生源的学校，通常选择性是有限的，但华育为了不错过一个好学生，不放弃任何一位对华育忠诚度高的家长，我们会举全校之力，竭尽全力，投入招生工作。尖子生是衡量一所学校办学水平高低的重要指标，我们通过三方面做好招生选拔：

● 通过各种奖学金，提供优质的课程，满足各层次学生发展需求，从而吸引尖子生。

● 通过充分依靠广大校友、家长和各类小学以及网络的支持，推荐各校的尖子学生到华育来。

● 全力以赴做好接待、宣传和选拔工作。一方面，依靠志愿者提供最好的接待服务，开放日两天，先后接待了 7 000 多位学生和家长，让他们感受到华育的热情，体验到了被学校的尊重。另一方面以面谈日为载体，英文组、数学组老师创造了高效率的面谈记录，确保了高质量的学生选拔，也让学生看到了好学校教师的风采。

其实学生越优秀，对老师和学校的压力就越大，摆在我们面前的是，如何使优秀学生更加优秀？学校不仅要重视对尖子学生的培养，还要研究对优秀学生的培养，要打破常规，超越超前，不受年级和学段的制约，扬长教育不封顶，高端教育不限制。据说初中取消各类竞赛，估计决策层的领导也有担心，将来如何衔接高中。华育按照唐校长的思路走，一如既往。

华育还要不断思考的是，如何激发学生的兴趣，激发学生无限的能量，满足高层次学生的需求，如何借助家长资源、社会资源，培养高端学生，给学生一定的自由空间。同时，对优秀学生，更要强调国际视野、家国情怀，守纪律、懂敬畏、知感恩，绝不能迁就和包容不足，守住底线。

(4) 德育工作放在首位不动摇

华育是全员德育，包括全员育人、全程育人、全方位育人三个方面的含义。全员育人,应该指学校所有的教师和职工都是德育工作者,不仅仅是德育处和班主任;全程育人是指学校各种活动的全部过程都应该包含德育因素;全方位育人是指学校要通过各方面的工作全面落实育人责任。全员德育表达了在华育人人做德育、时时做德育、事事有德育的内涵要求。每一位教职工都必须把德育放在首位,身体力行做好德育工作。学校的德育工作,不是为了上面的检查而做的,必须坚持高标准,全校做到“四个一样”:领导做到,有人检查和没人检查一个样;学生做到,老师在和老师不在的场合一个样;老师做到,做班主任和不做班主任教育学生一个样;职工做到,分内和分外服务一个样。

(5) 研究突发事情的处理

突发事情就是意外地突然发生的重大或者敏感事件,要做到处理及时,化解矛盾。① 平时多注意。考虑这些问题,想到处理办法,比如体育运动受伤,学生课间冲突受伤,家庭矛盾引发……② 锻炼自己的承受力。一旦问题发生,能够冷静,果断处理,第一时间联系监护人等。③ 不要过高或过低估计自己的能力。该求助的时候求助,事发后,班主任、任课老师应于当晚及时询问受伤学生康复情况,登门看望与慰问。预初 6 班发生两个孩子因为课堂内的订正一事发生争吵,导致一个学生眼睛下方缝针。家长得知情况后,情绪激烈,当场与班主任发脾气,训校医。田老师亲自陪同孩子去医院,当晚陪同至晚上 11:30,安慰孩子家长,听她倾诉,矛盾得到缓解。与学生和家长交流要专业、规范。老师不能说错话,犯错误,但学生可以,家长可以。所以处理问题要讲节奏,不能情绪化,不能就事论事,不能激化矛盾,办公室议论学生和家长也要注意有没有学生在场,否则就会激化矛盾,小事变大,不可收拾。

(6) 为 20 周年校庆做准备

明年是华育中学建校 20 周年,我们将拿出怎样的成果与成绩为之献礼?有以下几点可以做:① 学校整个要大修,教学楼不是重点,教学楼外墙、体育馆的内部、宿舍装修是重点。② 教学处研究课程,结合中考改革,结合科技,对 14 本课程框架要补充修改完善,2019 年装订成本。③ 办公室要花大力气,将教改实验经验课程研究汇总成册,出版一本有质量的书。最佳教师资料积累,最受欢迎教师音像资料的积累。④ 确定校庆规格。如果条件合适，围绕六个引领介绍华育。

我每天工作很忙，再加上性格热心、爱帮助人、爱管闲事，特别是招生和招聘季，更是忙，差不多每年12月到次年6月，这个半年很忙，但是再忙，我也会控制工作的节奏，越忙越不能焦虑，容易出乱子。我知道，在华育当老师，够辛苦的，大量的时间花在工作上，有时生病都不敢请假，虽然我被感动，但并不提倡。我们一定要把握工作和生活的平衡，生活中只有工作是不健康的，应该享受生活，一天到晚都是工作，并不利于工作的效率。希望每一个老师有幸福感、有成就感。

让我们共同努力，以高昂奋斗的姿态，立足于华育中学走在新时代的高度，迎接学校发展面临的挑战，开展基于实践的教育教学研究，深化学校综合教育教学改革。“百舸争流，奋楫者先；千帆竞发，勇进者胜”，坚守与超越，是华育人的追求，也是华育人的奋斗精神写照。“惟奋斗者进，惟奋斗者强，惟奋斗者胜”。新时代赋予我们全体教职工新的使命与责任，让我们继续携起手来，以攀登无限高峰的意志，勇敢肩负起新时代赋予的“乐育菁英”的重任，唱响学校持续发展的青春赞歌！

（华育中学2018学年第一学期工作计划要点发言摘选）

七、在融通中西中提升教育智慧

2019年我们将迎来“五四”运动100年、建国70周年的大庆，我们华育中学也将迎来建校20周年的大庆。2019年是敏感的一年，经济形势受到挑战，中美贸易摩擦持续，但民办学校可能迎来春天，环境会宽松，政府支持的力度会加大。借此机会，把华育做强，担负起培养创新人才的重任。在过去的2018年，每一位为华育付出努力的人都可以为自己骄傲。我们乘改革开放40周年东风，努力探索引领上海市中心城区优质初中的率先发展、引领发展、创新发展之路，不仅在上海市保持持续领先的地位，而且在全国初中教育领域产生了广泛的影响。一项全国初中调查排名数据显示，华育中学依旧是上海市领先，同时名列全国第二。当然，这个排名是非官方的。在我们的心中，华育中学就是全国最好的初中。华育始终把立德树人放在第一位，结束不久的第五届主持人大赛和艺术节，不仅是展示了学生的艺术才华，更是学生关注社会、融入社会、培养家国情怀和民族精神的舞台。这与学生处和艺术总指导的高水平高境界筹划、指导分不开的。体育组2018年获得徐汇区阳光体育大联赛团体金奖，并代表徐汇区参加了市级阳光体育大联赛五个大项的比赛，获得1个一等奖、5个二等奖的好成绩，这是体育组历年的最好成绩，钱老师领导有方。去年10月，全市绿色指标测试，华育各项指标遥遥领先，做到了考试成绩与素质教育的两相兼顾。2018年学校还被评为5A单位。

2018年，华育在中考和各类竞赛中取得了历史上最好的成绩。这是因为华育人永不满足，把成绩当作新的起点，锐意图新的结果。2018年中考，在季老师和袁老师带领下，打破了华育2016年的中考纪录，平均分达到601.82，五门学科大满贯，这是全体初三老师呕心沥血的结果。数学竞赛组继续保持强劲的势头，高中联赛获高中组第四名，这是徐老师带领的奋发拼搏的数学团队，取得的可遇不可求的成绩。信息奥赛更是追求完美，从去年高中组第四一跃到第二，汪老师用自己的实绩诠释了有志者事竟成。科技组整体很强，主要是生物学科的教师很强，三位老师担任了科技班的班主任，而且整个科技竞赛连续三年保持第三，实际上2018年是第二，从史老师身上，能看到"人生难得几回搏，此时不搏更待何时"的紧迫感。OM和DI达到了历史上新的高度，在吴老师的指点下，姚老师和颜老师两位年轻教师不鸣则已，一鸣惊人。科技英文竞赛辅导保持十多年的领先，庞老师和孙老师功不可没，更与俞老师踏实肯干分不开。这些都说明华育健儿须快马，快马须健儿。除此之外，华育的招生工作这几年不断突破，在全市范围吸引了一批优秀顶尖的学生，为学校的持续跨越发展奠定了基础。

展望2019年，我们要继续引领上海的教育，在全国初中教育发出华育的声音。需要我们进一步思考学校发展的方向，进一步明晰学校推进综合改革的重点，进一步提升这些年来我们积淀的教育智慧，迎接2019年华育中学建校20周年。

本学期的发展主线，仍然是围绕发展规划的教育教学综合改革实验的方向进行推进。2019年，华育中学的教育教学综合改革实验要想持续保持上海乃至全国的领先地位，就需要基于上海、立足全国、放眼世界去思考华育中学的改革实验。因此，具有丰富国际教育经验的理事长唐盛昌先生，对华育中学走向未来的发展，提出了“参照国际标准”进行教育教学改革的要求。作为华育中学的教职工，需要进一步认识并尊重国际标准，了解未来学校发展的趋势，从而共同推进学校的教改实验。与此同时，抓住华育中学建校20周年的契机，总结与提升我们这些年来学校改革与发展的智慧，力求站在更为厚实的实践土壤中，寻求学校新的发展突破。

本学期学校的工作计划，将围绕“参照国际标准、深化综合改革、提升教育智慧”三大板块进行思考。

（一）参照国际标准的五个视角

为抢占未来时代的人才竞争制高点，全球教育变革正在如火如荼地进行，学校教育将迈入一个面向未来的全新时代！在未来的信息与智能时代，现在的许多工作会被智能技术替代，但人的创造力与情感的理解力是无法取代的，为此世界各国都在围绕如何“关于培养21世纪人才技能、提升21世纪核心素养”进行改革，学校教育变革从“农业时代的教育1.0”“工业时代的教育2.0”走向了“信息时代的教育3.0”。教育3.0的到来，对学校管理者、教师、职工提出了更高的要求，不仅需要具备更加积极的学习与改革的态度、创新的理念，而且要在教育教学中融入更多的综合能力。

美国正在大力推进未来学校运动，注重学校将创新教学方法和当今最先进的技术融合在一起的。俄罗斯推进了学校的“未来项目”，立足现实的学校环境和现有的师资条件，通过改变教育环境，更新教育内容、教学组织形式及管理形式，保证每个学生具有个性化的学习路径。新加坡的“智慧国项目”，鼓励学校充分利用高科技信息通讯技术手段，扩大学校教学和学习的内涵和外延，为学生提供优质高效的学习体验，提升学习成效，不断提高学生的技能。欧盟的“未来教室实验室”，通过教育技术的引入，支持教与学的方式变革，拓展学生的学习空间。芬兰“FINNABLE2020项目”，是芬兰教育部正式下发通知，2016年11月14日开始到2020年之前，正式废除小学和中学阶段的课程式教育，转而采取实际场景主题教学。芬兰将成为世界上第一个摆脱学校科目的国家。我是从来没有怀疑过分科教育有什么问题，芬兰教育部长认为分科教育19世纪确立下来，已经使用200年，不再适合21世纪的教育体系。芬兰旨在促进建立能够打破传统时间、地点和人员限制的创新性学习生态系统，在国内及国际范围内推动更具合作性的，加强21世纪学校新学习环境的研究和创设工作。

立足于面向未来的国际教育发展趋势与未来学校发展的标准，把握我国教育体制改革“融通中外”的教育走强要求，考虑到华育中学发展规划中提出的“六个引领”，华育中学的全体教职工在2019年乃至未来很长一段时间，需要参照国际标准，把握好以下五个视角。

1. 大力推进学生的自主与个性化学习

我们的学生要想在未来社会发展中提升自己的适应能力，就需要在自主学习与个性化学习上迈出更大的步伐。尽管华育中学通过第二课堂、选修课、科技A班、科技B班、数学班等方式，努力促进学生的自主与个性化学习，但还需要进一步迈出更大的步伐，包括高度合作与跨学科学习，思考学生的学习计划如何与未来的职业目标、兴趣或特长结合；进一步引导学生的选择学习，学习分组可能不是根据年龄，而是根据能力、兴趣等更加多样化的思考，华育的数学竞赛小班和社团不受年龄和年级的限制，初一和初二是打通的。

2. 努力思考教育教学方式的改革

华育中学的课堂教学方式主要以传授为主，这依然很重要，但需要思考如何结合现代教育技术、现代科技的发展、现代社会的需求进行教育内容的更新、教育方式的变革。要大力推进基于任务、问题解决、项目的学习，深化批判性思维、设计思维、数据思维在教育教学中的整合运用，让课堂教学成为培养学生批判性思维与创新思维的重要渠道。

3. 合力推进教育技术的多样化运用

面向未来的学校教育发展以及学生适应未来的发展，如何运用技术、驾驭技术为人的能力增强服务，变得越来越重要。无论是学校、教师、学生，都要进一步思考教育技术的多样化运用，在提升学生基于信息技术、数字技术的学习、探究与创新能力上做出实质性的探索。去年年底学校已将原先的60 M带宽专门用于校园网的访问，同时又新增加了200 M专线用于老师及学生的上网，大幅度提升了网速和网络环境。本学期初学校要完成人工智能AI语音实验室和图像识别实验室的创建，推进学生运用虚拟现实与增强现实进行创新的可能性。

4. 鼎力拓展学生学习的环境与资源

华育要担负起创新人才的早期培养的重任，一定要依靠社会资源，我们应该看到，未来的学生学习环境已经不局限于课堂、学校，社区、社会都是可以拓展与运用的学习环境。在学习资源开发上，无论是社会研究机构还是企业单位，无论是大学还是社区，都参与支持学校教育的发展与创新。我们需要进一步探求多样的途径，努力拓展学生的学习环境，进一步开展学生可以利用的社会资源，包括到高校、研究机构、企业进行考察学习，进一步拓展学生的学习空间，将图书馆等公共资源变成创新活动中心等。

5. 全力改善学校的创新发展机制

为进一步推进华育中学面向未来的发展，学校将全力改善创新发展机制。首先，教师的作用依旧无可替代，学校将继续鼓励教师基于教育教学实践的探究，促进教师作为学生发展的促进者、引导者、研究者；其次，进一步推进学校面向未来的学习空间设计、学习方式变革、学校课程再造、学校组织创新等；第三，建立教师开展教育教学探索与学生开展课题项目研究的容错机制，鼓励教师、学生敢于去探索；第四，进一步思考科研机构、大学、企业和其他社会力量参与学校发展与建设的方式与路径。

(二) 深化综合改革的五个结合

参照国际标准，华育中学在深化综合改革上还有诸多需要努力的工作要做，这是一个长期的过程。2019 年，围绕学校发展规划的教改实验内容，学校将推进深化综合改革的五个结合。

1. 将立德树人与学生创新素养培育紧密结合

我认为，未来孩子一定要用全球化的眼光看待问题，要用乐观的心态去面对挑战，要用丰富的想象力去创造未来。同时，我们必须让孩子拥有强大的自我约束力、担当力、领导力及独特的思考能力。因为只有这样，我们的孩子才能适应未来新的工作，不会因为工作被机器取代而沮丧，也不会在变革中被残酷淘汰。

华育中学育人的目标是培育学生的“6＋3”，使学生成为适应未来社会发展的菁英人才或高素质的劳动者。这一育人追求的主线是立德树人为首，创新素养为基。学校将继续抓好学生的德育工作，思考新时代背景下优秀学生德育的内涵、方式与路径，推进德育方面的课题研究深化与德育课程的体系化建设。具体从三个方面落实：首先，加强立德树人与学生创新素养培育紧密结合，包括推进学生项目、问题学习中的探究精神、人文底蕴的夯实；其次，促进学生综合运用跨学科知识去解决问题，思考信息环境下学生德育的有效路径；第三，关注学科德育渗透与学生创新思维培育的引领。此外学校要重视学生的心理与行为，以及特殊学生案例的整理，成绩很重要，但绝不是唯一。华育学生一定要有扬在脸上的自信，长在心底的善良，融于血里的骨气，刻在命里的坚强。如何使学生内心强大、友善、不自私、不冷漠、不脆弱、有担当、适应社会，这是学校和家长的责任。

学校还将进一步深化创新人才早期培育初高中衔接的探索，在学生创新素养培育的过程中，落实立德树人，在推进课程的选择中促进学生全面而有个性的发展，增强学生合作学习的意识、相互帮助的情怀，从而使学生真正获得综合素养的全面提升，获得个性潜质的良好开发。本学期黄立勋副校长分管德育和科技，德育和科技的结合，可能成为华育的特色和亮点。

2. 将深化学校课程改革与创建创意性教学特色紧密结合

本学期期中考试以前，完成对 14 本课程框架的修改，具体是：语文、数学、英语、理化生计、政史地、音体美、探究课、科技探索、国际视野、口语交际、个性发展、社团、志愿者活动（改为心理健康）、德育活动。完成以教研组为主的校本研修课程 6 本初稿的修改，具体是：语文、数学、英语、理化生计、政史地、音体美，还要完成 8 本科技教育校本课程的汇编修改：微生物、植物学、环境监测、3D 打印、电子工程、智能机械、APP 开发、人工智能。

学校立足于"数学教育见长、文理基础厚实、科技教育凸显、艺体素养奠基"的育人特色与学生发展后劲，将继续深化推进各个学科从预初到初三的阶梯式课程建设，在修改完善阶梯式核心课程的同时，对选修课、第二课堂的教育教学质量进行引导，尝试推选各学科领域的优秀、精品选修课程，从学生喜欢程度、开设的教材编写匹配、持续开设时间等多个方面进行衡量。

在推进阶梯式课程深化的同时，发动各学科教研组思考课程在开设过程中的教学特色，提炼模式，形成与华育中学课程建设匹配的教学特色，将课程建设与彰显教学特色联系在一起进行思考，避免"课程开发"与"教学处理"两层皮的现象。创新人才的培养是步步推进的过程，如果学生在学习中缺乏思考能力和创新能力，将来不可能成为创新人才。德国哲学家海德尔认为，相比学生的学，教师的教更难。难在哪里？教知识不难，难的是教会学生思考，教师在教的过程中，训练了学生大脑，教会了学生思维方式，这能让学生终身受用。在互联网时代，知识可以从各种途径获取，而思维能力和思维方式才是一个人的核心竞争力。通过这一学期的提炼，形成与阶梯式课程、选修课程、第二课堂等多样课程形态的教学特色分析。

各教研组与备课组、学科教师一起思考课程教学与信息化的配套技术、资源开发，尝试建立教育教学的资源库与共享机制，推进教师教与学生学的方式变革。教学方式的转变，需重视基于项目的学习或基于问题的学习，尝试开展类似的教学活动，注重问题导向，注重团队合作，注重实践参与，以项目学习提升学生解决问题的综合能力，把社会责任、交流合作能力与批判性思维、创造力融合。必须看到，探索突破传统教学模式的课堂教学方式，加快探索新型课堂，这是未来学校成功的标志。

3. 将学生学习空间与大学、企业、科研院校等资源开发紧密结合

事实上，20 世纪 90 年代，很多人已经意识到创新能力是中国教育的短板，虽然做了很多的改变，但大多数还是自己设计一套，缺乏与各种资源的结合，缺乏持久性。所以，学校需要进一步拓展学生的学习空间，包括社区学习空间、图书馆学习空间以及实验室学习空间，推进学生多元个性发展与学生核心素养提升。首先，鼓励学生走出学校，到社区进行项目服务式学习；其次，加快图书馆的改造，将图书馆变成学生的研讨空间、信息检阅空间、创客学习空间；第三，学校的创新实验室将进一步深化内涵建设，除了选科教学外，还鼓励有潜质的学生在实验室开展一些项目研究。要加快图书馆、实验室和校外学习空间的转型，特别是创客空间的集约化建设。为何有的学生就是能比其他学生学得更好？我们看到的浅层是训练、刻苦、重复，但它背后一定有他特有的思维方式。所以只有改善思维方式，打开思路，才能提升学习能力，取得更好的成绩。

学生学习空间的拓展，将与大学、企业、科研院校等资源开发与利用紧密结合起来。在上学期，我们借助家长资源，组织学生去企业、大学、科研院所，如商飞集团、华为科研机构等，了解某些领域的前沿信息，进行职业生涯体验活动。与此同时，将大学、企业、科研院所等单位的专家请进来，与学生座谈、交流以及指导学生进行项目探究等。学校将与大学、企业、科研机构

形成互动推进关系。

学校通过拓展学生的学习空间与大学、企业、科研院校等资源开发紧密结合，营造教育走向现代化的开放式环境建设。这种环境建设推进学生开放式学习，引导教师重新设计学习空间。面对智能时代的挑战，人最不能被AI替代的是创造力和同理心，回归人性来开展学习空间设计，培养未来的领导者。

4. 将开展教育教学实践研究与研究型教师培育紧密结合

华育中学要在上海乃至全国持续具有引领作用，以及迎接未来学校发展的挑战，就需要不断加强对教育教学的实践研究。这种基于实践的研究，不是发动教师去写空洞的论文，而是希望教师从不同类型、不同年级、不同阶段的学生特点与发展差异中，思考针对性地安排有效教学与组织形式，促进学校整合现代科技前沿进行教育教学的研究，关注实践问题解决的研究。这种基于实践的研究，强调教师根据华育“数学教育见长、文理基础厚实、科技教育凸显、艺体素养奠基”的育人特色，进行切合自身教学个性的研究，从而推进教学特色的显现。这种基于实践的研究，关注学生初中阶段夯实的基础是否可持续发展，能否在高中、大学仍然保持优秀，能否有国际视野与家国情怀，是进行教育教学方式与方法研究的目的。

这次有6位骨干教师成为徐汇区第五期名师工作室学员，这是很不容易的。另外，去年我校有6位申报中、高级教师，全部通过，这是值得庆幸的。但也有一些需注意的问题，不是老师的专业有问题，也不是老师的资质不够、水平不够，主要是我们有些教师对自己的事情不够重视，存在侥幸心理，也存在着想当然，判断失误，认为不可能第一天第一节课就来听课，结果评委偏偏选这个时候，措手不及。这是值得大家汲取的教训。

学校鼓励教师开展基于教育教学实践的课题、项目研究，鼓励教师对课堂教学方式、学生学习心理、立德树人路径、学科功力提升等方面开展立足于华育学生发展需求的实践研究，就是希望教师在实践研究中成为研究型教师，而不仅仅是教书匠。学校课程开发、课堂教学方式改进、有效作业布置、课外活动开展、教室空间营造、特殊学生引导等都可以开展研究。学校将继续推进课题研究、分组培训，促进教师与学科专家、外聘教授的对话，促进教师在实践研究中成为有特色的研究型教师。黄老师参与复旦大学的园艺心理的教材编写，这是难得的机会，可以借此提升自己。这学期，将推进上一批校级课题的结题与成果提炼，开展新一批校级课题的申报与指导工作。

此外，学校推进教师积极运用教育信息化手段去推进教育教学与研究，加快培育与未来学校建设、教育信息化运用匹配的师资队伍。我们相信，决定教育质量的是教师而不是技术，技术是辅助教师工作的，技术可以让平庸的教师无所适从，技术也可以让出色的教师如虎添翼。我们的教师要重视数据科学，对数据的理解和分析应成为未来教师和管理者的基本功。

5. 将学校管理机制完善与教职工敬业爱岗能力提升紧密结合

华育中学这些年的管理，注重法理情的结合，注重对学校规章制度的修订、执行，注重对教职工发展的激励与关怀，如最佳教师、最受学生欢迎教师评选等，初步构建了高效能的学习型与管理型组织体系。这学期学校还将进一步完善学校管理机制，并与引导教职工敬业爱岗结合起来，与促进学校特色发展结合起来。

任何一个学校，只要到了开始强调考勤、打卡的时候，一定是走下坡路的时候。因为一个走上坡路的学校，一定是人人守纪、人人奋进。通常学校对领导评价有四种类型：① 被人敬仰崇敬的领导，唐校长这一类的很少；② 被人尊重喜欢的领导；③ 被人接受害怕的领导；④ 被人讨厌谩骂的领导。我从年轻时就做领导，我对自己的评价是属于第二种，因为我用心做事，用心待人。

坚持高标准，不忘初心。华育的各项工作要按照国际标准、全国领先的标准作参照，每个人都要有危机感，做事没有最好只有更好，不断进取。目前初中竞赛的大环境不是很好，全市初中竞赛取消。华育不忘初心，华育创办的定位，是为早期人才的培养打好基础，为有天赋有潜力的学生创造条件，激励有天赋有潜力的学生拼搏冒尖，学科竞赛不仅不叫停，学校还要探索创新更多有效的竞赛方式，徐老师带领的团队责任重大。着眼未来，国家和科技创新战略必然需要拔尖的人才，而数理化学科竞赛对人才培养和学习风气的引导都非常重要。今年继续招生数学班和科技班，努力为求上进的学生打开宽阔的奋斗通道与多元、自主的发展空间。

角色到位，各司其职。要求每个人知道自己在学校承担的角色，角色到位，没有懈怠。比如，校长的角色：把握学校发展的方向，与外界打开，与相关的部门协调关系，同时要服务学校的教职工，想教职工所想，急教职工所急，尽最大的能力帮助教职工解决后顾之忧；教师的角色是教书育人，提升自己素养，同时要服务学生，关心学生的成长，满足不同学生的求知欲望以及合理的需求；职工的角色是全心全意为师生服务，要有一技之长，不讲条件，不计时间，把师生的利益放在第一位，积极做好保障工作。

凝聚人心，再创佳绩。凝聚全校师生的人心，激发全校师生的斗志，不仅仅是待遇，而是靠实绩靠学校的发展。教职工要进一步爱岗敬业，无私奉献，在自己平凡的岗位上创造业绩，围绕2019年华育中学建校20周年，积极参与教育教学质量提升、爱岗敬业等系列活动。通过参与20周年的校庆活动，希望每一位教职工发挥主人翁意识，进一步思考学校下一个5年乃至10年的发展规划，在促进学校发展的过程中建功立业，涌现一批学科教育的专家，涌现一批优秀的班主体和优秀的职工。

(三) 提升教育智慧的五个展台

华育中学走过了不平凡而又光辉的20年，学校将充分借助华育中学建校20周年的契机，对这些年来的华育中学教育智慧进行提炼和展示，为华育的进一步发展奠定更为坚实的基础。从学校层面，我们将搭建五个提升教育智慧的展台。

1. 教研组公开课与校本研修展示

无论开展怎样的教育智慧提升活动，学校课程建设与课堂教学是主阵地。学校将组织教师围绕华育中学"6+3"育人核心素养进行各学科教学公开课研讨活动。各教研组选择不同年级段、不同资历的教师举行学科教学公开课，备课组帮助磨课，发动年级或跨年级学科听课，并邀请市区教研员进行点评，提升公开课的质量。同时，开展校本研修展示，将公开课教案、教师教学反思、专家点评、校本研修内容进行整理，汇集成册。

2. 教师教研课题成果与结集

对第一批校级课题基于教育教学实践的研究成果(不一定是发表的论文，结题报告、研究过程中开发的课程、开展的活动资料、习题评价、学生反馈等均可)进行收集整理，对优秀的结题报告或论文结集汇编，作为教师相互交流与学习的材料，具体由办公室布置落实。

3. 学校六个引领的智慧提升

专题片成本较高，不仅费用高，而且花费精力，时效性很短。我不太赞成做。学校将对学校这几年开展的六个领先探索进行总结提炼：德育处负责德育工作引领材料的收集和梳理；教学处负责校本课程、课堂教学两个引领的材料收集梳理；校务办负责教改实验与学校内涵的提升材料收集与整理；教研组负责教师专业发展引领材料收集与整理。

4. 学校精品选修课程的星级评定

这些年来，学校教师开发的选修课程已经呈现出多姿多彩的现象，教育质量与教学方式也呈现出不同的表征。学校将组织精品选修课程的星级评定活动，从选修学生、学生评价、匹配教材、教学特点、质量认可等多个方面进行衡量，由学科教研组推荐、教学处组织评定，评选后将进行表彰与奖励。

5. 教学大奖赛与优秀班主任的评选

结合开展的公开课活动，学校将组织开展教学大奖赛活动，包括上课、才艺展示、演讲等活动环节，鼓励一批有教育教学特色、有个性的教师脱颖而出。6 个教研组可以推荐一位参加教学大奖赛。评出 1 个一等奖，2 个二等奖，3 个三等奖，参赛的 6 位都有奖。校庆的主角应该是弘扬名校的教师，展示多才多艺的学生。当然，我们不仅要鼓励教师会上课、上好课，更要鼓励教师建功立业，将根据班主任的教育业绩，开展优秀班主任的评选等。

在华育当教师要有情怀和格局，情怀决定了格局，格局支撑着情怀，情怀偏于感性，格局归属理性，一个人真正拥有了情怀和格局，他的人生必然是精彩的、幸福的、有价值的。不知大家是否认同这样一个观点，当一个人把一份工作做到 8 分好时，也许是因为待遇，但是把一份工作做到极致，一定和待遇关系不大。这取决于：① 内在动力，情怀与格局；② 对从事工作的兴趣和喜欢；③ 能力与潜力是否能达到高度。每个人要清楚地认识自己的重要性，在我眼里，你们每一位都是学校不可或缺的人，你们要经常问自己，我为学校做了些什么？推动了学校哪些发展？要知道，你现在做的一切，未来都将如数奉还。你走过的路，做过的事，都会成为你生命的一部分。态度决定人生，不管做任何事情，最好的时机就是现在，你们能在上海最令人振奋的华育任教，是你们的荣幸。如果这个时候，做老师没有雄心壮志的梦想，没有想为这个学校带来改变，你将不会成为一个学生欢迎的优秀老师，不会成为学校的优秀员工，也不会充实快乐。

希望每一位教职工在辛勤耕耘的同时，享受人生的快乐。

（华育中学 2018 学年第二学期工作计划要点发言摘选）

八、把准高水平推进学校教育现代化的发展方向

经历了一个暑假的休整，我们又要开始 2019 学年的征程了。在 6 年多时间里，华育中学走在初中教育引领的路上，通过全体教职工的努力，在办学内涵上得到了很好的提升，在办学业绩上也持续领先。今年中考平均成绩 597 分，上海市第一，这是华育从 2008 年上海市中考统一阅卷以来，连续 12 年中考成绩全市第一，很不容易。更重要的是华育学生全面发展，展现出鲜明的个性特色与领先发展的潜质，不断刷新自己的成长记录，而且也刷新了学校的光荣史册，各类竞赛达到了新的高度，远远超出同龄人。

华育在教育家唐盛昌理事长的带领下，已成为百姓心目中向往的名校，成为上海初中教育的领头羊，无论是学科竞赛成绩还是中考成绩，都是上海的领先者。数学连续 8 年有学生获得全国高中联赛一等奖，2018 学年虽然初中学生只能陪考，不计名次，但华育学生参加高中数学竞赛的成绩名列前茅，相当于高中组数学团体总分第四；信息奥赛，连续 7 年有学生获得高中组一等奖，2018 学年获得信息高中组排名第二，创历史新高；科技创意和创新，两项累加，获奖人数连续 4 年获上海市青少年创意创新大赛（包括高中）排名前三，2018 学年获得第二，保持新高；2018 学年学生参加的初中物理竞赛成绩全市领先，获一、二等奖人数最多。值得一提的是，2018 学年学生参加初中化学竞赛，重新夺回了上海市团体第一；科普英语连续 10 年上海市团体总分第一，2018 学年参加科普英语竞赛，继续获得上海市第一；语文作文、现代文、古诗文三大竞赛，成绩全市领先。除此之外，体育中考成绩始终保持全区第一，不仅获得徐汇区阳光体育大联赛团体金奖，而且 2018 学年代表徐汇区参加市级阳光体育大联赛五个大项的比赛，获得 1 个一等奖，5 个二等奖的好成绩，2019 年获得东南数学奥林匹克竞赛高一组团体总分第一，8 人参赛，获 7 金 1 银，为华育中学创办 20 周年献上了一份

厚礼。

然而，我们必须清晰地看到：

随着 2019 年 6 月 23 日《中共中央国务院关于深化教育教学改革全面提高义务教育质量的意见》公布，民办学校需要寻求新的应对策略。2019 年 7 月 8 日我参加徐汇区教育局的调研座谈会，表达了三个方面的意见：① 上海的民办学校之所以质量好，是因为上海的政策引领到位。② 此次中共中央国务院专门对义务教育改革下发文件，提出民办学校不能自己单独招生，必须与公办同步招生，对报名人数超过招生计划的，实行电脑随机录取。这次民办学校招生变化，相信上海的教育行政部门有智慧去引导民办学校的生存与发展的空间。③ 民办学校在上海之所以能办好，主要是由于机制灵活以及教师团队的敬业。民办学校仍然要把稳定教师队伍放在首位。

我们必须看到像华育中学这样优质的民办初中存在的空间是不可替代的。

为此，华育中学 2019 年第一学期工作计划将围绕两大方面展开：① 促进全体教职工在未来发展道路上，把准高水平实现教育现代化的方向；② 率先推进华育中学高质量教育现代化的引领，并且寻找新的增长点。前一方面的认识需要我们教职工立足于华育中学建校 20 周年所取得的成绩，思考未来学校发展的方向，敢于“仰望星空”，后一方面的认识促进我们教职工在明晰今后发展目标的同时，在立德树人的道路上“脚踏实地”。

（一）把准华育中学高水平实现教育现代化的方向

2019 学年可以说既是上海乃至全国推进教育现代化的一个重要转折点，也是华育中学能否在今后先一步、高一层地实现初中教育现代化的重要奠基点，这不仅仅是因为我们所处的时代将从 21 世纪 10 年代迈入 21 世纪 20 年代，更为重要的是上海要在 2020 年率先达成《中国教育现代化 2035》确定的主要预期发展指标，率先总体实现教育现代化，而且需要思考《上海教育现代化 2035》中提出到 2035 年实现更高水平、更高质量的教育现代化的全面部署。

对于华育中学来说，首先就需要梳理华育中学到 2020 年的七年发展规划制定的预期目标是否实现，对照上海市在 2020 年率先达成《中国教育现代化 2035》确定的发展目标，是否在初中教育领域真正实现领先。然后要立足于《上海教育现代化 2035》提出的“到 2035 年实现更高水平、更高质量的教育现代化，建成与时代发展相适应、同具有世界影响力的社会主义现代化国际大都市相匹配的一流教育”发展目标，思考华育中学新的发展规划要点，力求在未来初中教育领域继续当好排头兵与先行者。

为此，华育中学在 2020 年乃至今后一段时间的发展追求，就需要把握《中国教育现代化 2035》与《上海教育现代化 2035》的发展脉络，进一步思考华育中学在未来实现高水平教育现代化与高质量教育引领的改革方向，其基本指向是在初中教育领域努力达成世界先进水平、国内排头兵与上海先行者。按照这个标准来思考华育中学未来的教育改革，我们在座的每一位教职工就会深感重任在肩，需要突破惯性固有思维，积极寻找学校发展新的生长点。

1. 从“世界先进水平”来看

华育中学在未来教育改革道路上要把准以下未来学校发展“六个”趋势：① 越来越关注学生的核心素养、关键能力的培育。② 越来越关注对人的大脑研究成果的运用，包括大脑的神经可塑性，通过新的体验而改变大脑结构。③ 越来越关注学生基于问题或项目的学习。④ 越来越关注开放办学以及学生在课堂之外进行实习和服务等多种学习方式。⑤ 越来越关注运用新的技术手段来推进教育教学改革。⑥ 越来越关注学校为学生未来生涯发展做准备，关注学生的全人教育，注重学生开展探究学习与课题、项目研究的学术严谨性、与他人合作与交往的情感学习和与获得成功关系的改善策略等。

2. 从“国内排头兵”来看

把握《中国教育现代化 2035》的精髓。华育中学在今后的教育改革中，需要注重以下几个发展准绳：立足于学生的全面而有个性的发展，在培养德智体美劳全面发展的社会主义建设者和接班人上出经验；推进学校教育理念、体系、制度、内容、方法、治理现代化，在健全学校管理制度与机制上出成果；发展具有中国特色、世界先进水平的优质初中教育，在深化学校教育改革上出思路；进一步完善学校各学科学业质量标准和体质健康标准，在初中阶段学校课程教材体系建设上出方法；夯实教师专业发展体系，在推动教师终身学习和专业自主发展上出想法；深度参与国际教育规则、标准、评价体系的研究制定，在初中教育国际交流上出效能。

3. 从“上海先行者”来看

华育中学要持续领先上海市初中教育改革，就需要在“三区一高地”上迈出坚实的步伐：建设成为上海初中教育改革的标杆区域内引领校，主动承担国家与上海重大初中阶段教育改革任务；建设成为初中教育开放引领区域内示范校，成为进一步推进初中教育改革开放的门户；建设成为长江经济带初中教育创新发展、长三角区域教育一体化发展中的先行校，在区域教育中发挥重要带动作用；建设初中教育支撑创新人才早期培育的新高地，担当初高中衔接促进创新人才培育的引擎校。

从上述发展追求来看，华育中学今后发展的使命与任务艰巨。俗语云：万丈高楼平地起，既然我们明晰了2019学年是教育改革的重要转折年，明晰了华育中学改革需要追寻的方向，我们每一位教职工就需要用实干精神、敢闯意识与育人情怀，打好高质量实现教育引领的根基。

（二）率先推进华育中学高质量教育现代化的引领

在上海市“加快建设同具有世界影响力的社会主义现代化国际大都市相匹配的一流教育”发展背景下，立足于上海教育现代化2020的发展追求与2035的发展方向，华育中学2019学年第一学期的工作，需要在率先推进上筑牢根基，拓宽基石。只有如此，华育中学才能在高水平实现教育现代化、高质量实现教育引领的道路上走得更远，飞得更高。

1. 在“立德树人”的深度上进行拓展

习总书记在2018年全国教育大会上提出，学校教育要思考“为谁培养人，怎样培养人，培养什么样的人”这一根本问题，需要落实立德树人这一根本任务。华育中学教育引领，就必须在立德树人的深度上进行拓展，只有把握这一根本要求，学校的引领才有价值。办学视野不再满足升学成绩上海市第一的排名，更应看重学生的内涵发展，持续追求；更看重他们高中、大学乃至今后走入社会的影响力，更应看重学生在德智体美劳全面发展上取得的成绩。

华育中学力求在立德树人的深度上进行拓展，需要引导学生形成红色基因、创新思维、全球视野上迈出更为坚实的步伐，让学生将自身发展与肩负民族振兴的使命结合起来，敢于求新求变。学校德育在全员、全程、全方位拓展上营造良好的氛围；智育课程注重激发学生的好奇心、想象力、创新精神和实践能力，培养适应未来发展所需要的综合素养和关键能力；体育注重培养兴趣、激发潜能、养成习惯，在多样化体育活动上做文章；美育力求培育学生的文化素养、艺术爱好和艺术特长。在劳动教育上进行新的统筹安排，德育处对学生的校园劳动、社会公益劳动、志愿劳动、班级劳动和引导学生参与家庭劳动进行系统思考，教学处则需要关注把综合实践活动课程、通用技术课程作为实施劳动教育的重要途径，将劳动教育与 STEM 教育结合起来思考。

华育中学在立德树人的深度上进行拓展，需要考虑在构建学校课程体系中要满足不同类型、不同潜质学生成长的需求，把握当前世界各国关注学生核心素养与关键能力培养的发展趋势以及学校传统、办学特色、已有基础以及未来发展，进行整体的设计。当我们通过给学生提供更宽广的视野或者“整体图”来指导学生学习时，我们会更有效地帮助学生理解以前的知识和新知识之间的联系，并且能更好地说明学习目标之间的关系。

2. 在“创新人才早期培育”的厚度上进行深化

华育中学要实现自身发展的引领价值，需要在初高中衔接教育以及创新人才早期培育上进行厚度的深化，关注学生的个性、特长培育以及培养学生的兴趣、爱好，开发他们在各个领域的潜能，为他们未来成为各行各业的创新人才奠定坚实的基础。所有能进入华育的学生都是学业优秀、思维敏捷、探究能力强的好学生，要把每一位学生当作金矿和富矿来培育。国家未来最先进的科技发明，最先进的武器装备，最先进的智能化的技术，不只是在电脑上，不只是在流水线上，更不只是在图纸上，而是在学生的头脑中。华育中学要努力通过各种途径（包括学科潜质激活、科技兴趣激发、创新活动激趣），来培养具有创新潜能、创意潜质、创造潜力的优秀后备人才。

在初中学生参加高中数理化竞赛全面取消的背景下，如何在早期人才培养上开拓新的思路，就需要我们做好转型，从单纯的竞赛准备逐渐转化到项目学习和项目探索，从传统知识的反复操练到现代科技进展的学习理解和探究。对有天赋有特长有潜力的学生，要持续搭建平台，继续加强数学班、科技班以及普通班学生的特长和兴趣的培养。我们要在预初、初一学生的人文素质培育上下功夫，可以先从学有余力的学生身上进行突破，然后选拔开设人文兴趣班或者实验组，将人文底蕴厚实的普通班学生（如古诗文、英文、写作等方面突出的孩子）集聚起来进行专门培养，激活他们的学习兴趣与学术兴趣，给予他们在现有基础上足够多的挑战，使华育的普通班超过外校的特长班。

对学科特长生的培养，学校不仅要做到打破常规、打破学段的超前超越教学，而且要做到扬长教育不封顶，高端教育不限制，充分利用社会的各种资源，家长资源，满足学生不同的发展需求。对特长不明显的学生继续打造丰富的第二课堂，并且在拓展第二课堂的学术涵养上做文章，对研究型、竞赛型、活动型和工程型第二课堂进行内涵、特征与效能的分析。对现有的15个创新实验室（如人工智能实验室、微生物实验室、无人机实验室等）的学生使用，做好分类分阶段指导：兴趣识别阶段，由本校教师开展通识课程教学；课题分类阶段，让高校的专家教授与教师共同参与；深入研究阶段，积极借助校外创新基地与创新实验室，拓展学生进一步发展的空间。创新实验室将提供给科技班、社团活动、第二课堂等广泛使用，学校将加强对这些实验室的统筹管理与使用效能分析。

3. 在“高素质研究型教师队伍”的高度上进行提升

华育中学的教师队伍素质是高的，正因为有这样一支高水平的教师队伍，才能培育这批有潜质的学生。然而，我们的教师还需要进一步提升高度，尤其是基于针对学生发展特点进行教育教学实践探究的学术高度，需要在高素质研究型教师队伍建设上更上一层楼。这里所说的提高教师基于教育教学实践的学术高度，不是引导教师去做项目、课题，而是要让我们的教师真正从学生发展的需求出发，研究我们的学生需要什么，发展他们的潜质需要提供怎样的针对性引导。在过去，我们常常讲老师要给学生一杯水，就需要教师有一桶水，这是从知识的灌输本位出发的；现在教师需要思考的是，你有了一桶水，学生是否需要你倒给他们水？他们是被动地接受，还是主动地获取？这就需要思考学生真正需要什么，然后给予针对性的指导。这其实是对教师育人方式的一大挑战。

这就需要学校营造教师基于教育教学实践的共同探究氛围，使教师敢于从实践中寻求改进教育质量的证据，并推进学校课程选择、开发与教学的水平。学校也将努力提供教师研修的机会，进一步拓展教师作为学术共同体研讨的空间，包括公开课研讨、外出研修、校级课题研究等，以多样的平台促进教师整体学术水平的提升。一是促进教师开展基于实践的研究，推进学校立项课题的研究，促进他们关注教育教学实践问题的探索，形成一些具有创新意义的成果。这方面我们黄立勋副校长带头，他主持的市级课题"培养资优生高阶思维水平 提升初中生问题解决能力的实践研究"上学期已开题，本学年将继续深化。二是促进教师在学校课程开发与实施中不断提升学术高度，我们鼓励教师不断上发展课程以及开出新的课程，并与工作量考核挂钩。三是积极引入高校、科研院、企业的专家来校给学生进行课程授课、实验室开发、课题研究指导，我们教师可以作为外聘教师授课、带学生做课题的助教，跟着学生一起上课，不断提升自己的业务水平，提升指导学生进行探究的能力。

4. 在"系统协同的管理机制运行"的温度上进行调适

作为培养初中资优生与推进创新人才早期培育的学校应当是一所有学术高度、有人文温度与文化厚度的地方，是一个学校成员共同发挥作用、贡献智慧的地方，是一个学校各组织系统协同运行、讲求法理情融合的地方，为此华育中学就需要根据学生发展的变化、社会需求的变化、科技融入的变化，在系统协同的管理机制运行温度上进行合理调适，使学校发展运行既讲究科学高效又具有人性的温度，使每一个教职工乐于生活并不断奉献自己的聪明才智，想干事，能干事，干成事，努力让华育中学成为一所人尽其才、其乐融融的有人文关怀与人性温度的高效系统协同运行的学校。

为此，华育中学的管理团队会引领各教研团队、班主任团队，努力营造教师成长、学生成长多元服务的空间，进一步促进信息技术与教育教学、教育管理服务的深度融合，服务于教师更高效地教、学生更个性化地学、评价更科学地用；进一步提升教师的待遇，健全教职工绩效考核的标准与机制；进一步了解教职工发展的需求，通过调研、访谈等多样的方式与教职工谈心，努力营造学校和谐共进的校园文化。学校还将进一步加大与大学、科研院所、校外基地的合作力度，让学生尽早接触到感兴趣领域的专业知识及研究方法，使得学生经过这样的实践之后，能将良好的学习习惯、开放的创新意识、适合自己的兴趣方向、不屈的坚持精神带入到学习中去，对学生未来的职业生涯规划提供有力指导，为他们的终身学习打下坚实的基础。

5. 在"学校高标准硬件与软件"的匹配度上进行重构

近年的暑假,华育中学通过努力,争取到了 1 400 多万元的资金投入学校的维修改造、硬件标准提升。今年暑期大修如下:① 学校建筑外墙面修补,重新粉刷。② 学校建筑屋顶防漏水重做。③ 教室、办公室门全部更换。④ 教室铺装墙裙。⑤ 楼梯安装墙裙。⑥ 教学楼卫生间隔断重做。⑦ 水磨地面重新打磨上蜡。⑧ 教室办公室墙壁重新喷涂。⑨ 公共走道及楼梯墙壁重新喷涂。

华育投入设施设备改造资金 400 万元:① 教室多媒体改造。② 教室安装空调。③ 学校无线局域网改造。④ 两个年级书包柜更新。⑤ 学校锅炉改造。⑥ 食堂油烟净化系统改造,增加洗碗机。⑦ 教室灯光改造。⑧ 学校电子围栏改造。

这些项目与工程进一步提升了学校的硬件标准,提升了学校教育教学设施为师生服务的水准,这也是营造良好的师生成长环境所必需的。在硬件标准提升的同时,我们需要思考的是如何进一步提升与硬件相匹配的软件服务水平,包括实验室管理与运用效能、后勤保障服务能力的提升等,力求做到高标准硬件与软件提升的匹配度,并且在此基础上围绕高素质研究型师资发展需求与高水平学生培育需求,重构硬件与软件的配置,聚焦办学条件、教师需求、育德能力、学生核心素养与综合素质,进一步提升教育治理水平。

除了以上五个方面的育人深化外,下学期有两项重要工作:

(1) 10 月,我们还将进行华育建校 20 周年的一系列活动,包括一台文艺汇演(结合艺术节活动进行)等。这些活动,既是对前一阶段学校发展进行总结与提炼,又是对未来学校发展进行思考与展望。通过校庆,宣传学校的办学特色,巩固学校的优良传统,同时向社会弘扬名师风采,展示教学大奖赛,评选优秀班主任,鼓励有个性有特长教师脱颖而出。通过展示优秀学生,激励更多的学生为早期人才打好基础。

(2) 11 月 8 日—20 日做好接受徐汇区教育督导室的督导工作,展示学校的实力和特色,这是常规五年一次的督导,需要听课 50 节及大量的问卷和座谈。每位教师必须积极参与,高度重视。

(3) 将花大力气对学校学科教学框架进行重构。根据唐盛昌理事长的意见，将对原有课程框架变革为学科教学框架，分四类：① 学校教学框架；② 主题活动案例；③ 学生潜能开发；④ 教师专业发展。

各位教职工们，我们已经站在 2019 学年这个对于时代发展与学校发展而言的重要转折年，华育中学的每一位教职工都要以主人翁的姿态，做事靠谱，具体就是说话算话，能够为自己的语言和行为负责。以目标为导向，高度关注目标的完成，使追求完美成为自己的本能。做学问专注，知道如何处理信息，拒绝分心，控制住自己，降低外界干扰，将时间和精力投入到工作的深入思考中去。做人大气，不为鸡毛蒜皮小事斤斤计较，不在无关紧要的小事上浪费太多的时间，因为人生还有很多大事在等待我们去完成，在“把准高水平实现教育现代化的发展方向、率先推进华育中学高质量现代化的引领”中实现自我价值。我觉得教育事业和教育的魅力一定要与创造联系起来。教师的魅力在于创造，它是一种直面人的生命发展的创造，教学工作自身也需要创造。让我们继续共同努力，让华育中学在未来的 10 年、20 年乃至更长的时间里，继续引领上海乃至中国的初中教育改革。这是一种追求，更是一种使命。

2019 年是华育中学建校 20 周年，我们是华育中学 20 年辉煌的见证者与创造者。华育中学的 20 年，创造了一张张不同凡响的“成绩单”：华育中学无论是毕业生进入高一层次学校的质量和数量，还是学生在各类竞赛中争金夺银的层次、等第与可持续发展(有 6 位学生 8 次入选国际数学奥林匹克国家队并获得 7 枚国际数学奥林匹克金牌)，都成为同行队伍中绝对的、不可撼动的佼佼者。华育中学的 20 年，从不满足于学生的中考与竞赛领先，而是一直在思考如何探索一条适合初中资优学生特点的创新人才早期培育新路。当代教育家唐盛昌先生用 12 个字加以概括：“弘扬正能、正视智能、激活潜能。”学校注重培养学生的仁爱心，锻造坚忍性与增强使命感，为学生成为国家栋梁之材和创新人才奠定了坚实的基础。

“弘扬正能”是从华育中学承担国家立德树人的使命出发的。华育中学的立德树人，为祖国想 50 年，拉长教育的影响长度；关注学生离校后 20 年，增厚学生的后劲力度；瞄准初中 4 年，提升学生基础的全面厚度。“正视智能”是从华育中学关注未来科技与人工智能时代的发展需要思考的，坚持融通中外的原则，促进学校课程与教育教学内容的现代化、智能化，抢占人工智能时代教育的制高点，显现了高端优质学校的发展追求。“激活潜能”是从华育中学立足于以学生发展为本的视角定位的，在促进学生全面发展同时，不设学生个性、潜能发展上限，显现了高端优质民办学校的存在价值。

华育中学创办的20年，已显现了华育中学高位办学的风范、高端育人的风格和高尚致远的风劲。在未来的发展过程中，华育中学将在全校师生努力下，继续把握国家战略、上海使命，持续探索一流优质初中教育的成功方向、成就方略和成事方寸。

（华育中学2019学年第一学期工作计划要点发言摘选）

第二辑

育人“德”为先

始终将立德树人置于华育中学育人的首位，这是国家与社会的要求，也是学生全面可持续发展的要求。优质初中教育要为祖国想50年，拉长教育的影响长度。

华育中学的办学高度，在于传承与坚持上海中学“储人才，备国家之用”的办学理念，敢于从教育站起来、大起来到强起来去思考华育今后育人，营造学生成人成才的环境。

初中阶段的学生绝不能是“死读书”，应更看重他们在学习的过程中是否敢于担当、有责任意识。让孩子们懂得自己的成长好、学习好不仅仅是为了自己，而是为了更好地服务他人、服务家庭、服务社会、服务祖国走强的需求，继续打造出更好的学习共同体。

华育中学关注学生离校后20年的发展，增厚学生的发展后劲力度。20年后，学生正处在35岁，有研究表明：自然科学研究的最佳年龄为35岁左右，社会科学研究的最佳年龄为45岁左右，这期间是最容易出成果的，是最能实现创新成果价值的。

我在每学年的开学典礼与毕业典礼上经常给学生讲，一个人的智力不是最重要的，比智力更重要的是意志，比意志更重要的是胸怀，比胸怀更重要的是一个人的品德。学校注重强化以责任感为主题的做人教育，注重学生良好的实践能力和意志品质的培养。

这一辑，我选取了部分自认为比较理想的开学典礼与毕业典礼的讲话，可以看到华育中学育人德为先的做法、行动与对学生未来成长的期许，也可以看到华育中学作为优质民办初中在立德树人上的使命与责任。

一、让每一个学生的学习插上想象力的翅膀

2013年在上海基础教育发展史上，有一件让世界为之震惊的事，也是我们华育师生共同关注的一件事，就是上海15岁年龄段的中学生，在OECD经合组织和地区的2012年PISA测试中，继2009年后，再一次获得数学、阅读和科学三个学科成绩的第一。这说明上海的教学质量高，学生的基础知识厚实。平心而论，这个成绩来之不易，但再分析一下，成绩领先的背后也暴露出很多问题，那就是学生对学校教育的“归属感”不够强，对学校传授知识教育上的“幸福感”不够高，对数学能获得较高等第和成绩的“自信心”不够足。针对三个不够的问题，我新学期讲话的主题为《让每一个学生的学习插上想象力的翅膀》，来探讨和表达我对学校在育人方面的奠基，以及对每一个华育学生的基本素养要求。

初中阶段是一个人人格形成的最重要阶段，因此初中阶段的教育不仅意味着传授知识，更重要的是还承担着对“人”的教育的重要职责。所以，从学校层面来讲，社会对华育中学的要求已经不只是中考成绩、竞赛等方面的领先，而是育人的方方面面。华育要实现引领，就需要在原有基础上不断开阔视野，为学生个性发展搭建更宽广的平台。

大家知道，大学主要是学术性展开，高中有专业发展方向引导，初中主要培育学生的探索精神，开阔视野，打开思路。华育每一位学生自身发展定位一定要清晰，以兴趣激发为主。最近几年，华育不少学生参加了DI创新思维国际比赛，屡获国际、国内大奖，不少同学为自己的兴趣、潜能的开发找到了精彩的发展之路。除此之外，我想华育的学生还可以通过参加上海市青少年科技创新大赛这个平台，让自己去涉及相应领域的知识。由于该项比赛涉及地球与空间科学、工程学、环境科学、计算机科学、物理、化学、数

学、微生物学、医学与健康、动物学、植物学、生物化学、社会科学13大领域，学生可以在边学习的同时，进行一些自身感兴趣的课题探究，接触现代科技发展的知识，明确自身学习与社会生活、未来发展的联系，提升自己的创新素养。

对于学生来说，现代社会对人才提出了新的要求，提醒我们学生仅仅关注学习成绩是不够的，领导能力、沟通交往能力、艺术修养、道德品质等素养都是很重要的，下面我就“让每一个学生的学习插上想象力的翅膀”谈四点看法，围绕12个字展开：想象力、归属感、幸福感、自信心。

1. 每一个学生要有知识迁移、综合素养的想象力

PISA测试对中学生知识结构的要求和标准，最重要的关键词是“想象力”，而“想象力”的核心要素，就是要求中学生在教师传授教育中，要有知识迁移、思维整合以及分析判断和综合运用的能力，这个要求是很高的。因此，同学们在学习过程中，只有始终保持对知识学习和学科教育的“想象力”，才能激起求知的兴趣，才能激励探究的乐趣，才能激发钻研的情趣，才能激活创新的志趣。只要我们每一个学生都有对学习的兴趣、乐趣、情趣和志趣，就一定会成为一个以人文素养为基础、以知识迁移为核心的综合能力强的人。这样，在未来走向社会时，也一定会成为一个报效祖国和人民的有志向、有志趣的有用之才和栋梁之材。

2. 每一个学生要有共享教学、价值认同的归属感

实际上，教学存在一个以知识为本还是以学生发展为本的问题。知识为本，就是让学生去掌握教材规定的所有知识，至于学生如何发展，他的个性、特长、兴趣和感受相对考虑得少。以学生为本就不同了，有三个明显的特征：

(1) 学生为本，就是教材中的知识只是一个载体，在掌握知识的过程中，还要让学生学会学习，学会主动选取知识，学会主动掌握知识，不断提升思维水平。

(2) 学生为本，就是要强调每一个学生的个性潜能。不同学生对不同知识的敏感程度、领悟程度都是不同的，这就需要让学生逐步去认知自己的潜能所在，在自己的优势潜能领域里，得到比别人更好的发展。

(3) 学生为本，就是要摸索让每一个学生达到最好效果的学习方法。不

同学生学习习惯各有不同，学习方法也是多元的，但需要强调的是，有的习惯方法是有效有益的，有的习惯方法是低效的，甚至是不可取的，会阻碍学习。所以在学习过程中，每个同学要找到适合自己的最佳学习方法与途径。一句话，把关注重点从单一的知识掌握，发展为对自己个体知识需要的关注，对自己掌握知识过程与水平的关注。

教学要做到以学生为本，我们的学生就是重要主体，没有学生的主动参与，学校的任何教学改革都将是空谈，所以共享教学，就意味着学生与教师的紧密配合，意味着进一步发挥学生的主体作用。在发展的过程中，发挥每一个学生积极能动作用，其价值就在于学生个性的发展，学生思维水平的提升，学生学习方法的改进，学生思想品德的完善，学生价值观念的升华，这就是我所谈的共享教学、价值认同的归属感。

我相信，只要我们的学生，对华育未来的教学有着共同的价值认同，就会激发出每一个同学对学校归属感的认同。即便今后走上工作岗位、走向社会或走向世界，他一定会怀着一颗大爱的心，感恩老师、感恩母校、感恩父母、感恩社会和感恩祖国。担当起未来走向社会，建设祖国的重任，这就是我们华育对每一个学生有归属感的最好回馈。

3. 每一个学生要有合作学习、共同进步的幸福感

这个幸福感也要靠同学之间互相营造。现在社会各界对教育反响最大的是学生过重的课业负担，90％的学生感到压力大，学校管理对教育质量的评价，就是用考试成绩或学生排名作为唯一的标准。我认为，对于学生成长来说，合适的压力是需要的，关键是你应对压力的心态与对策。国际上一些好的学校，孩子的学业负担并不比我们轻。古语有云：“宝剑锋从磨砺出，梅花香自苦寒来。”正因为你经历了成长的历练，你才会蜕变成美丽的蝴蝶。在这个蜕变中，不仅要自己感到痛快（付出并且收获快乐），而且要学会与同学合作，分享共同进步，变成真正的学习同伴，而不是暗中较劲或过度竞争。华育在下一步的整体性综合改革上，将建立起学校对班级、对教师、对学生以及对家长的反馈，不以考试成绩作为唯一的评价标准的制度和机制，从学校文化建设和氛围上形成同学之间彼此合作相互尊重、彼此理解共同进步的校园文化和良好氛围，进一步提升同学的愉悦感与学习磨砺过程中的同伴互助、合作的快乐。

4. 每一个学生要有独立思考、大胆质疑的自信心

上海学生参加PISA测试的结果显示,课堂教学中学生是以被动学习为主要特征,由此造成了自信心不强。华育中学下一步的课堂教学改革,要积极倡导学生独立思考、大胆质疑的课堂教学文化,并努力成为华育的校园文化,最终养成我们每一个学生"独立思考、思想自由;人格健全、科学思辨"的品质。因此,我们要在课堂教学中,借鉴美国教育的理念,即"教育最大的成功在于,对每一个学生都没有标准答案"。我认为,这就是倡导学生在学习过程中有想象力的标志。我知道,华育的老师在课堂教学中,有让学生难倒自己的胸怀和气度,我也希望,华育的学生在学习过程中,要有难倒教师的智慧和勇气。

让我们华育的学生在论辩学习和辩论文化中大胆地质疑,科学地求证;逆向地思辨,科学地求知;让我们华育的学生为学校的改革发展献计献策,成为学校真正的主人;让我们华育的学生努力成为人文和科学素养优、综合能力强、家长认同高、社会评价好的优秀学生。

最后,我用柏拉图在《理想国》中倡导教育真谛的三句话与在座的教师和学生共勉:"教育是把一个人从低处引向高处,教育是把一个人从黑暗引向光明,教育是把一个人从虚假引向真实。"我希望,我们的同学通过在华育初中四年的学习和生活,为自己的学习插上想象力的翅膀,为自己的知识能力"奠基",为自己的人文科学素养"砌砖",为自己未来的成功、成才和成人而奋发努力!我作为校长,由衷地希望华育每一位有志学生,在校能够保持良好、积极的心态,幸福地学习,最终能够达到自己应该达到的高度,累并快乐着!

(华育中学2013学年第二学期开学典礼讲话摘选)

二、让学生成为学校的骄傲

首先预祝华育中学2014届毕业典礼圆满成功!今天的你们,已经出色地完成了华育的学业,即将展翅,告别这片华育热土,去追寻崭新的人生梦想。此时此刻,作为校长的我,分享着你们的喜悦与不舍,让我想起了很多

很多。

2012学年伊始我被董事会任命为华育的校长，当时还主要在上海中学工作，任上海中学副校长。由于我一直在上海中学履职，那时的我所见到的，是一届届毕业后的华育学子在上中绽放光彩和他们对华育母校的眷恋与骄傲。而我真正来到华育就任，是2013学年，我和你们在一起，和在座的每一位14届的毕业生一起，经历的荣辱与共、甘苦同当的365天。你们是我主持华育中学工作送走的真正意义上的第一届毕业生。这一年，你们无时无刻不牵记在我心上。今天，我要告诉你们：你们这一届毕业生很棒很优秀，进上中预录取123名，创华育历史新高，中考体育平均分29.49分，也是创学校历史新高。你们是我的骄傲，更是华育的骄傲！

刚才的毕业短片，一幕一幕、真真切切地记录着你们一点一滴的成长历程。仿佛就是昨天，你们初来到这个崭新的校园，军训时的紧张稚嫩还历历在目。细细数来，这四年：你们在灰黄的教学楼里，学会了孜孜不倦；你们在殷红的塑胶跑道上，学会了奋勇争先；你们在老师们殷切的鼓励声中，学会了跌倒再爬起来；你们在校工们真诚的服务微笑中，学会了感恩与善良；你们在金鱼池淙淙的流水声中凝结着属于青春的歌声，你们也在今天这个礼堂里一遍一遍排演着属于你们自己的精彩剧目……这华育的四年让而今的你们，已经有了走上人生考场的沉着大气；这四年，你们把华育视作除了家庭以外，最为依恋的、最为幸福的、最为自豪的地方。因为，华育这片土壤是孕育精英的土壤，是一片能让一个孩子获得全面发展、彰显独立个性、充分挖掘潜能的沃土。她可以使平实内秀的孩子变得优秀，她可以使优秀的孩子更为优异。我相信，你们的成长就是对此最好的证明！所以今天，让我再次真诚地告诉在座的每一位同学：你们是学校的骄傲，学校为你们自豪！

这一句话，我不但要告诉你们，还要通过你们大声告诉华育所有的毕业生们。我们华育如此有幸，积聚了上海最好的学生群体，这为华育中学培育高层次的优秀毕业生奠定了坚实的基础。更为重要的是，华育这片沃土让这种优秀变成了优异：这种优异不但是在中考及各科竞赛中屡折桂冠的成绩，也是你们在各科学习中所具备的良好学科素养和探究能力，更是你们自强不息、勇攀高峰、精益求精的强者品格。

这几年上海中学高考文理科状元中，有4名同学是华育毕业生；上中的学生会主席，往往也由华育毕业生挑起大梁。上中连续6年获得的6块国际奥数金牌中，有2/3是来自华育的毕业生。去年刚毕业的高同学，今年以全国第一名的成绩，被选拔进入国际数学奥林匹克中国国家队，很可能再夺一金。可我们知道，这些金牌获得者中，如聂同学、刘同学在刚进华育时，数学成绩并不起眼，甚至默默无闻，是华育的热土给予了他们成功的因子，使得他们的潜能得到充分的开发，帮助他们迈上了金牌之路。这就是华育的力量，优秀的力量。

华育学子之所以优秀，是华育有一大批优秀的学生群体，是因为华育学子有良好的个人修养、学科精神和发展潜能。“爱国尚礼，厚德重道，勤学博采，务实创新”，这16个字是所有华育学子的共同目标。

华育的学子们，我为你们骄傲，因为你们每一个人都是独一无二的，凭借自己的才智与汗水，不断实现着最好的自我；我为你们骄傲，因为你们热心团队活动，关心身边弱者，为集体的荣誉燃烧青春；我为你们骄傲，更是因为你们展现了华育学子的顽强大气，你们展现了上海这个国际大都市一流中学生的风采！你们没有辜负学校的培养，你们让华育精神时时处处发扬光大，这让学校为你们感到无比的骄傲！

今天是个里程碑，亲爱的同学们，你们即将离开华育，但是学校对你们的期许永没有终止。此时此刻，作为师长，我还有几句叮咛想告诉你们。

第一，我希望你们学会博学深思。《礼记》里说“为学”当“博学之、审问之、慎思之、明辨之、笃行之”。学，能博采众长，能使自己具有世界的眼光和开放的胸襟；学，能追问质疑，能去伪存真，建立自己的思想王国；学，能勇于实践，能踏实自处、知行合一。学而思、思而行，三者合一才能让你寻找到最适合自己的道路。

第二，我希望你们学会大气谦和。攀登人生高峰的道路上，这种无形的力量，能够彰显你人格的魅力与人性的光辉。大气谦和，是要你遇人遇事胸襟博大；别志得意满，是要你不被华而不实的流俗所蒙蔽，迷失自我；别轻言满足，是要你不要愧对自己的天赋所长。希望你们能做到大气却不张扬，厚重却不逼人，谦和但不乏创新。只有这样我们的思想才有深度、生活才有风度、人生才有高度。

这两点都应该是一名合格的华育学子必有的品格。我相信，你们会永远珍惜华育学子的身份，并用一生勤奋和努力维护这一荣誉，在未来成长的道路上，书写出华育学子为国家、为社会服务的华彩篇章。今天，你们即将离开母校，万里鹏程。请同学们骄傲地挥手致意，请同学们大胆地扬起风帆，因为你们已经在这里学会了认真，学会了坚韧，学会了追求卓越，学会了志存高远……“华育”这两个字终将会与这些可贵的品格一起，陪伴你们走向更辉煌的成功！

最后我提议，2014 届毕业生们，把我们最最热烈的掌声，献给你们成长中最重要的人：首先，献给辛勤耕耘的老师，谢谢他们四年来的挑灯夜战和无私奉献；献给含辛茹苦的父母，谢谢他们 15 年来的养育之恩和无私培养；最后，献给朝夕相处的同学，谢谢他们四年来的友好竞争和互相促进！

（华育中学 2014 届学生毕业典礼上的发言摘选）

三、做一个具有“仁爱”之心的强者

经过暑假的休息和充电，我相信大多数的同学已经作好了新学期的开学准备。预初的同学经过军训后，带着满满的憧憬；初一的同学经过历练后，带着满满的沉稳；初二的同学经过洗礼后，带着满满的自信；初三的同学经过拼搏后，带着满满的斗志。对于在座的每一位同学来说，无论是新同学还是老同学，都已经站在了一个比较高的起跑线上，因为你们进入了华育中学，进入了这所上海市初中教育领域公认最好的学校学习。

今年，华育中学毕业生中考成绩再创佳绩，比去年又有提升，继续保持上海市第一。华育学生中考平均分为 592.79，按照上海市零志愿最低控制分数线 568 分计算，华育学生的市实验性示范性高中达线率为 96.53%；按照徐汇区市实验性示范性高中最低控制分数线 572 分计算，华育学生达线率为 95.99%；按照上海中学录取分数线，华育学生达线率为 59.94%。今年，华育初三毕业生进入上海中学人数再创历史新高，达 160 人，第一次超过了毕业生的 50%。

同学们，你们在学校老师眼里是优秀的。正因为你们优秀，所以你们才能进入华育中学接受面向未来的严格洗礼；正因为你们优秀，所以你们在学习中会遇到更大的挑战、更苦的磨砺、更高的要求，这样你们将来才会变得更强、走得更高、看得更远。学校希望你们经过多方面的努力，成为一个具有仁爱之心的强者。

如何能成为仁爱之心的强者呢？首先得立志，具备为社会发展需要的核心价值观。初中学习是为一生打基础的阶段，这个阶段可塑性最大。要树立自己今后明确的方向，不能只着眼于眼前，而要着眼于未来的10年。华育的学生不仅如此，而且还要着眼于与全国、全世界同类优秀学生群体竞争。今年暑假，我们学校的董事长唐盛昌先生应英国教育大臣的邀请，参加英国首届教育改革高端峰会，并作主题发言。这次峰会只邀请了8个外国人，其中5人是各国的教育部长，唐盛昌先生是唯一的亚洲人，让中国的中学校长到唐宁街10号去“把脉诊断”英国的基础教育，实属罕见。我知道，唐盛昌先生在很多重要的场合都明确表示：“尽管上海学生在国际学生评估项目测试(PISA)中连续获得全球第一，但我们对高潜力学生培养还重视不够，还应像美、俄、韩等国那样，高度关注培养前10%的学生。在中国如果没有前10%学生的努力，国家的未来是没有希望的。”

——正因为如此，华育的学生必须明白：你们作为上海市前10%的优秀初中生，一定要充分利用好时间，努力提升自己的文化修养、人文修养、艺术修养、体育修养，这是非常重要的！

——正因为如此，你们充分认识到当前学校关注你们的全面发展、思想境界、核心价值观的培育，是多么的重要！在今天的开学典礼上，作为我们华育人，特别要强调社会主义核心价值观，要做好“24+10”这道不简单的算术题，用一生去理解她、感悟她、践行她。“24”是指每一个中华儿女应当铭记的24个字：富强、民主、文明、和谐(国家层面)，自由、平等、公正、法治(社会层面)，爱国、敬业、诚信、友善(公民层面)。“10”是每一个华育学生在成长中应当加以运用的10个字：大气、谦和、诚勉、博雅、笃行。前24个字是作为中国公民必须有的核心要求，后10个字是作为华育人应当具备的核心品质。

华育学生的立志是基于核心价值观引领的，是有华育特色内涵的。每一个华育的学生，应当有自己的价值判断。在座的同学可能都听说或者经历过这样一件事情：在7月底的时候，上海的地铁2号线运行了一辆贴满动漫人物的列车，其车厢内外贴满了日本动漫 *Love Live* 里 9 名成员的立体彩绘。当该列车首次在地铁 2 号线现身时，引起了许多动漫粉丝的关注，甚至有男粉丝"下跪膜拜"，其中许多是中学生。为什么举这个例子？就是想与大家谈谈价值观的问题。我们可以喜欢动漫，但不能让喜欢冲昏了价值取向。

华育的学生既然定位是上海市初中生前 10%的资优生群体，就要有将来成就一番事业的胸怀与责任感，忧国忧民，用自己的责任心，努力使我们的家庭、学校、社区乃至国家变得更美好。我们的国家正处于发展的过程中，在走强的路上肯定有很多不如人意的地方、有待提升的地方，这是一个国家使自己傲立于世界民族之林、在发展阶段中必然有的阵痛。作为华育学生，应有的气魄不是抱怨、责备、愤青，而是奋进、博学，从身边做起，从自己做起。作为初三的学生，更要立志用自己的能力、自己的行动去拼搏、奋斗，去承受学业压力，去证明自己的才华，从而真正通过自己的努力，去实现人生第一个梦想，进入心仪的名牌高中。

华育学生当有了明确志向后，就要朝着自己努力的方向前行，不管前行路上有多少艰难险阻，都要勇往直前。《颜氏家训・勉学篇》中"有志向者，遂能磨砺"，意思是有志向的人，就能经得起磨砺。往往经得起磨砺的人，就能笑看人生，使自己成为某一方面或某些方面的强者。我们华育中学的学生，不仅要立志成为一名强者，而且要成为一名有仁爱之心的强者。我们不需要为富不仁、恃强凌弱、外强中干、争强好胜的强者，我们需要的是具有仁爱之心的强者。

《论语》中这样说道：能行五者于天下，为仁矣。这五者是恭（稳重）、宽（宽厚）、信（诚实）、敏（勤敏）、惠（慈惠）。作为华育中学的学生，在未来的发展道路上，要有成为一名强者的气魄与胸怀，可以是数学或科技上的强者，可以是生活上的强者，也可以是体育上的强者、艺术上的强者。无论成为哪一方面的强者，都要把自己"仁"的历练放在首位，把"恭"（稳重）放在重中之重。"君子不重，则不威；学而不固"，意思是说君子如果不稳重，就没有威严；即使学习了，所学的知识也不会牢固。"敏于事而慎于言"，即办事迅速敏捷，说话谨小慎微。这些都是一个君子必须有的风度与品格。只有如此，你们的"强"才能赢得尊重，才能为我们的社会、国家、民族所用。

同学们，为使自己成为一名有仁爱之心的强者，我们就要努力修炼内功，在华育这块育人乐土上汲取养分，使自己得到更好的发展。这学期，你们将看到学校为你们创设了许多新的平台、新的环境、新的气象。

最亮丽的风景当属华育在全市初中率先组建科技创新兴趣班，这个班的学生除了学初中基础课，每周有半天安排专门课程，学校请市科协、科学社、科学会堂等方面的专家来上课，为学生讲解科技方面的知识，并开发科技特色校本课程；还将在老师的指导下到现代实验室做实验或开展课题、项目研究。与此同时，学校大力推进面上的科技兴趣小组，欢迎预初、初一、平行班学生参加，借助青少年科学素养“科学种子、STEM云计划(即促进数学、技术、科学、工程统整学习的云平台)”，拓展科技教育项目；充分利用少科站、科协、科学会堂的力量，进一步加强绿色环保项目的推进。

这学期学校新建的心理咨询室和四个现代实验室，如3D打印实验室、温室植物培养实验室、太阳能综合利用实验室、水质薄膜分离技术实验室等，也将投入使用；学校教学楼的楼道两侧作了布置，B区每层楼的大厅布置也有所侧重：一楼侧重科技，三楼侧重美术，四楼侧重演奏，五楼侧重阅读。学校还将对教学楼每层楼的两个小厅作调整布置，利用墙面宣传，进一步营造良好的学校文化氛围。

为让你们有一个更好的成长空间，本学年学校还将推进一系列的教育改革：

第一，在立德上推进境界、修养、学力、潜能结合，德智交融，无痕衔接。表现在学生评价上，将进一步加强对学生思想道德指标的重视，不要只被学科分数卡住。在区“三好”、校“三好”的评选上，既要看成绩是否处于班级、年级前列，还要看核心价值观、志愿者服务、礼仪规范、社会责任等方面的素养，真正体现德智体美劳全面发展。

第二，在课程教学上，学校将关注学生兴趣培育与潜能开发，兼顾兴趣层面、探究层面，激发潜能层面。各学科将对学科竞赛类型与重点进行梳理，向“跑量竞赛说不”，不要让竞赛牵着鼻子走，走选择、个性、高端、有潜力的发展路线。体育方面的田径运动会将拓展成体育运动会，把田径的跑、跳、投三项扩大到球类和体操，课内的体育项目也会融进去，体现大众性、竞技性和娱乐性；艺术上将开设艺术欣赏课，努力营造准专业的艺术教育氛围。

第三，在教师培养上，学校将采取研讨、制定规划、教学比武、最佳教师与最受学生欢迎教师评选等活动，努力让每一位教师成为优秀的教师。着力培养一批在市、区内有影响、高水平的教师。我敢肯定地告诉你们：华育的教师团队是上海市初中教育领域最优秀的。只有优秀的教师，才能培养出这么多优秀的学生。

第四，在学校管理上，我们将进一步营造华育的信任文化。充分发挥学生团委和少先队的作用，建设“定位高、标准高”的团队工作；加强与家长的沟通、协调，凝聚家长的智慧，为你们的成长提供更强的合力；进一步推进网络改造，拓展数字化校园的智能空间。

同学们，华育中学在全体师生的共同努力下，已经成为上海初中教育领域当之无愧的高地。但我感到欣慰的是华育人从不满足现状，懂得不进则退、未雨绸缪。上学期在全体教职工的努力下，制订了《2013 学年至 2020 学年的发展规划》，进一步描绘了华育发展的蓝图：“努力探索引领上海市中心城区优质初中的率先发展、引领发展、创新发展之路。”“海阔凭鱼跃，天高任鸟飞”，希望同学们借助这个舞台，努力使自己变得更高、更强、更有仁爱之心。

还记得我去年跟大家讲过的高同学吗？在华育初中三年级就入选了国际数学奥林匹克中国国家集训队。今年，在上海中学就读高一的高同学，在南非举行的第 55 届国际数学奥林匹克竞赛中获得金牌，成绩为满分，而且在发表获奖感言中，表现得十分谦逊和有礼貌。在颁奖典礼上，赢得了所有在场观众的长时间起立鼓掌。在数学奥林匹克竞赛上，他是一个强者，但他在生活上，又是一个有仁爱之心的人，他平时与人交往总是乐呵呵的，喜欢帮助人，赢得了大家的尊重与喜爱。他用行动证明了自己、超越了自己，是一个有仁爱之心的强者。

同学们，让我们一起努力，在华育这片充满活力、创意、生机、改革的热土上共同成长。你们要记住：华育有你们更精彩，你们要把握好华育创设的每一个发展平台，做一个有仁爱之心的强者。在成就自己的同时，也从内心里为同样付出努力的家长和老师感恩、喝彩！

（2014 学年第一学期开学典礼讲话摘录）

四、带着“华育”的“文化因子”奋勇前行

首先，预祝 2015 届毕业典礼圆满成功！同学们，今天，你们都以阳光自信的状态从华育毕业了；今天，你们就要告别朝夕相处的母校，告别敬爱的老师与亲爱的同学，踏入高中学习的历程，这意味着追寻新的梦想。此时此刻，作为家长由衷地为你们的成长喜悦，今天捧着鲜花，祝贺你们精彩的初中生活圆满结束；作为华育中学的校长，我想对你们说的是：懂得珍惜。珍惜父母给你们的无私大爱，珍惜华育校园给你们的文化熏陶，珍惜华育教师给你们的谆谆教诲，珍惜华育同学给你们的纯洁友谊。

让我欣慰的是，在你们的四年蜕变里，我看到了华育的“大气、谦和、诚勉、博雅、笃行”校训在你们身上被演绎得淋漓尽致；我看到了华育的“感恩、优秀、追梦”的育人精髓在你们身上表现得活力无限，你们将带着华育特色的“文化因子”在各类舞台上，舞动属于自己的精彩青春。现在，就让我们再一次回眸一下我们 2015 届八个班级在华育演绎的“文化”要素。

1 班演绎“大气”。不仅仅是因为这个班级有年级的“三大名嘴”，跳远冠军姚同学，更在于 1 班是一个多才多艺、乐观向上的班级。不仅每一个人都有着不同的兴趣与特长，而且知道不管遇到什么困难，依靠集体的力量能够让他们更加坚强、自信。他们的班级口号是“阳光总在风雨后”。让我们共同为 1 班的毕业生鼓掌。

2 班表现“谦和”。他们乐观坚强，习惯用热眼看世界，用童心对生活。2 班的敬业，卫生员苏同学的晨检报告，认认真真；2 班的坚持，安全员周同学、程同学每天锁门关窗，勤勤恳恳；2 班的幽默，刘同学、徐同学在相声小品上的夸张表演，洋洋洒洒；2 班的团结，章同学和宋同学经常为同学答疑解难，心甘情愿。他们的班级口号是“为自己的点滴进步喝彩”。那就让我们共同为 2 班的毕业生喝彩。

3 班彰显“博雅”。他们有趣、机智、善良，拥有一颗聪慧而执着的进取心。他们用“掉鞋子走列队”的奇迹赢得了军训的冠军；他们用一曲《绿色的邮车》惊艳了合唱舞台；他们用“萌萌哒”送给老师生日最真挚的祝福；他们

用“齐心协力”追逐共同的梦想。他们活泼与沉稳共存，单纯与成熟相融，潇洒与优秀兼得。他们的班级口号是“前无古人后无来者”。让我们共同为3班的毕业生叫好。

4班注重“笃行”。3次拔河比赛冠军、3次荣登义卖善款排行榜、4次运动会年级前列、1次先进班的橙色荣耀、1次优秀服务集体，他们用行动证明了自己的团结、向上；他们用真诚捍卫了属于自己的精神。他们的班级口号是“世上无难事，只怕4班人”。让我们一起为4班的毕业生欢呼。

5班强调“诚勉”。他们低调而优秀，在平凡中绽放异彩。他们于无声处听惊雷，队列武术比赛的赛场上，年复一年折桂夺冠；他们于无色处见繁花，朗诵、舞蹈、小品、创意秀……一次次磨砺带给他们不仅仅是荣耀，更重要的是彼此的默契与协作。他们的班级口号是“海内存知己，天涯若比邻”。让我们一起为5班的毕业生点赞。

6班突出“感恩”。他们是“49＋1”的班集体，四年默默坚守这个中队的名字，没有一个人离开，互帮互助。他们早读课最早到齐，文体活动积极参加，长绳代表学校出征获得佳绩；在老师感冒时，杨同学等在课间给老师送上感冒药；他们在社会实践活动中争当先锋，把爱传递到“阳光之家”。他们的班级口号是“在活动中绽放青春”。让我们共同为6班鼓劲。

7班一直“追梦”。他们让梦想插上翅膀，展翅高飞。忘不了，多米诺骨牌中恢宏的“中国地图”；忘不了，合唱台上凭借独特的音色与天赋，在全校一枝独秀。这是一个热爱学习的集体，以俞同学、祝同学等理科竞赛引领求索；这是一个风趣幽默的集体，刘同学的相声表演见证成长。他们的班级口号是“用温暖镌刻永不褪色的青春”。让我们一起为7班加油。

8班诠释“优秀”。他们不仅是学霸，在各类竞赛中为学校争得了很多荣誉，更是朝气蓬勃“美”的缔造者。他们亲手栽培的盆栽让教室弥漫着清香；他们把爱传递到社会，原创“教室电影院”义卖；他们用宣传栏、图书角展示最好的自己；他们中的吴同学、谢同学、刘同学组建了学校第一支电声乐队，连续两年揽下了卡拉OK大赛冠军。他们的班级口号是“一枝独秀不是春，百花齐放春满园”。让我们共同为8班骄傲。

八个班，共同演绎了华育中学的“大气、谦和、诚勉、博雅、笃行”的校训；八个班，共同诠释了华育中学的“感恩、优秀、追梦”的育人精神。这些华育文化因子将引领每一位华育人在未来的成长道路上奋勇前行。

同学们，你们马上就要进入高中阶段的学习，意味着人生由少年进入了青年，而青年的18岁是进入成年的转折。在你们未来的人生中，不仅要面对升学压力，更重要的是，要面对大数据时代的知识竞争。因此，我希望你们不仅要有智慧、有智趣和有智商，更重要的是，我希望你们要有情趣、有情怀和有情商。也就是说，智商固然重要，而情商比智商更重要。

在今天世界是个"地球村"的时代，我更希望你们要有高远的境界、开阔的视野、责任的担当、合作的精神和包容的胸襟。从包容上来说，我对你们提出的具体要求是：一是要学会包容，学会在生活中的博爱与尊重；二是要懂得包容，懂得在交往中的理解与互助；三是善于包容，善于在学习中的合作与共享；四是自觉包容，自觉在一生中的律己与宽厚。

在今天物资丰盛的社会中，华育的学子一定要带着华育的"文化因子"奋勇前行，一是要自觉抵制"享乐主义"。所谓的"享乐主义"，就是"只求享有，不愿付出，更求奢侈"；二是要自觉的培养上中的"菁英精神"，而"菁英精神"，就是"奉献自己，服务社会，报效国家"，用实际行动去为自己、为家庭、为学校、为社会、为国家、为人类谱写人生美好诗篇！

（华育中学2015届学生毕业典礼发言摘选）

五、在走向引领中让每一个学生成人成才

今年的开学典礼，是在中国人民抗日战争和世界反法西斯战争取得胜利70周年的日子里举行。今年9月3日全国举行抗战胜利大阅兵，我认为传递了两个信息：① 是向世界宣告，中国格外珍惜来之不易的和平，坚定不移维护世界和平。② 是警示人们，忘记战争只能招致战争，空想和平就会远离和平。通过抗战胜利大阅兵，让我们每一个人铭记历史，缅怀先烈，珍惜和平，开创未来，为实现中华民族的伟大复兴而奋斗。

在今天开学典礼上，我想对已经加入华育大家庭的老同学们说，欢迎你们回家，学校将和你们一起共迎新的朝阳，共度新的学期，共享新的友情，共创新的发展，共达新的高度。对刚进入预初的新同学，我想对你们说，华育

欢迎你！经过华育三天的军事夏令营，相信新同学已经初步领悟到选择华育就是选择优秀，初步体会到华育大家庭融融的暖意，初步体验到老师们无私的大爱，初步感受到同学之间的纯洁友谊，也初步体察到学校厚重的文化。

华育中学办学的历史虽然不长，但学校一直秉承着上海中学悠久历史的脉络，传承着上海中学人文的传统和底蕴，也继承着上海中学乐育菁英的定位。同学们在传承华育精神上，呈现了“今天我以华育为光荣，明天华育以我为骄傲”的风貌。在过去的一年里，在全体师生的努力下，我们共同的家——华育中学又达到了新的高度：2015 年中考的平均成绩稳居全市第一。近年来，华育每年进入上海中学的人数递增，今年达 165 人，创历史新高。华育不但学生学业成绩优秀，而且在各类竞赛中也取得了相当不俗的成绩。这些成绩的取得，是每一位华育人共同努力的结晶。然而，在华育中学从“领先”走向“引领”的过程中，永远没有最好，只有更好。

华育中学要成为上海国际化大都市建设中初中教育领域的“强教高地”。学校在本学期明确了教育转型发展的四个方面：在办学目标的转型上：坚持立德树人，抓住重点与彰显学生的潜力、内力，让同学们成为有抱负、有思想、有远见、有担当、有世界眼光与中国情怀的人；在课程建设的转型上：尽量满足不同层次学生需求，显现学校的活力、动力，将在数学、科技、人文、艺体拓展课程上加大改革力度；在教师发展的转型上：立足于教师专业发展空间与突破教师的能力、实力，通过评选最佳教师和最受学生欢迎教师的活动打造有学科功力、教研共同体的高素质教师队伍；在学校管理的转型上：在高效服务中创设优质平台与形成育人环境的张力、魅力，进一步促进家校沟通与社会资源开发和利用。

同学们，在学校从“领先”走向“引领”的过程中，你们需要做哪些准备？你们又需要在这学期的学习与成长过程中，进行哪些观念与认识上的转变呢？在这里，我想对同学们谈四点新学期期望：

1. 从素养和能力上，每一位学生要努力形成全面发展而有个性的知识构成

大家都知道，从今年起，高校招生考试制度进行了改革，开始注重综合素质评价，这将成为今后大学招生改革的方向。我们要思考的是，自主招生

面试看什么？既看学生的综合素质，又看学生的个性彰显，包括竞赛、科技探究、参加社会活动等，这是一个重大的改革信号，大学录取不再是总分决定。对我们初中生来说，就需要对自身的知识结构进行新的思考，不仅仅要强调学科成绩，而且要形成自己有悟性的特长，学会自主探究、善于表达沟通，在全面发展基础上形成自身的个性。因此，每位同学都要充分认识到自己是独一无二的，不仅要均衡发展，而且要有自己的擅长领域，形成全面而有个性的知识构成。

2. 从成长和进步上，每一位学生要努力夯实有利于自己终身发展的核心素养

我们学知识、学本领，是为了将来更好地成长，不仅仅是为了升学。现在国际上非常强调有利于学生终身可持续发展的核心素养培育，我国也正在制定中小学生的核心素养标准。对于华育学生来说，你们的核心素养应当是什么？华育的学生，要认识到自身肩负的使命是不一样的，将来要成为报效国家、服务社会、奉献自己的栋梁，就要具有与国际、国内同类优秀学生比拼的实力。因此，我认为华育的学生应当具备十个方面的核心素养：领导力、创造力、团队精神、抗挫力、情绪管理、沟通能力、媒介素养、适应能力、信息科技素养、自我引导。这些核心素养，将促进同学们不仅关注现在的发展，更要着眼于今后 15 年、20 年，乃至更长时间的发展。

3. 从学会和选择上，每一位学生要认识到自己的优势领域与发展方向

作为华育的学生应该知道，学校十分关注学生优势潜能领域的发掘与开发，这也是为什么学校创设数学班和科技班、建设现代创新实验室、注重 STEM 教育的渗透和关注数学、科技、人文、艺体教育的原因。同学们要学会选择自己的最佳才能区，通过尝试、探索去发现自己的优势潜能领域，明确自身发展的兴趣与大致方向，不断促进自身的志、趣、能匹配，找到适合自己的最佳发展方向。我一直认为，兴趣以及兴趣与潜能匹配引发的学习动力，远比功利的目标引发的动力更持久而有力。希望同学们从学会选择上体会，坚守追求过程中的酸甜苦辣，通过不断地磨砺自己，形成坚忍的意志品质，从而体验到自己在感兴趣领域上取得的成功。因为在一个或多个优势领域上体验成功，所产生的自信以及所带来的能量是无法估量的。

4. 从持续和走强上，每一位学生要成为虚怀若谷、有仁爱之心的大家闺秀和谦谦君子

在同学们持续走强的过程中，我想与大家分享两个经验：一是哈佛大学认为成功的经验。哈佛大学的研究指出：一个人的成就，不是单纯以金钱来衡量，而是一生中你善待过多少人，有多少人怀念你。生意人的账簿，记录收入与支出，两数相减，便是盈利。人生的账簿，记录爱与被爱，两数相加，就是成就。另一个是成为“真正的君子”的经验。作家吴佰凡说：这个世界上有两个维度可以把一个人显示出来，一个是“示弱”和“示强”，另一个是“自弱”和“自强”。这两个维度可以有四种分法：第一种人显得自弱，但内部很强，这叫“示弱自强”；第二种人是“示强自强”；第三种人是“示弱自弱”，就是显得很弱，其实也真的很弱；第四种人是显得很强，其实很弱，也就是外强中干，没什么料。我希望每一位华育人能够做第一种人：“示弱内强”，越是自己强大，越要谦虚谨慎、虚怀若谷，包容和尊重他人。古代经书《周易》说，“无往不平形于外，高山仰止蕴其内，空谷藏峰之象”的人，才是真正的君子。

同学们，我希望你们在未来成长的道路上，要认真记录“爱”与“被爱”，成为一个具备全面而有个性的知识构成的人；成为一个能够引领自身可持续发展的、有良好核心素养的人；成为一个会选择、明确自身发展志趣的人；成为一个虚怀若谷、有仁爱之心的具有谦谦君子和大家闺秀的人。最后，我想送给大家一首由巴勒斯坦诗人达维什写的名叫《想想别人》的诗，诗人1941年出生，1948年全家被驱逐，一生辗转颠簸，整首诗的主题就是漂泊，主人公身处不幸，却还坚持着一颗对他人的关爱和包容之心。下面就朗读这首诗与大家共勉：

想想别人

当你做早餐时想想别人，
别忘了喂鸽子。
当你与人争斗时想想别人，
别忘了那些想要和平的人。
当你付水费单时想想别人，

想想那些只能从云中饮水的人。
当你回家，回你自己的家时，想想别人，
别忘了那些住在帐篷里的人。
当你入睡点数星辰的时候想想别人，
还有人没有地方睡觉。
当你用隐喻释放自己的时候想想别人，
那些丧失说话权利的人。
当你想到那些遥远的人们，
想想你自己，然后说：
“我希望自己是黑暗中的蜡烛。”

从刚才念的《想想别人》的诗中，我们每一个学生应该感受和体验到的是什么？我希望每一个学生都应该有自己的思考，想想别人最终是为了更好地思考自己。我认为，一个人的价值并不在于比别人多拥有了什么，而在于为别人创造什么，黑暗中的蜡烛为别人带来光亮的同时，也让世界看到了自己。

从某种意义上说，达维什的诗应验了一位哲学家的观点：当我们获得别人更多的关爱和眷顾的时候，应当越多地懂得舍得和善待别人。当今的时代和社会，我们在座的每一位同学要深刻地认识到，与你们自己的父母和前辈相比，我们现在所处的社会，不缺物质，缺的是精神。我希望华育的每一个人，更多的是要培养自己的菁英精神。真正的菁英精神就是——奉献自己，服务社会，报效国家。也就是说，要培养菁英精神的起点，就如同巴勒斯坦诗人达维什的名言，时时“想想别人”，就如同哲学家所言，要时时懂得舍得和善待别人。

我们每一个华育人要记住柏拉图说的：教育是把一个人从低处引向高处，教育是把一个人从黑暗引向光明，教育是把一个人从虚假引向真实。我相信，我们华育的每一个学生一定会走向成人，走向成才，走向成功！

（2015 学年第一学期开学典礼上的发言摘选）

六、把握住走向成功的钥匙

今天我们相聚在华育中学多功能厅，隆重举行 2016 届华育中学初三毕业典礼，让我们一起带着耕耘的收获，带着成长的喜悦，带着对未来的期许，共同预祝 2016 届初三毕业典礼圆满成功！

同学们，华育四年的拼搏、四年的努力、四年的进取，都将成为永不磨灭的历史，镌刻在你们人生的里程碑上，我看到你们与上海市最优秀的同学、老师一起，在知识的海洋里探秘，在选择的课程里探究，在活动的空间里探寻。华育广阔的舞台，让你们打开了眼界，丰富了阅历，确立了价值，提升了境界，取得了足以令自己、家人、学校和社会为之骄傲的成绩。在你们的共同努力下，近年来，华育中学在各方面又取得了显著的成绩：

数理化信息学竞赛方面，继续保持全市领先地位，并在各个学科都取得突破性成绩。值得一提的是，数学竞赛今年获得一等奖人数全市第一，连续 5 年获得高中数学联赛一等奖，并且在高中组两次获得团体总分第五名的好成绩；物理竞赛势头强劲，继去年首次取得压倒性第一后，今年继续保持领先优势；化学竞赛连续 5 年获得团体总分第一名。信息学科一马当先，包揽初中组前三名，连续 4 年获得高中组信息学竞赛一等奖，今年历史上第一次有初中生入围冬令营，仅有的两位初中学生均来自华育。

在文科竞赛方面，华育同样表现优异，展现出华育学子的风采。英语学科，华育继续以较大优势，蝉联上海市初中生科普英语竞赛团体第一名，半数学生进入前 20 名。语文学科，在作文、现代文、古诗文三大竞赛中，获奖人数全市领先。时政竞赛也不甘落后，体现华育学生的全面发展和综合实力。

在科技创新竞赛方面，更是一鸣惊人，去年首次参赛即获得科技创意奖项全市第一，今年再接再厉，在保持原科技创意全市第一的基础上，又在更高层面的科技创新成果比赛中，获得全市第一，并在高中组排名中，获得全市第三名的好成绩。

在传统的艺术体育比赛中，华育学生也是积极参与，在 2015 年首届上海市青少年现场书画大赛中获绘画组金奖，同年在上海市学生暑期游泳比赛中，多名学生获得了第一、第二名的好成绩。

除此之外，华育学生社团的规模不断扩大，到目前为止已有 42 个高质量的社团，学生个性特长得到充分的发挥；艺术节、科技节华育学生多才多艺，在舞台上焕发着青春的朝气和活力；义卖活动时华育学生更是积极参与、踊跃献爱心，今年共筹得义卖金额达人民币 11.9 万元。

“欲成才，先成人”，华育光辉的历史由你们一起谱写，华育璀璨的未来期待着和你们一起创造！从你们的成长中，我看到了你们懂得了“珍惜”，懂得了“感恩”，懂得了“理解”，懂得了“宽容”。你们的成长，离不开同学之间相互合作和友好竞争，离不开母校所蕴藏的无尽宝藏，也离不开父母的悉心指导，是华育的同学、老师、家长和学校赠予你们四把成功的钥匙。

第一把钥匙是你们与上海市最优秀的同学群体在一起，相濡以沫，共同激励。在华育的初中四年里，你们和一批与你一样优秀，或者比你更优秀的同学在一起，使你加深对自己的真正了解。武林宝典中有一个经典的法则，就是“与高手过招，没有输赢，只会使自己更加强大”。同学之间的激励，释放了你们每个人的正能量，优秀的团队里，你们知道自己还需要做哪些努力。在华育强手如云的课堂上，从来不缺创造奇迹的学生，也没有哪位学生可成为常胜将军。尽管有时会经历酸甜苦辣，但最后的结局往往是美好的。因为通过四年的共同促进，你们已经站在了上海市乃至全国同类学生最高的起跑线上。

第二把钥匙是你们遇到了一群上海市最好的、最乐于奉献的教师。华育的学生是幸福的：不仅有上海市教育功臣、华育中学董事长、原上海中学校长唐盛昌先生为学校的发展引路领航，更有班主任、任课教师的无私关怀和谆谆教诲。这批高素养、高水平的华育老师，为了让课堂更有效能、更有活力，仍不断地钻研、学习和备课，尽自己所能，给予学生最大的帮助。让我感动的是，有的老师为了不耽误课堂教学，无暇探望外地患重病的父亲，等将学生安排妥当赶回去时，竟没有见到父亲的最后一面；有的老师将幼小的孩子托付给老人，经常工作到夜深人静，没有时间陪伴孩子；有的老师将医生开的病假条放进抽屉，不给同事和学校添麻烦，坚持上班，一切为了学生……所有这些只是华育老师敬业爱生的一个缩影。我提议，让我们用最热烈的掌声向华育老师致以最崇高的敬意。

第三把钥匙是陪伴你们快乐成长的、有眼光有境界的家长们。在我心目中，华育的家长是很值得尊敬的，如果要问我这四年里你们最可爱的人是谁？我想说的是，你们的家长当之无愧。你们的家长有许多是事业成功者，也有许多是你们全职的守候者，他们是你们的第一位老师，他们都积极配合学校，为你们的成长，含辛茹苦、呕心沥血。许多家长为了方便孩子在华育就读，在学校旁边租房，自己工作单位很远，坚持四年奔波，毫无怨言。是家长们，陪你们挑灯夜战！是家长们，陪你们寒窗苦读！尽管你们有时会与家长闹点小别扭，但你们知道，他们是最爱你们的人！在今天的毕业典礼上，你们的家长都来了，让我们把最热烈的掌声献给他们。

第四把钥匙是你们在华育中学这个育人的殿堂里，找到了属于自己发展的平台。华育把“立德树人”放在第一位，晨会、社团、社会实践，让你们接受洗礼；个性化课程、第二课堂、创新实验室、艺术广角，一个个新的课改探索与教学实验，让你们的志趣得到了充分的发展，使你们不仅圆满地完成了初中阶段的学习任务，而且与优质高中做到了最好的衔接，为今后的人生发展奠定了基础。

同学们，今天你们就要初中毕业了，马上进入高中的学习，三年后进入大学。作为校长，我想谈谈自己对未来人才的四点看法，供同学们参考。

第一，要立足于服务社会的自我价值实现。我在上中国际部任主管二十多年，我清楚知道世界一流大学录取标准，很多 SAT 满分的同学，美国名校不一定录取，为什么？美国名牌大学要的是将来可以影响世界的人，或者是具有这方面潜力的人。影响世界，先看你是否影响了周围的环境和人，你都做过什么？有没有追随者？在他们眼里，服务社会的精神是一个优秀的人所必备的品质，他们更看重素质而不仅仅是学业。所以一流大学招收什么样的人？答案很简单，除 SAT、校内学业成绩优秀、多才多艺和拥有特殊课外活动的学生外，一流大学很关注你的梦想是什么？你的故事是什么？他们认为年轻人最大的课题，就是找到自己，找到自己喜欢什么，要做什么，做自己喜欢的事，加之不懈地努力和坚持，成功离你就不远了，一流大学就欢迎你。应该看到，中国一流大学的招生制度也正在发生变化，逐步和世界接轨。

第二，要有国际视野下的中国信念。大家知道，中国现在变化发展很快，中国发展从过去融入世界到今后引领世界，所需要的骨干人才，不仅要关心中国，还要关心世界；不仅要懂得中国，也要懂得全球；不仅要关注发达国家，也要关注发展中国家。如何培养自己的全球视野和国际竞争力，无疑是全球化对我们每位学生提出的重大挑战。作为华育的毕业生，要想在未来成为国家的栋梁之材，必须要有远见，有担当，有视野，有信念，这样才能担当起国家的重任，适应未来世界的发展潮流。

第三，要坚持不确定性中的个人理想和跨文化的视角。我和唐校长接触比较多，他看问题能够超越自己的国籍和文化背景，站在整个世界的视角去观察和思考。哈佛大学两次邀请他作报告，英国唐宁街 10 号请他作报告。相比之下，我们往往只是关注眼前的、身边的、当下的一些具体问题，对全球性重大问题关注度还远远不够，对今后几十年社会的发展变革趋势还缺乏清晰认知。面对来自社会的种种诱惑，面对越来越多的不确定性，我们的学生在理想追求、价值观念、胸怀视野等方面，面临严峻考验，华育的学生要想脱颖而出，一定要在不确定性中有个人坚持。

第四，要有引领时代的高境界和高追求。我希望华育培养的学生不是高级打工者，而是具有领导力的，未来社会的引领者、开创者、建设者。我看重的并不是学生掌握的知识，而是遇到问题时的态度以及你敢不敢去想，有没有学习研究的能力。因此，在工具性知识越来越多的当今社会，怎样培养非功利心的人，如何使自己能够掌握未来成长最重要的价值和能力，避免人生目标的功利化、庸俗化，是你们面临的又一个重大挑战。我相信华育学子一定会有使自己成为时代领导者的追求，在成长路上不断提升个人素养和品质。

（华育中学 2016 届学生毕业典礼发言摘选）

七、走出自己的精彩之路

今天，是 2016 学年的开学典礼，我讲话的主题是：每一位华育学子，如何经过四年的学习，走出属于自己的精彩之路。下面我从五个方面说说如何走出自己的精彩之路。

（一）明白什么是华育学生的精彩

我想，华育学生的精彩应该体现在，每一位同学都有自己的人生目标，知道什么是最适合自己的。因为每一位同学都是独立的、完整的个体，都是无可替代甚至无可比拟的，有的同学有很好的语言天赋，有的同学有很好的艺术才华，有的同学在数学、逻辑方面有独特的见解，有的同学有很强的空间想象力，有的同学有很好的运动素质，有的同学有很好的自我认识和认识他人的才能，具有与人交往沟通组织方面的潜能。所以华育的每一位同学都要相信自己是最好的，走适合自己兴趣激活、潜能开发的路，在"优秀"和"卓越"上达到新的境界，知道自己未来会成为一个什么样的人，就像是远方的一座灯塔，能够不断照亮前进的道路，让自己在初中阶段的生活留下美好的印记，打好坚实的人生基础。

（二）走出自己的精彩之路，需要保持一颗平常心

当你在取得点滴成绩的时候，要学会释然，不能骄傲，不能沾沾自喜，更不能忘乎所以，要保持一颗平常心，认清自己不断前行的方向；当你在遇到困难和挫折的时候，要学会坦然，不要用别人的成功折磨自己，也没有必要对自己一时的失败耿耿于怀，学会不抱怨、不怨天尤人。我的感受是在追逐自己精彩的路上，或许会很辛苦，或许会流汗甚至流泪，但你要告诫自己，往往容易走的路是下坡路，要敢于朝着自己认定的路坚持住，因为你正在走上坡路，向着属于自己的精彩之峰攀登！你们选择了华育，实际上就是选择了精彩，选择了优秀，意味着同学们今后将肩负着更多的责任与使命。从中国学习世界到世界关注中国，从中国融入世界到中国逐步引领世界，这样的积极变化令人欣喜。华育的育人目标，就是培养影响世界的人和影响中国的人，希望20年后，你们能够成为时代的引领者、建设者。

（三）走出自己的精彩之路，需要挖掘自己独特的潜能

不同年级的同学都应有自己不同的定位与思考，有自己不同的精彩。在华育，不能要求人人都是成绩优秀者，不能强求人人都成为英才，华育教育的目的是让每一位学生成为最好的自己，达到自己应该达到的高度。

预初同学从小学升入初中，是人生的一个新转折，也是学习的新跨越。

有些同学来自民办学校，有些同学来自公办学校。你们都是同年龄中的优秀者，是以前同学崇拜的对象。如何迅速调整好自己，完成从小学生到预初学生的蜕变，破茧成蝶，实现与初中生活的完美衔接？这是预初同学需要着力思考的问题，也是家长和学校关心的问题。到华育就读，我始终认为，不仅仅是学业上的竞争，更是心理素质的竞争，意志品质的竞争，沟通能力的竞争以及超越自我的竞争。刚刚结束的军事夏令营，是你们来华育的第一课，很多同学在这场考验中交出了满意的答卷，获得了学校很高的评价，正所谓良好的开端是成功的一半。

初一的同学，要知道一个人有大德才有大智慧。大德是什么？是国家情怀、社会情怀、人类情怀，没有这种大德就不会有大智慧。大德的形成是需要磨练的，与压力推动分不开，但必须清楚压力来自何方，是来自自己内心的一种成长需要，还是家长、同学、学校强加给你的？在我看来，如果没有自身的压力和磨练，外界的压力都是短暂的不能持续的，甚至是有害的。无数的研究结果已经证明，对于人的成长，内生性的驱动力要远比外部强加的力量大得多，也有效得多。所以每位同学要把德育放在首位，把握好学习的速度与力度，加快成长的节奏与节拍，控制好自己的情绪与情感，走紧张而又快乐的奔跑之路。

初二是同学们拼才能、展示自己风采的时候。一方面在意识到语文、数学、外语作为基础学科必须学好的同时，要认识到数学难度会增加，物理也随之而来。不少同学可能出现跟不上学习的步骤，暂时落后的窘境。上课听懂了，并不意味着作业会做，也不代表考试就能答对。学习中一个环节出现卡壳，就会出现“多米诺骨牌”现象，往往让你产生一些弱势学科。另一方面学校的各类活动丰富多彩，社团活动，培养学生综合领导力；主持人大赛，培养学生的演讲能力；志愿者服务、爱心义卖，培养学生的社会责任感；艺术节、运动会展示学生的艺术才能和体育精神；科技活动培养学生的创新探究能力。这时要学会调整好自己，提高效率，处理好学习与活动的关系。

初三同学如何把握相互追赶、勇攀高峰、逆袭超越的完美机会？首先，学会自我调整，进入状态。到了初三，投入学习的绝对时间很重要，但更重要的是投入学习的专注时间，学习要进入更多的专注状态，否则都是徒劳的。其次，整理知识，构筑思维体系。分析自己所掌握的知识体系是否完备，知识的条理性、系统性、完整性是否足够。第三，提升能力，弥补自身不足。中考不仅是考知识，更重要的是考察学生的能力。第四，形成自己的学习方法。不同的学生、不同的时段，需要掌握的学习方法是不一样的，理科与文科的学习方法也大不相同，同学们要在各科的学习过程中形成自己的学习方法，产生可持续发展的学习动力，用自己的实力“笑傲上海滩”，高唱那首属于年轻人的歌，走出自己的精彩之路。

（四）走出自己的精彩之路，需要全体师生不断进取和超越

对个人来说，就要学会超越自己，对学校来说，就要不断超越现在。也许有的同学会问：华育中学已经是上海初中教育领域的佼佼者，还将怎样超越啊？诚然，我们华育中学这些年有太多的例子、太多的数据可以证明，学校在实施高品质的素质教育，落实绿色指标上，成绩显著，今年又续写辉煌：

今年华育初三中考平均分超过 600 分，这是上海市中考统一阅卷以来最高的平均成绩，也是华育历史上又一次新的突破。除此之外，今年在数理化信息学竞赛方面，继续保持全市领先地位，并在各个学科都取得突破性成绩。

但是华育的成绩只能说明过去。从中国体操队来看，在奥运史上曾获得过 29 枚金牌，是金牌大户，但今年奥运中国体操队仅获得 2 铜，创中国体操奥运史上最差战绩。中国体操队已风光不再，从巅峰跌入低谷，主要教训是：① 选材面和选材方式落后；② 沉迷于传统成功经验；③ 规则吃不透，训练出现偏差；④ 金牌之师无人挑大梁。这些都是倒退的教训。古人有云：“逆水行舟，不进则退。”只有不断向前攀登，超越自己，才能勇往直前，笑傲群雄。这些年，华育中学在唐盛昌董事长的领导下，一直在改革，全体教职工积极践行六个引领，推进四个转型，塑造六品风范，应对三大挑战。希望华育学子有远见、有担当、有视野、有信念。这些正是你们选择了华育就选择了“精彩”的内涵所在。

（五）走出自己的精彩之路，要善于利用学校搭建的平台

同学们，读学校就是选平台，不一样的学校提供不一样的平台。华育中学将继续创设多样的平台，促使你们不断走出自己的精彩。学校将更多地聘请大学、科研院所等校外教授和专家来校开发展课、讲座课，带学生做课题和项目研究；学校将进一步更新与时代发展前沿结合紧密的设备。今年

9月底在现有实验室的基础上，拓展微生物与人体健康、生态环境、工程、信息技术四个方面科技创新实验室。学校还将扩大志愿者服务活动，建设校外实践基地，利用家长资源和社会的资源，为学生全面而有个性的成长创设宽广的舞台。你们一定要充分利用学校为你们搭建的各类舞台，让自己走出不一样的精彩。

借此，告知你们一个好消息。今年，有一位商界的成功人士卢先生，关心华育的发展，无私捐出500万元：从2016年到2020年每年拿出100万元，通过中国关注青少年下一代发展基金会来奖励华育学科竞赛、科技、艺术、体育等方面成绩突出的同学。同时，对于一些品学兼优或家庭有困难的优秀学生给予奖助学金资助，每人每年不超过4万元。值得欣喜的是，今年获奖学生奖学金额在原来的基础上翻了一番，目的就是激励同学们好好学习，尽快成才，在优质教育与英才教育的康庄大道上走出属于自己靓丽的初中生活。我曾多次在发言中强调，我国培养的学生质量“均值”不低，但“方差”较小，这说明我们的教育趋同性强，而对学生教育的个性化、多样化不足，供学生自由发展、个性成长的空间不够。华育中学要发挥在上海乃至全国初中教育中的引领作用，就需要让每一个学生在华育这所充满魅力的殿堂里走出自己的精彩。

同学们，在你们走向属于自己的精彩路上，我想对你们提三点希望：

第一，正确应对数字时代新的认知方式，让自己的智能蜕变为智慧。华育的董事长唐盛昌先生指出，未来学校教育面临三大挑战：以学科教学为核心的课程体系正面临重大挑战；如何让学生学会借用外脑是学校教育面临的又一挑战；学校围墙进一步被打破，校园的概念在正在重新界定中。阿尔法狗的出现，意味着智能社会、数字化社会已经向我们逼近，光凭自身掌握的知识已经不够，要更多地围绕自身核心素养的提升，学会借用外脑来迎接未来社会的挑战，激活自身的兴趣，发散自己的思维，整合多元知识，凸显自身良好的优势与鲜明的特色。

第二，敢于探究，不断开发自己的潜能。高尔基曾说过：“人的天赋就像火花，它既可以熄灭，也可以燃烧起来，而逼使它燃烧成熊熊大火的方法只有一个，就是劳动，再劳动!”我们要敢于在未知的路上探究，探究，再探究，把握社会需求与自身特点，不断提升自己。国家不缺一般意义上的工程师与技术人才，缺的是顶尖的科技人才与领军人才、整体设计人才。同学们要学会团队合作，提升学习能力、迁移能力、协同能力、系统整合能力。

第三，敢于挑战极限，超越自我。许多人对挑战极限有不同的理解，我的理解是：我们每一个强者都在不断挑战极限中前进，这是一种使“命”必达，是一种生“命”情怀，更是一种追求梦想的宿“命”皈依。在前进的道路上，我希望华育的同学们记住：不只是你一个人在奋斗，你身边有一群朝夕相处的同学都在奋斗，学校里有辛勤耕耘的老师指点鼓励，家里有父母的悉心陪伴，当遇到困惑与迷茫时，绝不要轻易放弃、泄气和犹豫。我还希望华育的每一位同学，无论课业有多么繁重，每天一定要抽出一点时间来独处，给自己的心灵留出一点温柔的空间，在完全放松的状态下，想一想为什么当初选择华育？自己的人生目标是什么？将来成为什么样的人？人生是一段发现自我的旅程，需要目标，需要挑战、超越。

最后，祝愿同学们在新的学年里，在华育中学多样的改革发展之路上，激发自己的斗志，发现自己的潜能，成就最好的自己，找到属于自己的成长“跑道”，真正走出属于自己的精彩之路！

（华育中学 2016 学年第一学期开学典礼发言摘选）

八、历尽千帆，归来仍是少年

今天我们相聚在一起，隆重举行 2017 届华育中学初三毕业典礼。在这里我首先要对你们圆满完成初中学业的 358 名同学，表示最热烈的祝贺！同时，我也提议，你们把最热烈的掌声，献给你们敬爱的老师和家长。四年来，正是他们的辛勤付出，用心陪伴，无私奉献，才有了你们这一刻的淡定与从容。也许在今天这个场合，“告别”这个词应该用得最多，也最贴切，但是我最想用的却是“启程”。从明天开始，你们即将开始一段新的人生旅程，也将创造新的精彩。我来华育中学就任校长以来，你们是我送走的第四届毕业生，今日的启程又将在我心底升起一份深深的牵挂。

2013 年我和你们共同步入华育，华育是所有求学者的圣殿，你们以“以梦为马”砥砺前行。华育也是我心中的殿堂，是我教育教学管理动力和压力的来源。我非常清楚，唐盛昌校长1999年创办华育中学的初衷，就是希望探索一条创新人才在初中阶段早期培育的新路，2013年唐校长从上中退休下来，更是身体力行地推动华育不断攀登新的高峰。让我们把最热烈的掌声献给敬爱的教育家唐盛昌先生，感谢他为华育所做的一切。

让华育创造更辉煌的明天，对于我来说，这不仅仅是工作、是事业，更是一种责任和使命。在我的心中，华育的学生将来都有可能成为人才。这是因为我坚信，华育有先进的理念、宽松的环境让学生成才；教师有境界、有专业、有修养；家长有视野，教子有方。当许多聪明、求知欲强、具有同情心而又目光敏锐的学生聚到一起时，互相学习，互相交流，会碰撞出许多新的火花，优秀的更加优秀，应该说是共同的信念和目标让我和华育的缘分从此启航。

四年来，我见证着，你们刚进华育，在军事夏令营里挥洒汗水，国旗班在升旗仪式上的精气神，舞台演出的多才多艺，运动场上的不断超越自我，你们用团结奋进彰显华育学子的魅力；我聆听着，你们在晨读时朗朗的读书声，早操时嘹亮的口令，大合唱时磅礴的歌声，辩论会中唇枪舌剑，你们用青春阳光凸显华育学子的活力；我牢记着，你们在科技节中探索奥秘的细致严谨，在社团活动中群策群力的不折不挠，在志愿者服务中任劳任怨的无私奉献，你们用沉稳大气彰显了华育学子的能力。我欣赏着，你们为华育荣誉而战，2016学年华育各类竞赛取得了显著成绩，数学、信息技术和科技分别为上海市高中排名第五、第四和第三。科技英文、物理和作文竞赛始终保持上海市初中团体第一。你们用超乎同龄人的拼搏意志，再一次创造了华育新的高度，我为你们骄傲。

同学们，四年美好的青葱岁月弹指一挥间，今天你们即将启程，请铭记你们在学校的欢笑和泪水，铭记“长风破浪会有时，直挂云帆济沧海”的誓言，铭记执着梦想、拥抱青春的坚定信念，“今天我以华育为荣，明天华育以我为傲”！“未来不均匀地分布于过去和现在”，未来未至，但未来已至。你们值得拥有更美好的未来，因为更美好的未来，需要你们共同去创造，共同去践行。为此，在今天的毕业典礼上，在你们启程之际，我赠予你们24个字，表达我此时此刻的期待和希望，与你们共勉。

第一，好奇心、学习力。

同学们，你们所学的知识，就是以你们自己为中心画的一个圆，随着半径越来越大，已知与未知之间的接触面也越大，所以说，知识积累越多，就越觉得自己知道的还不够。但是你们有没有感觉，随着年龄的增长和知识的增多，你们却越来越少问为什么了。每天，你们接受着来自课堂、书籍、网络、社会的知识，很多人满足于接受他人的描述，活在别人描述的世界里，不再想要自己去发现什么东西。这种好奇心的缺失是最可怕的，是创新的最大阻碍。作为华育的毕业生，我希望你们能够保持对世界永无止境的好奇心，跟随自己内心的直觉，不为功利所累。牢牢记住，华育不是为了向你灌输大量知识而存在的，而是为了激发你们自身的潜能，让你们更好地去学习认识这个世界。作为华育毕业生，我还希望你们牢牢记住，人生是一场马拉松，笑到最后的都是一直在跑的人，也就是一辈子都在学习的人。

第二，创新心、判断力。

我们所处的这个时代是瞬息万变的时代，这个时代的最大特征就是不确定性，各种信息扑面而来，又转瞬即逝。我认为这是最好的时代，也是最坏的时代。在这个时代，任何人都难以预测十多年后获得成功所需要的能力。因此，我们只有以不变应万变，保持一颗创新心，才能不被他人的意见及碎片化的知识掩盖自己的内心想法，才能提升自己的判断力。在数字化的浪潮中，海量的信息距离我们只有一个鼠标点击的距离。我们现在缺乏的已不是信息资源，而是学会如何根据自己的需求，进行高效的搜索、筛选，并合理地使用这些信息。相对你们的父母和老师来说，在座的同学们都是幸运的一代，我们称你们为数字时代的原住民，你们对数字技术的掌握与运用，具有独特的优势。我相信大多数同学已经有过成功的判断经历，希望你们继续增强自己的判断力，坚持你们的课题研究，特别在数字技术与感兴趣领域知识的整合上，迸发出更多的创新火花。

第三，前瞻心、领导力。

我在上中国际部任主管二十多年，看到社会上有些 SAT 高分甚至满分的人，却仍然得不到常青藤名校的青睐，其实原因很简单，名校看中的不仅仅是优异的成绩，更是你的人际沟通与领导能力。现在有些名校生往往优越感爆棚，自以为是，这种高高在上的心态，虽然可以让他们成为出色的员工或管理层，却妨碍了他们当领导者。作为一名领导者，前瞻性和领导力很重要，不仅要在复杂的任务面前，凝聚集体智慧，而且还要迅速激发团队的力量，去解决实际问题。这种能力并非与生俱来，需要磨练。你的高度取决于你同行人的高度，找到合适的同行者，会让你变得更好。在这一点上，华育中学已经给了你最好的馈赠，那就是与你们朝夕相处的、出类拔萃的同学们，你们的思维模式各不相同，这种不同思维之间的碰撞和交流，会让你们重新审视问题，登高望远；也会让你们的领导力得到历练，锻造出一种领导者的特质。

第四，坚忍心、抗挫力。

虽然今天是一个神圣而值得庆贺的日子，但是在这里，我还是想与大家谈谈坚忍心和抗挫力。人生的路并不总是一帆风顺，出现挫折失败在所难免，在学习生活中，我们总会遇到不同程度的挫折。要学会接受挫折，否则你永远不会成长。在初中阶段，我们所遇到的挫折，也许仅仅是一次考试失利，或者是同学间的一场误会，或者受到老师和家长批评。现在想想，当时的你是如何面对的呢？你是否拥有一颗强大的内心？其实你的人生并不取决于你取得了什么成就，而是取决于逆境中的你，怎样顽强地走出来。让我感动的是，华育有不少孩子遇强不弱，越挫越勇，内心无比强大，面对家庭重大变故，面对自身的意外伤害，能处惊不乱，坦然面对，抗挫能力超出同龄人，这是你们人生最宝贵的财富。同学们，你们现在正处于一生中最无所畏惧的年龄。我希望从华育走出的学生，不仅能够享受成功的快乐，更能有面对挫折失败的沉着和冷静，远离“蛋壳心理”，利用自己的优势，承担起家庭和社会责任，将来为社会、为人类作出自己的贡献。

最后，我想说的是，华育学生绝不是只会读书，事实上你们很多时间都花在课外活动中，这些看似和考试无关的活动，却在培养你们各种优秀的品质，比如拼搏精神、团队精神、领导能力、社交能力、表达能力、全球视野和社会责任感，等等。同学们，学校给予你们的是一双翅膀，而不是沉甸甸的行囊。在未来，你们将会面临很多选择，在面对选择时，要仔细倾听自己内心的声音，不忘初心，方得始终。同学们，从华育出发吧，愿你们历尽千帆，归来仍是少年。

（华育中学 2017 届毕业典礼发言摘录）

九、在优质“生长环境”中茁壮成长

告别了充实快乐的暑假，我们又迎来新的学期。相信同学们已经通过各种途径，了解到了 2017 届学长们的中考信息。中考分数出炉后，社会上非常平静，这是因为华育中考仍保持第一。今年华育中考成绩平均 598 分左右，是不容易的，连续十多年获得第一更是不容易。请用我们的掌声感谢已毕业的初三学生。除此之外，不得不提的是，今年暑假又传来了振奋人心的五个好消息：

(1) 今年上海市高考唯一一个状元叶同学是来自我们华育的校友，她在接受记者采访时说：自己之所以成功是源于认真和坚持。是的，只要我们认真和坚持对待学习，对待每门课、每项活动，我们就能获得最大的成功。

(2) 刚刚结束的第 32 届全国青少年科技创新大赛，顿同学获得创新成果二等奖。这个成绩是华育零的突破，为华育赢得了荣誉。

(3) 今年暑假，我校初三周同学、初二夏同学参加全国协作体数学夏令营，均获得一等奖，全国仅 15 名高中学生可获得一等奖，其中两个名额被我校学生获得，一等奖获得者当场被清华大学承诺高考可降 50 分录取。协作体成员是必须获得 IMO 金牌的学校。

(4) 在 7 月份结束的华罗庚金杯少年数学邀请赛总决赛中，华育预初和初一的同学代表上海市，继续获得全国团体总分第二的好成绩。这个成绩亦是很难得。

(5) 在 8 月份刚刚结束的全国中学生桥牌锦标赛初中公开组别中，华育获得双人赛冠军。

据我所知，今年暑假，有不少同学去了海外旅游，感受了世界各国的风土人情；有不少同学参加了国情民风考察，领略了祖国山河的多姿多彩；有不少同学参加了社会实践活动，体悟了关爱服务他人的乐趣；也有不少初三同学忙于“充电”，明晰了新学期的努力方向。特别值得一提的是，预初学生今年军事夏令营，经受了高温雷电暴雨的考验，热血沸腾的场面感动了所有在场的人。同学们经历了军训的洗礼、经历了丰富多彩的暑期生活后精神抖擞、蓄势待发，似乎在向我们的学校、老师表示：新学期，我们准备好了，我们会在华育成长得更棒！

机会与机遇，总是留给有准备的人，华育中学发展之所以保持领先，就在于学校集聚了一批善于把握机会，并且时刻准备着的优秀家长、优秀教师与优秀学生。华育家长的优秀在于有开阔的视野，为了孩子成长、为了孩子进华育，他们克服了许多困难，有的不顾自己上班路远，在华育附近租房居住，陪伴孩子学习，他们不仅有大格局，而且教子有方。华育教师的优秀在于有良好的思想境界，有高超精湛的专业水平和敬业精神，把学生的发展放在首位，严师出高徒。华育学生的优秀在于有很强的学习能力和良好的素养，不仅有聪明才智，而且大多数都是高端学生，有理想、有目标、有远见，高徒出名师。有这样的优秀家长、老师和同学在一起，你们的成长环境就比其他学校学生的成长环境高出一筹。

为迎接新的学期，华育中学也准备好了。前天我在学校教职工大会上讲了 100 分钟，主要就是围绕学校如何为学生的成长、成材创设优质的生长环境。为了培育同学们的"6＋3"核心素养，即良好的人文底蕴、高尚的科学精神、持续的学习能力、富有情趣的健康生活、强烈的责任担当、优秀的实践创新和宽广的国际视野、高远的生涯规划能力、优秀的信息媒体运用能力，学校认为，核心价值观对每位资优生来说很重要，24 个字从三个层面阐述，个人、社会和国家。华育强调的未来精英 12 个字：奉献自己、服务社会、报效祖国，与核心价值观一致。从个人层面上讲，奉献自己就是懂得珍惜生命，并努力去实现生命价值与情怀；从社会层面讲，服务社会，对初中生来说，就是不仅要常存一份对世界的感恩和好奇，不给别人添麻烦，而且要关心弱势群体，关心周围需要帮助的人；从国家层面讲，报效祖国，就是真正地把自己的命运和国家命运结合在一起，把自己的才华奉献给国家。近年来，我们学校无论是硬件还是软件，都在持续提升，为同学们创设了成长、成材的沃土。

在硬环境上，今年暑假花了 1 000 多万用于学校的硬件建设。学校在传统 5 个实验室和新建的 9 个创新实验室的基础上，最近又布局建成 5 个现代实验室：OM 全新实验室让你的创意无限；电子工程实验室欢迎你来挑战，感受人工智能的魅力；VR 虚拟现实实验室欢迎你去体验，在多维空间中争当“创客”达人；植物生理学实验室让你感悟科技与植物结合的生命奇趣；无人机科创实验室邀你玩转时下最流行的无人机！喜欢戏剧、表演的同学，一个新的舞台等着你去展现，今天我们开会的礼堂，就是学校投资200多万元将原来的报告厅改建成报告厅与剧场相结合的礼堂，提供740多个座位，满足两个年级学生观赏，可展现你们的艺术之韵。体育场地也花了300多万元进行了翻修。华泾镇出资300多万元，重新改造了学校的高清监控系统，实现了校园安全监控全覆盖。

在软环境上，学校将进一步建构有利于同学们生长的、同类学校无可比拟的课程系统、教学特色、教师队伍、激励机制与同学团队。学校课程逐步走向体系化，学校课程着眼点在于“为未来而教学”，因此对于同学们的发展需求，我们将培养独立自主的学习者和负责任的中国公民作为我们课程的核心目标，并以此两个为基础，分别拓展学科领域课程和非学科领域课程的课程框架。学科领域课程中基础型内容夯实根基与中考有关，拓展型内容与自主招生密切相关，研究型内容促进创新素养培育；非学科领域课程拓展同学们的视野，为同学们志、趣、能的开发创设了广泛空间。学校教学将“以研促教”“教学相长”，不仅激活华育教师的“一专多能”，而且聘请来自交大、华东理工等校的十多名教授来校任教，涉及化工能源、智能机器人、计算机等领域，今后还将延伸到金融、法学、人文、艺术等领域。除了这些，我们的同学还有无与伦比的成长激励环境，有最为敬业的教师陪伴，有最为优秀的同伴互助，也有奖学金等着你们去获取。

正是我们学校持续的硬件与软件环境的提升，促成了同学们的全面发展。华育中学理科竞赛的优势已经凸显，数学、信息技术、科技竞赛在初中教育中遥遥领先，在高中教育领域也能分别名列第五、第四和第三，这是一个多么了不起的成绩。科普英文、物理、作文竞赛，也始终保持上海市初中团体第一。学校多样化的教学形态，包括数学实验班、科技创新班教学和学科强潜能教学、学科分层教学、STEM综合形态教学，引领不同兴趣、知识构成与优势潜能的同学们乘风破浪。

与国际一流的知名初中相比，应当看到我们的差距，我们的创意很多但还不够，眼界要进一步拓宽，思想境界要进一步提升。在新的学期，我们的同学要在华育这块优质的“生长环境”中茁壮成长，要善于汲取学校沃土中的优质养分，充分认识自己的优势、潜质、兴趣、个性，把握时代发展的需求，顺势而为，让自己成长得更好。为此，我想给同学提三点要求：

第一，惜“时”间，明目标。

无论是预初、初一的学生，还是初二、初三的学生，都要在华育中学这块沃土里如饥似渴地学习，珍惜时间，明确学习与发展的目标，做好自我发展的规划。我们的同学不要当“优秀的绵羊”，在别人眼里只是聪明、有天分，充满焦虑、胆小怕事。我们的同学要做“展翅高飞的雄鹰”，知道自己的喜爱，树立成长的目标感与价值感。我始终认为，人生目标对学生的成长有巨大的影响。有强烈的人生追求与发展目标的人，不但有持久的学习动力和热情，而且遇到困难、挫折敢于挑战。决定未来的不完全是学习成绩，而是健全的人格与优秀的品质，即抗挫折的能力、梦想的能力、快乐的能力。

第二，合“时”宜，展潜能。

我们的同学正“青少年”，要充分地认识自己以及所处初中阶段的身心发展特点。我们每一位同学都是独立的个体，知识结构与智能结构各不相同，有的理科强，有的文科强，有的艺术、体育强；有的数理智能强，有的人际交往智能强，还有的自然观察智能强。我们的同学要在初中学习过程中，合时宜地认识自己的强项，展现自己的潜能，并且弥补可能影响未来发展的弱项，强化智能的催化效应、补偿效应，持续将自己的潜能激活。初中阶段学习有自身的阶段特点，在16岁之前，人的大脑发育还处于不断建构过程，你们要让自己的神经元得到足够的刺激，让自身的创新火花不断涌现。

第三，顺“时”机，树境界。

华育有学生成长成才的宽松环境，唐校长1999年创办华育，就是希望探索一条创新人才在初中阶段早期培养的新路。在我心中，华育的学生将来都有可能成为人才，这是因为我坚信，华育有唐校长的教育灵魂，教师有境界，家长有视野。在这样的环境下，当许多聪明、求知欲强、具有同情心而又目光敏锐的学生聚到一起时，会碰撞出火花，使得优秀的同学更加优秀。我们希望每一位同学要扎根于华育中学的土壤，把握学校丰富的课程平台、实验室平台、校外资源平台、优秀师资平台，充分地发展自己，尤其是锻造自己的大格局、大境界，心胸宽广，胸怀天下。不因为分数的得失而变得情绪暴躁，不因为一时的低谷而萎靡不振，不因为一时的成功而沾沾自喜，不因为同学之间的误解而行为方式过于激动，不因为目标没有实现而灰心沮丧。升入初三对大多数学生来说是种压力，但对华育的学生来说，应该是一个展现自己能力、挑战自己极限的机会。我们的同学要沉下心来，顺势而为，有心系社会的大度，有容错发展的大气，有无私帮助的大爱，做最好的自己，无愧于华育的学生。

同学们，新的学期已经向我们走来，让我们张开双臂，尽情地去拥抱她吧。让我们共同努力，让新的学期成为同学们明目标、展潜能、树境界的良好开端，成为同学们生涯发展中难忘的历练与蜕变，成为同学们人生发展中不可多得的财富，成为同学们奠基未来的无悔青春！

（2017 学年第一学期开学典礼上的讲话摘录）

十、赢在 20 年后

今天我讲话的主题是：赢在 20 年后。

在座的各位同学，四年前，你们带着憧憬和梦想迈入华育中学，开启了充实快乐的华育生活。今天你们带着喜悦和收获即将从这里毕业。作为老师、作为校长，我由衷地为你们四年里的蜕变、成熟感到高兴、欣慰。你们用自己的勤奋和努力，不断刷新自己的成长记录，也刷新了学校的光荣史册。

这些年，华育在唐校长的领导下，不断地奋进，攀登高峰。2018 届的毕业生是优秀的，在你们的努力拼搏下，学校各类竞赛成绩达到了新的高度。这些成绩的取得，你们可以自豪地说：与同龄人相比，我已经赢在了成长的起跑线上。作为校长，我为你们自豪。但是，在今天的毕业典礼上，我想对你们说的是：你们现在赢在起跑线上，并不意味着就能够赢在 20 年后，而我更希望你们能赢在 20 年后。唐盛昌董事长在上中任校长时，他对优秀学生关注的不只是当下优异的竞赛成绩，更关注优秀学生 20 年后能否对社会做出最大的贡献。20 年后，将是你们成家后立业的高峰期，也是你们事业能否做出突破与创新的黄金期。20 年后，将是你们显现创新才华的最佳时期，也是检验你们现在的“赢”是否是真正的“赢”。

20 年后，你们正处在 35 岁。有研究表明：自然科学研究的最佳年龄为

35岁左右，而社会科学研究的最佳年龄为45岁左右，这期间是最容易出成果的。被誉为“中国航天之父”“火箭之王”和“中国导弹之父”的钱学森在35岁的时候，已经是麻省理工学院的终身教授，在40岁毅然选择回国效力，为的是让祖国同胞过上有尊严的幸福生活。杨振宁、李政道两位华裔科学家在1957年获得诺贝尔奖的时候，杨振宁是35岁，李政道是31岁。

赢在20年后，取决于你们在未来的成长路上，继续做着怎样的准备，以怎样的人生追求、学习姿态、价值取向、社会历练去面对瞬息万变的未来。譬如对同学与朋友的仁爱、对老师与长辈的尊敬、对经受挫折的坚忍、对战胜困难的勇气、对为人处世的友善、对环境与社会的责任等等。这一切，你是否敢说已经做得足够好了呢？我们华育的学子，要想成为未来国家的栋梁、社会的英才，始终要思考的是如何赢在20年后，千万不能为眼前的成绩沾沾自喜，更不能拘泥于当前的荣誉而骄傲自满，故步自封。

我们的学校为了你们能够赢在20年后，努力践行着教育家唐盛昌校长“以学生发展为本”的办学理念，追求卓越育人，追求乐育菁英，充分利用社会和家长的资源，为你们提供一流的成长环境。我们的教师在这四年里，为你们能够赢在20年后，在落实学校“文理基础厚实、数学教育见长、科技特色凸显、体艺修养奠基”的育人目标中，孜孜求索，默默奉献，辛苦付出。相信在这四年里，你们与老师们的情感与心理交流，将会成为你们赢在20年后的宝贵财富，成为你们在未来成长路上不可忘记的记忆。你们马上就要离开学校走向新的学习殿堂，让我们在这里，再一次深情地回望，感恩这些最可爱的辛勤园丁们：我们初三年级组的老师，不仅专业，而且敬业，始终把学生利益看得高于一切。一批中青年的老师，把很多的精力放在学生身上，只有很少的时间陪伴自己的孩子和亲人。年级主任季老师就是典型代表，她高龄得子，母亲身体不好，她把自己未满半岁的孩子全托在朋友家照顾，却把满满的母爱奉献给初三全体学生；教学处副主任袁老师，人到中年，家庭压力大，今年正赶上儿子高三毕业，爱人长期身体不好，父亲年迈多病，但他仍以学校初三工作为重；还有好几位老师身体不佳，却不让学校知道；还有一批年轻教师顾全大局，结婚后考虑学校工作需要，再三推迟生育。这样爱岗敬业的老师还有许多许多，他们是华育最可爱可敬的老师，让我们一起把最热烈的掌声献给他们！

此时此刻，我还想特别说的是你们的父母，为了你们能够全身心地投入学习，你们的父母一直是你们的坚强后盾：他们起早贪黑地陪读，只要你们能好好学习；他们严寒酷暑地陪伴，只要你们能健康成长；他们有时还默默地忍受着你们在心情不顺、考试不利、饮食不爽时，对他们发的负面脾气，只要你们能战胜困难。在你们成长的 15 年里，正是他们的全情投入，倾心付出，给了你们最好的发展平台，才使你们成为同龄人中的佼佼者。在今天这个特殊的日子里，我提议：向你们亲爱的父母深深地鞠躬，表达你们的感激之情。现在听我口令，全体初三学生起立，向后转，鞠躬，向后转，请坐下。

亲爱的同学们，你们就要走出华育的校门，跨入心仪的高中大门。作为老师、作为校长，我想让你们知道如何赢在 20 年后，赢在 20 年后的三个关键点：

第一个关键是，你们对高中、大学学习的选择以及社会的贡献，决定你们是否赢在 20 年后。

未来你们价值的实现，是通过你们在高中、大学的学习选择以及社会中所做的贡献决定，是由你们未来在所从事的职业中展现的才干来评判，而不是你们现在的分数和竞赛成绩决定的。只有赢在 20 年后，跑好人生的马拉松，你们才能在未来的社会发展中持续发光。现在你们在初中取得的成绩或光环，只能看成一朵走向未来之路上的小鲜花，一段走向未来发展之路上的新起点，一扇走向未来发展之路上的幸福门。享受了鲜花的香味，明晰了新起点的方向，品尝了幸福门的喜悦，就需要继续前行，探寻走向未来发展的新航标。

第二个关键是，你们对未来科技与社会发展方向的把握，决定你们是否赢在 20 年后。

我们正在走入智能时代，未来社会发展既需要掌握人工智能技术为我们所用，更需要练就人工智能不能替代的本领与智慧，如高尚的道德情操、良好的合作沟通能力以及创新精神。赢在 20 年后不是看你们在考试中获得第几名，也不是看你们能够进入多么有名的高中、大学，而是看你们是否能够在未来社会发展中引领方向与推动变革，是否能够成为新时代的弄潮儿。赢在20年后，就需要我们学会与智能机器人共处，让智能机器人为我所用。锻造人工智能不能替代的本领与智慧，自身的人文修养以及基于社会发展需求的创新意识与创造能力培育，将成为我们赢在20年之后的重中之重。

第三个关键是，你们对华育办学目标的坚持，决定你们是否赢在20年后。

赢在20年后才能赢得未来，是华育中学立德树人的前瞻眼光与办学精神的展现。华育传承上中“储人才，备国家之用”的办学宗旨，立足于培养学生成为未来国家中高端人才打下坚实的基础，希望你们在20年、30年、40年后，能够成为国家发展所需要的各行各业的精英人才。你们在未来发展的过程中，一定要经受得住千锤百炼，敢于在遭遇挫折、坎坷中依旧矢志不渝，勇于担当社会责任。你们只有树立赢在20年后的勇气与信心，才能在未来成为国家、社会的中流砥柱。你们未来的学习环境，将是基于脑科学的全脑学习，基于大数据的精准学习，基于人格化的创新学习，基于新技术的高阶学习。赢在20年后才能赢得未来，将是你们迎接未来社会挑战的主动学习的姿态与发展自信的展现。

亲爱的同学们，今天你们即将要离开华育再出发了。在华育的四年里，母校为你们奠定了走向未来的发展基础，使你们能够站在一个很高的起点，但请你们记住这也只是你们出发的起点，要始终记住，你们在高中阶段，甚至大学阶段取得的成绩，也只是你们发展中的起点，千万不能忘记，要持续地朝着自己的目标，去坚持不懈地学习与追求。只有把自己的眼光放在20年、30年、40年后，你们才能真正赢在20年后。

亲爱的同学们，我们的国家正在朝着21世纪中叶实现中华民族的伟大复兴的宏伟目标迈进。到了那个重要的历史时刻，在座的你们将是这一伟大宏伟目标的直接参与者与见证者。到那时，你可以自豪地对母校说、对老师说、对家长说，我没有辜负母校的期望，没有辜负老师的期望，没有辜负家长的期望，我们赢在未来，赢在了20年后。

（华育中学2018届学生毕业典礼上发言摘录）

十一、懂得比知识更重要的东西

今天，我们相聚在这个礼堂，揭开了2018学年开始的序幕。相信今年的暑假，我们的同学过得非常充实而愉快：预初学子完成了充满智慧的大礼包，参加了紧张而有意义的三天军事夏令营，交出了满意的答卷，感受到了华育大家庭的蓬勃向上；初一学子不断挑战自我，挤出时间积极参加社会实践，享受到了志愿者服务的快乐；初二学子内动力强，通过国内外社会考察和社会服务，开阔了视野，体验到了身上肩负的责任；初三学子为梦想拼搏，利用暑假充实强大自己，懂得了华育学子的使命感。这个暑假，不能忘却的还有两件事情：一件就是2018年的足球世界杯，年轻的法国队捧起了“大力神杯”，克罗地亚队获得亚军：向我们展现了无论你过去多么强大或弱小，最为重要的是看当下，赛场拼的就是整体实力与团队精神。另一件就是华育毕业生用自己的实力再现了“傲立群雄”的风采，延续了11年的传奇：自2008年上海市统一中考以来，华育中考成绩始终保持全市第一，今年全校中考平均成绩601.8分，再创历史新高，100%的同学进入了上海市示范性高中。还有4位学生，叶同学、五同学、王同学、黄同学，北大、清华破格提前与他们签约，只要高中毕业达到一本线就可录取，这不仅是他们的荣誉，也是华育中学的荣誉。虽然他们已经离开华育，但让我们用热烈的掌声祝福他们，同时也激励自己。

学校各类竞赛成绩达到新的高度：2017年“大同杯”初中数学竞赛团体总分上海市第一；数学连续7年有学生获全国数学高中联赛一等奖，今年名列上海市高中团体总分第三，这是华育历史上数学竞赛最好的成绩；信息奥林匹克竞赛上海市高中排名第四，连续六年有我校学生获得一等奖，有学生入选上海市信息竞赛代表队；科技创意创新成绩显著，连续三年获得高中组排名第三，今年第二；2017年荣获第12届DI创新思维竞赛，上海市和全国分别总决赛第一名，2018全球赛DI第二名，即时挑战第一名；2018年荣获第39届OM世界头脑奥林匹克创新大赛，上海市和中国区决赛第一名，OM全球赛第七名；连续多年上海市“大同杯”物理竞赛获奖人数保持上海市第一;2018年上海市“天原杯”化学竞赛团体总分第一,近七年中六年获得化学团体总分第一;科普英语竞赛连续十年获得上海市团体总分第一名,最佳辩手、一等奖获得者上海市第一,这几年获奖者占整个获奖人数的三分之一以上;语文作文、现代文、古诗文三大竞赛成绩位居上海市领先位置,获奖人数全市遥遥领先,这些成绩不仅显现了华育学子的综合实力和霸气,而且展现了华育“数学教育见长,文理基础厚实,科技教育凸显,艺体素养奠基”的育人特色和学生发展后劲,彰显了学校领先品牌与学生的全面发展。

同学们,我们必须知道,成绩只代表过去,重要的是面向未来,你们今后对社会做出的成绩和贡献。今年开学,我想与大家分享一些比知识更重要的东西,那就是华育的学子,必须具备国际视野、家国情怀。华育中学从1999年创办,就定位于为国家培育优秀人才奠定早期基础,而这种人才是高层次的、有国际竞争力的,能够与世界同类人才比肩。华育中学不仅关注学生在校的四年,更关注学生初中阶段夯实的基础是否可持续发展,在高中、大学仍然保持优秀,甚至走进社会、走向世界能做出自己的贡献,华育希望每一位学生都有这种使命感。无论是在怎样的人生舞台,既要放得开,有国际视野;更要守得住,有家国情怀。

在2018年4月至8月,有两件大事牵动了每一个中国人的神经。第一件是“中兴事件”,第二件是中美贸易战。这两件大事,能够帮我们进一步认清我国科技发展的瓶颈以及我国走向崛起的国际环境。中兴事件让更多的国人正视了中美科技实力的巨大差距,为什么跻身“千亿俱乐部”的一个中国科技公司,在美国企业不售卖技术与产品给自己的时候,就会受到如此大的生存考验?这是因为我国诸多科技发展的核心技术不掌握在自己手里。中兴通讯的主营业务有基站、光通信及手机,而芯片在这三大领域均存在自给率的严重不足。

第二件是中美贸易战。7月6日,美国对中国输入美国的350亿美元产品加征25%关税,包含高科技产品共1 102项;7月11日,美国又对中国输入美国的2 000亿美元产品加征10%关税。尽管我国商务部及时回应,对美国输入中国的产品加征相应数额的关税,然而中美贸易战开战,除了老百姓购买的商品价格提升外,受重伤的还有一批高科技企业。美国不仅通过禁止或限制出口的方式,指向“中国制造2025”的关键领域、关键技术,而且加征我国高科技产品出口的关税。

其实，这两起事件的实质是相同的，就是遏制或延缓中国崛起的速度，其中最为关键的是核心技术的发展。我们应深刻地认识到，我国实现中华民族伟大复兴的过程，仍有很多发展瓶颈，需要我们国家拔尖创新人才的不断涌现，需要我们年轻一代去奋斗，并做出长期艰苦而卓著的努力；同时也警示我们的国家与企业，必须长期从事基础研究。

今天我们的教育，将决定科技、产业、国家的未来。基础研究根本在于基础教育，基础教育是人才成长的起点，中小学是一个人品格、思维、习惯形成的决定时期，青少年基础素质培养的根本在于教师。让教师成为最伟大的职业，成为优秀青年的向往，用最优秀的人去培养更优秀的人。华育中学作为上海基础教育的“排头兵”，不仅集结了一批最优秀的教师，也集聚了沪上最为优秀的初中生。学校的使命就是要引领我们的学子努力夯实基础，今后能够在基础研究、核心技术等方面有所作为。为此，我们的学子需要懂得比知识更重要的东西，首当其冲的就是国际视野和家国情怀，就是要有为中华民族伟大复兴而读书的价值追求。

在全球竞争日趋激烈、世界合作日趋紧密的今天，中国的发展需要更多的具有国际视野的高素质人才。面对当今复杂多变的国际国内形势，华育学生要培养自己的世界眼光，不但应该了解中国，也应该了解世界，把自己的心胸打开，立志成才报国，承担历史重任，为祖国的昌盛和繁荣尽一分力量，为推动世界文明尽一份责任。

今年是我到华育任校长第六年，对华育学生的学业优秀有充分的自信。我需要与各位学子分享的是，华育学生远不能只是学业优秀，不能只是一个精致的个人主义者，而是要仰望天空，脚踏实地；要善良正直、乐观坚强；要服务社会，奉献自己，报效祖国。同学之间友好合作，互相欣赏，努力练好内功，把自己内心做强大，不仅做到有爱心、有担当、会思考、守纪律，而且做到懂敬畏、知感恩、讲理想和有追求。华育人都知道，在华育没有轻轻松松的进步和成功，每个人的进步和成功都是奋斗换来的。华育为每一位学生而骄傲，华育激励所有的学生，要善于运用学校创设的各类平台，通过刻骨铭心的努力，取得能为自己奠定一生发展的基础。

华育中学无论是学科竞赛成绩，还是中考成绩，都是上海的领先者，但我们在衡量学生成长的标准上，绝不是将此放在第一位，我们更看重的是各位学子在学习过程中的责任心、使命感、互帮互助的情怀以及克服困难的毅力、品质；更看重的是各位学子是否锻造了“能让自己活得快乐幸福”的思维方式，也包括相信自己、接受失败、看到自己的不完美、能在挫折中成长、找到新的突破口、找到自己在学校的定位和使命，并能牢牢地记住：只有自己快乐幸福，才能让别人快乐幸福。华育中学提供了诸多可以让自己快乐幸福的发展平台，你们要善于运用平台，从学校创设的基础型课程校本纲要与发展型课程图谱中，发现自己的兴趣和潜能。学校每学年为学生提供100多门发展课程，100多个大讲座，18位特聘教授的指导，15个创新实验室的探究，50个科技、体育、艺术社团活动等，所有这些都会让你们带着使命、带着兴趣去探究、去翱翔，或许你们中有很多的人，会带着梦想在这些平台的激励下，今后去从事祖国需要的基础研究和核心技术的开拓。

最后，我希望各位学子在新学期处理好三个关系：

第一，是处理好长远目标和阶段目标的关系。

希望你们对未来有长远的目标并为之不懈努力，在国际视野与家国情怀的塑造中，及早地根据自身发展的志、趣、能，确立自己长远目标以及阶段目标，专心致志。你们有理由相信：选择华育就是选择优秀，选择奋斗，选择未来。你们应该知道：在优秀的群体里，没有弱者，每位学子都是强者，要相信自己，相信华育，要不忘初心，向着自己既定阶段目标和长远目标前行，坚忍不拔，志存高远，不要因遇到一些困难和挫折就放弃自己的阶段目标，更不要因一时成功和进步就沾沾自喜，忘记自己的长远目标。真正做到胜不骄、败不馁。

第二，是处理好文科和理科的关系，不能重理轻文。

未来的人工智能时代与科技发展，将更加重视人文教育，厚实的人文底蕴，将促进你们在创新精神培育与创新能力成长中更多地思考创新与社会需求的结合，与人的发展的结合，与国家进步的结合，与世界共生的结合。我们华育的学子，大多是理科方面的“学霸”，也有文科方面的“学神”。很多学子需要在人文积淀上做一辈子的修炼，在自己的人生发展历程中，要多阅读，多积淀，厚积薄发，领悟人生的意义与价值，思考怎样为国家、社会做出自己的贡献。

第三，是处理好本色和特色的关系。

在坚持发展自己本色的同时不断塑造自身的特色，我们有些学子为了赢在起跑线上，盲目地课外补习，已经透支了自己对学习的激情、好奇心、想象力、专注力、内在秩序感等，生命成长中最宝贵的内力正在消耗、匮乏。许多时候为了成绩，忘记了自己应有的学生本色：纯真活泼、诚信勇敢和坦荡，忘记了自己潜能所指的方向与特色。我想跟各位学子说的是，在未来的道路上，你们一定要坚守做人的本色，任何时候都要有自己的底线，同时要突出自己的特色，因为每个人都是独一无二的。

亲爱的同学们、老师们，新的一学期已经在向我们招手，让我们展开双臂，尽情地拥抱它，让新学期成为我们拓展国际视野与夯实家国情怀的铺路石和播种机，种下希望，种下幸福，收获最好的自己，为将来成为国家栋梁之材打好早期的基础。

（2018 学年第一学期开学典礼上的发言摘选）

十二、带着华育的"宝藏"再出发

同学们，又到了一年一度的毕业季，初三的你们即将离开华育，画上初中的句号，奔向高一阶段的学习，奔赴崭新的人生征程。优秀的你们是我的骄傲，我骄傲于你们两百多位学子，以优异的成绩自招进入"四校"及七宝中学、上海市星河湾双语学校等名校，但我更骄傲于你们中近百位学子，守护初心，追求梦想，放弃自招录取，始终坚定选择奋斗。你们与那些满足现状、缺乏目标的同龄人不同，你们表现出敢于追求、敢于担当的气度。初中选高中，是你们人生中第一次为自己做出的选择，对每个学生每个家庭都是一个挑战，是轻轻松松签约一般的学校，还是通过自身努力，追求进入理想心仪的高端学校？对学生来说，是求稳还是追求更高目标的挑战？这是很现实的问题，反映了学生的坚韧的意志品质。对学校来说，是追求表面的一般学校的签约率，还是支持学生进入高端学校的拼搏，反映了学校的办学理念。我感到高兴的是，华育学生采取了积极进取、不断向上的态度，家长和老师也采取了以学生发展为本的立场，积极支持学生追求更高的发展平台。我相信，你们有斗志、有实力、有目标，能够用自己的奋斗和拼搏诠释华育精神：永攀新高，永不言弃！无论最后的结果如何，你们都是成功的勇者。在今天的毕业典礼上，我由衷地祝福你们、欣赏你们、赞美你们！

“天高海阔任驰骋，青春无悔绽芳华”，这四年来，你们在华育用燃烧的激情书写着自己的辉煌，也谱写着学校的光荣史册。华育已成为百姓心目中向往的名校，成为上海初中教育的领头羊。无论是学科竞赛成绩还是中考成绩，都是上海的领先者。数学连续八年有学生获得全国高中联赛一等奖，2018 学年虽然初中学生只能陪考，不计名次，但你们参加高中数学竞赛的成绩，名列前茅，相当于高中组数学团体总分第四；信息奥赛，连续七年有学生获得高中组一等奖，2018 学年你们获得信息高中组排名第二，创历史新高；科技创意和创新，两项累加，获奖人数连续四年在上海市青少年创意创新大赛中（包括高中）排名前三，2018 学年你们继续获得第二，保持新高；2018 学年你们参加的初中物理竞赛成绩全市领先，获一、二等奖人数最多，值得一提的是，2018 学年你们参加初中化学竞赛，重新夺回了上海市团体第一；科普英语连续十年上海市团体总分第一，2018 学年你们参加科普英语竞赛，继续获得上海市第一；语文作文、现代文、古诗文三大竞赛，成绩全市领先。除此之外，你们体育中考成绩始终保持全区第一，你们不仅获得徐汇区阳光体育大联赛团体金奖，而且 2018 学年代表徐汇区参加市级阳光体育大联赛五个大项的比赛，获得 1 个一等奖，5 个二等奖的好成绩。你们用自己的实际行动，为华育中学创办 20 周年献上了一份厚礼。

同学们，我想说的是，你们在成长的路上，并不孤单，你们有心心相印、相互激励的优秀同学陪伴，才使你们张扬了青春的活力，激发了身上无限的潜能，这些优秀的同学将成为你们终身的朋友，让我们用掌声为自己和同学们今后一起成功而鼓掌！我还想说的是，你们在华育就读四年，是幸运的，你们有敬业爱生、专业强的卓越老师引领，他们无私奉献，用自己的才华和诲人不倦的细致和耐心，伴随着你们的成长，让我们怀着崇高的敬意，为我们辛勤耕耘的老师们鼓掌！我还要说的是，你们能够超越同龄人，是因为你们背后有家长的无私付出，他们教子有方，不求回报，用博大的胸怀包容你们，用无微不至的关爱守护你们，在我眼里，他们是世界上最好的父母，让我们用掌声表达对父母的由衷感恩！

同学们，在华育四年，将会是你们人生中一笔宝贵的财富。今天，我想问你们的是，是否明白了华育这所全市乃至全国领先初中的育人真谛？是否挖到了华育给你们留下的“宝藏”？是否取得了能指引自己未来前进方向的华育“真经”？现在，就让我们一起再一次回眸华育的初中生活，真心感悟华育在自己身上注入了哪些受用一生的“宝藏”？

宝藏一：欲成才先成人，学校看重的是你们能否在未来可持续发展。

华育一直把立德树人放在第一位，思考“为谁培养人，怎样培养人，培养怎样的人”这一根本问题。华育的办学视野，已经远远不再满足上海市第一，我们更看重你们的内涵发展、持续追求；更看重你们今后到高中、大学乃至走入社会的影响力。刚入学时的紧张军训，就是要让你们从一开始就养成不怕苦的坚韧毅力。每天早晨坚持三操，就是让你们能有强健的体魄和团队精神。学校十分重视你们参加志愿者服务，就是要让你们懂得服务他人、服务社会才能更好地成长。学校开设大量的丰富多彩的活动，就是促进你们关注社会、融入社会，培养家国情怀和民族精神。在未来成长的道路上，希望你们懂得学习的重要性，懂得身心健康的重要性，懂得良好品德的重要性，懂得为他人着想、影响与帮助更多人的重要性，懂得为国家、为社会而树立自身发展理想的重要性。

宝藏二：“数学教育见长，文理基础厚实，科技教育凸显，艺体素养奠基”的育人特色。

这一特色在每一位学子身上都留有深深的烙印，给予了你们今后无限的可能，让你们在未来成长的道路上，对自身的发展看得更透、走得更高、飞得更远。学校根据你们的特点创设数学班、科技班和各种兴趣班，打造丰富的第二课堂和各种特长班，有研究型、竞赛型、活动型和工程型等多种类型，满足你们不同个性、潜能的发展需求，推进你们的志向、兴趣、潜能的发展。在今后的成长道路上，你们会深刻体会到，华育的数学让你们在学习竞争中更占优势，文理融合的基础让你们视野更加开阔，科技教育的种子让你们有勇气遨游感兴趣领域的科技殿堂，艺术与体育素养让你们走得更为稳健而有底蕴。

宝藏三：激励学生发现个性特长和潜能，为创新人才的早期培养打好基础。

华育发展的定位，一直坚持创新人才的早期培养。创新是个性化的，要想成为创新人才，就需要在个性化的知识构成上执着追求，发现自己的潜能。我始终坚信，华育培养的学生不仅学业优秀、思维敏捷、探究能力强，而且每位学生都是一座金矿和富矿。为此，华育中学重视扬长教育，鼓励你们发现自己的个性特长和潜能，让你们认识自己是独一无二的，从而使自己这座金矿与富矿得到个性化的开发。华育的扬长教育，不仅打破常规、打破学段的教学，超前超越，而且又做到扬长教育不封顶，高端教育不限制，满足学生不同的发展需求。华育还率先创建了人工智能等15个创新实验室，每学年为学生提供近百个大型或中型讲座，目的就是为你们打开思路，产生对各领域学习的浓厚兴趣，成为同类学子中好中更好、优中更优、特中更特、强中更强的学生，为你们未来成为创新型人才奠定厚实的基础。

同学们，当你们认识到华育的三大宝藏后，在未来的成长道路上，你们就需要善待这些"宝藏"，并且把这些"宝藏"的能量发挥到极致，努力使自己成为有德有才的人、有胆有识的人、有全面核心素养与个性特长的人、有创新底蕴与胸怀天下的人。在你们即将离开华育，并且带着华育的宝藏再出发时，我在这里给你们提三点希望：

第一，保持初心，坚守理想。

你们要认真地思考自身发展的价值，到底要成为怎么样的人。在未来的学习、生活中，我希望你们能够做一个慷慨大气的人，要学会与人分享，要感恩帮助过你的人。衡量你们未来达到的高度，不是看你们获取了多少财富，而是看你们在人生中影响与帮助了多少人。你们要善于追随自己的爱好、兴趣，使自己不断保持持续向上的学习动力与追求，保持永不退缩与不服输的良好心态。华裔科学家朱棣文说过："请跟随你的爱好，如果你没有爱好，就去找，找不到不罢休。生命太短暂，所以不能空手走过，你必须对某样东西倾注你的深情。"当你们找到符合自己价值观且与国家发展需求紧密结合的科学探究兴趣、学科发展兴趣、生涯发展兴趣时，那就大胆地追寻她、拥抱她，并且保持这颗初心，始终坚守自己的理想。

第二，肩负责任，奠基未来。

我认为，国家未来最先进的科技发明、最先进的武器装备、最先进的智能化的技术，不只是在电脑上，不只是在流水线上，更不只是在图纸上，而是在创新人才的头脑中，我希望你们能够努力成为各行各业的创新人才。我们的国家正在走向民族复兴的道路上，在这条道路上需要各行各业的拔尖创新人才，上海作为国际化大都市和科创中心，也需要我们培养具有创新潜能、创意潜质、创造潜力的优秀后备人才。因此，我希望你们认识到自身所肩负的责任，敢于担当，奠基未来。你们要清楚地认识到，你们在学校的成功不算是真正的成功，初中学生获得的成绩，只能代表这个年龄段达到的水平，不代表你们20年后达到的水平。你们要努力前行，不断地超越自己，哪怕通往创新人才的道路上充满荆棘与挫折，也要不负重任，砥砺前行。

第三，刻苦磨练，更加优秀。

在未来成长的道路上，你们要敢于经受磨练，遇到困难不要轻易放弃。许多人认为优秀的人才是有价值的，而我认为经历过磨练的人，人生才是真正有价值的，因为只有受过磨练，才能够真正明白优秀的意义。你们在追求梦想的道路上，要敢于自己与自己较劲，规划好自己人生发展的道路。世界上没有人能战胜你，除非你甘愿投降认输。海明威说过：“比别人优秀的人并不是真优秀，真正优秀的人是比过去的自己更优秀。”如今，你们已经站在比同类学子更高的舞台上，但未来的你们是否能比别人更优秀，是否比自己的过去更优秀，那就要看你们是否能够经受磨练，持续保持勇往直前的内驱力，每一天做到比过去的自己更优秀。

最后，我衷心地希望你们，保持初心，坚守理想，肩负责任，奠基未来，刻苦磨炼，更加优秀。在未来成长的道路上，带着华育给你们的三大宝藏再出发。

（2019届学生毕业典礼上的讲话摘选）

第三辑

育人“师”为范

学高为师，身正为范。没有一流的师资队伍，是不可能培育出一流的学生，促进一流优质初中的建构。

优质初中的教师要敢于以研促学、以研促教，努力打造自身成为研究型、创新型教师，敢于举立德树人的旗帜，举优秀人才早期培育的旗帜。基础教育是人才成长的起点，中小学是一个人品格、思维、习惯形成的决定时期，青少年基础素质培养的根本在于教师。让教师成为最伟大的职业，成为优秀青年的向往，用最优秀的人去培养更优秀的人。

民办优质初中，更要促进教师快速成长，让教师在教育教学实践中锻炼与提升，促进教师在基于实践的教学探究中形成学科品牌与鲜明特色。教师应关注学生学习动机的激发与学习兴趣的激活，推进活力高效课堂建构。教师应关注教师教学个性与特色的引领，注重学生的学科学习兴趣的调动，帮助学生确立明确恰当的学习目标，对不同水平、不同能力的学生确定不同的发展目标。

这一辑，我选取了这些年在教师培训中的几篇发言，注重引导教师关注基于教育教学实践的研究，引导新教师尽快适应学校发展需求而获得迅速成长。学校始终将教师的专业发展放在十分重要的地位，并铭记：只有最优秀的教师才能培育好最优秀的学生。

一、在"举旗攻城"中促进教师学习与实践研究

华育中学要真正成为上海初中教育的领头羊,就需要教师不断加强学习,在现有的基础上不断突破,及时更新教育观念与教学行为,在实践中获得可持续发展。

(一) 教师明晰"举旗攻城"的内涵

在2018年前后,无论是国家还是地方,都关注民办学校的发展转型。华育中学作为优质民办初中,迎来了新的发展空间,要成为上海初中教育的领头羊,作为教师应当举起这一旗帜,重点显现在以下三个方面。

1. 举立德树人的旗帜

学校要始终把立德树人放在首位,研究初中学生的德育。通过新生军训、德育课程系列化等教育活动,提升学生的德育修养和爱国情怀。华育要有责任感,担当起培养未来的精英,很可能20年后,华育有一批学生成为国家的精英。精英在我看来,不是纨绔子弟,而是服务社会、报效祖国、奉献自己,是引领社会前进的,民族和国家的中坚,它需要千锤百炼。一个人的智力不是最重要的,比智力重要的是意志,比意志重要的是胸怀,比胸怀重要的是一个人的品德。习近平在十九大报告中说:"中华民族伟大复兴,不是轻轻松松、敲锣打鼓就能实现的。"我们要实现的是伟大梦想,因此要进行伟大斗争,我们下一代中意志坚韧的人,有大德的人,方能脱颖而出,担此大任。

2. 举优秀人才早期培育的旗帜

华育中学集聚了一批优秀的初中阶段学生,他们资质优异,思维活跃,发展潜质良好,有悟性,利用同伴的影响力,身边的榜样促进学生的成长。

同时学校需要进一步创设他们的良好发展平台，充分利用社会资源、家长资源、特聘教授的资源，为学生开设不同类型的讲座和报告，打开学生视野，点燃学生心中的梦想，去功利化，真正为学生营造成才的环境，希望华育的每个学生，阳光，自信，充满正能量，乐观面对挫折，成为最好的自己，为将来成为我们国家的栋梁之材打好基础。

3. 举民办学校优质发展的旗帜

华育以多元教育满足老百姓的需求，同时承担起良好的社会责任，华育中学作为上海市第一所民办托管公办的学校，将托管的公办紫阳中学从中考倒数的位置提升到第八。最近，华育中学又签订了5年的托管协议，办好紫阳中学义不容辞。紫阳面临新的发展，随着学生越来越好，对教师要求越来越高。2015年我看过紫阳的演出，2017年又看了紫阳的演出，感觉变化很大，台上的学生有灵气了，教师有活力了，整个学校精神面貌焕然一新。这几年要把抓教师队伍建设放在首位，促使年轻教师迅速成长，学校管理层要有使命感，教师要有责任感，推动紫阳达到新的高度，无论遇到什么困难，都必须坚守初衷。

所谓攻城就是要解决学校在发展过程中的重大问题。对于华育的教师来说，寻找学校发展的突破点，解决学校发展中的关键问题是首要任务。攻城主要体现三个方面：

(1) 攻理论之城。华育是一所高端的民办初中，要摸索出一套经验和方法，为中国的教育改革做一些努力和尝试。学校要立足于中国，着眼于全球，探索培养未来的有竞争力的人才。领导班子与教职工团队都要不断学习，并且善于不断思考，总结经验，提炼出让人信服的做法，有理论支撑，能被同行认可接受。

(2) 攻发展之城。努力探索创新人才早期培育的初中阶段发展路径。华育集聚了一批尖子生，不少学生在数学领域已经达到高中尖子生的水平，包括信息技术、科技创意和创新都达到了很高的水平，说明初中生通过良好的平台引领，可以超越发展，达到一定的高度。

(3) 攻课程之城。华育的课程体系不能局限在初中领域，十多年前，上海中学的课程体系也打破了高中领域的框架。现在无人机、人工智能，作为高端初中都要率先研究，要打破课程的常规。学校准备在科协的帮助下，与

ABB集团接触，探讨建立机器人实验室。智能时代的到来，未来教育的应对在哪里？都需要课程的突破。现在我们认为的教学重点，今后可能不再成为重点。如纯粹的记忆性内容，可以用电脑来帮助存储，学生只要学会查找就可以了。在此背景下，我们高端学校可能需要对基本知识和基本技能重新认识，提出人工智能背景下的双基。教育需要变化，但人工智能时代不会彻底颠覆今天的教育体系。

华育有十多个实验室，就要有十多套课程教材与之匹配。花一年的时间，到2019年2月初步完成教材编写。这个任务教研组落实承担。

无论是举旗也好，攻城也好，关键在于教师的观念变化与行为革新，大力促进教师的发展是关键，教师的成就感与荣誉感高于一切。然而需要指出的是，立足于华育中学面向未来的发展，立足于学校走向未来的引领，我们的教师学习与基于教育教学实践上的研究还远远不够，认识还不充分，平台创设还不明显，以研促学、以研促教的研究氛围还不够浓厚。一个直接的表现是我们华育不仅教改实践不断拓展，使90%的学生都能进高端高中，而且阶梯式课程建设与创意性教学特色创建等方面都在不断探索，应该是成果累累，但现实是诸多探索并没有形成相应的经验积淀下来，这就影响了学校改革经验引领义务教育发展的实现。

因此，我们的教职工立足于“举旗”与“攻城”，需要围绕“教师学习与基于教改实验与教育教学实践的研究”上获得更好的突破。

（二）推进教师基于教改实验及教育教学实践的探索

学校立足于办学追求中“教师团队合作引领专业发展境界、教改实验经验引领义务教育发展”这两个引领，进行教师学习与教育教学研究方面的探索，主要从价值、学习、研究、素养、平台、氛围六个方面进行思考。

1. 价值：教师开展基于教育教学实践的研究重要性

我要特别强调的是，教师开展基于教育教学实践的研究，不是为了研究而研究，而是为了研究带动教师专业发展，以研究促进课堂教学，以研究促进学生成长。这就需要我们的教职工充分认识和研究未来发展对我们教师成长的挑战。

(1) 需要认识到新时代教育的挑战。在习近平新时代中国特色社会主义思想指引下，华育中学要继续引领上海优质初中发展，需要我们的教师在扎根中国、融通中外和建设具有中国特色、上海特点、世界水平的现代初中教育上，进行切合学校发展追求的探索；就需要我们的教师站在国际比较的视野、中国特色的彰显、上海领先的要求上，去推进自身的学习，并运用到教育教学实践中。

(2) **需要认识到未来教育的挑战**。未来教育不可忽视的是，信息时代人工智能对学校教育教学发展产生持续的挑战，教师以知识传递为主要功能的任务将发生变化，引领人才成长的个性化、人文性、创新性与可持续学习将变得越来越重要。人工智能的含义，简单来说，就是让机器完成一些需要人的智能才能完成的任务。IBM 的人工智能“沃森”运用于医疗、金融和餐饮等领域，谷歌开发的人工智能阿尔法狗(AlphaGo)、阿里云的人工智能小 Ai 的实时语言识别技术、百度的无人驾驶汽车、iPhone 手机以及支付宝的人脸识别等，都预示着人工智能不仅已经影响到我们的生活，而且将影响学生的学习方式与未来成长方式。麦肯锡全球研究院认为，人工智能带来的社会转变比工业革命“发生的速度快 10 倍，规模大 300 倍，影响几乎大 3 000 倍”。教师需要充分认识人工智能给学校、学生带来的挑战，包括人工智能时代对人才关键能力的挑战与孕育，推进学生自主探究，推进学生个性化学习能力提升，推进学生可持续的生涯发展，促进学校对课程内容的探究性处理以及现代性解读等。

(3) **需要认识到华育中学教改试验持续推进的挑战**。我们教职工已充分认识到学校这些年的科技创新实验、校本课程架构、STEM 综合课程探索、创新实验平台搭建、艺体活动空间拓展对于学校发展、学生发展的价值，但自身基于这些平台的知识储备、专业发展可持续学习还不够；对于这些年取得成绩的背后经验提炼与认识还不足，相应的资料积累与分析、反思还不够，需要进一步开展基于教育教学实践的探究。每一位教师，都要通过自身对学科教育学、心理学乃至学科教育理论的学习，关注华育这批优秀学生的心理、认知特点与生涯发展的需求，从而进行学科教学模式、课堂教学风格的构建，并结合自身的教学个性，在课堂教学实践与教育教学实践中通过研究、展示，形成自身的教学特色。

2. 学习：从教师培训走向教师主动学习

正由于时代发展、社会发展、科技发展在不断加快，全球教师培训的发展方向正由“教师培训”走向“教师学习”。教师专业发展与学校发展需求、学生发展需求、社会发展需求结合起来，及时把握社会发展的动态，进行教育教学改革的学习。华育教师的学习和发展，将在教师培训与教师主动学习的紧密结合上下功夫。

(1) 将“培”与“学”联系在一起，不断提升教师的育人境界。学校将努力探索适合华育中学特点的教师发展之路和名师成长之路，注重理论与实践相结合，学习与探究相结合，个体与团队相结合，强化任务驱动、学科驱动与学生驱动，以满足教师多层次发展需求的立体激励机制，包括优秀导师和优秀见习教师评选、过程质量奖考核、园丁业绩奖考核、最佳教师与最受欢迎教师评选、教师显著成绩的荣昶奖教金等，促进教师在教书育人中提升道德境界、思想境界与艺术境界。

(2) 将教师培养的“团队智慧”与教师成长的“个性特色”融为一体。华育教师的学习与成长，是围绕“文理基础厚实、数学教育见长、科技特色凸显、艺体素养奠基”的育人整体要求，进行“五个能力”的提升：① 提升对学科知识体系的整体把握与课程开发能力；② 提升基于学生需求的学科发展校本改造能力；③ 提升教师基于数字化创新平台的运用能力；④ 提升教师指导学生进行探究学习与生涯规划的能力；⑤ 提升教师基于实践的教学研究能力。在这个过程中，鼓励教师根据自身特点与学科特色敢于冒尖，从而推进教师的个性化成长，如有的教师在竞赛中脱颖而出，有的教师在科技指导上崭露头角，有的教师在活动设计上创意十足，有的教师在教学个性上特色鲜明。

(3) 将教师学习与教学技术、方式的变革充分结合起来。教师面向未来教育的挑战，需要通过主动学习来提升自己的专业素养与技术运用素养，改变固有的教育教学观念。翻转课堂教学等教学探索，需要在教师学习中不断运用与突破，这学期可以发动部分教研组开展这方面的公开课探索与研究。教育家唐盛昌先生在接受《文汇报》采访时就强调过：人工智能时代，“好学生”不再是那群拿高分的学生，越容易死记硬背的知识，今后越容易被机器替代，今天的学校教育需要开展更多的教学观察与实验，提炼出真正适应未来社会的知识和能力，并在学校加以传授，我们教师乃至职工的主动学习需要积极行动起来。

3. 研究：把握基于教育教学实践的研究主线开展探索

我们将鼓励教职工开展基于华育学生特点的德育方式、课程教学特色、教改实验、学生活动等多方面的探索，鼓励教师结合自身所从事的教育教学实践开展探索与研究，以教研组、备课组、部门团队以及教师个体引领的项目兴趣小组等多样的集体形式进行展开。

(1) 立项一批校级教育教学研究课题，给予课题研究经费支持。选题结合学校发展的需求与学生发展中需要解决的难题进行展开，通过基于实践的研究、课堂观察叙事、活动文本记录、教学研究课实录与反思等方法进行展开，将日常教学的资料积淀与及时的研究反思结合起来，推进教育教学实践问题的解决与教育教学改革，包括德育类、学科教学类、学校课程类、课程比较类、科技指导类、活动开展类等，选题应具有一定的新颖性、前瞻性、可操作性。这学期将组织开展申报与立项审核：① 教师发展、课程教学、科技指导类→教研组长(初审)→教学处(二审)→校务办。② 德育类、班主任工作、活动开展类→年级组长(初审)→德育处(二审)→校务办。

(2) 完善校级课题申报的相关制度与经费使用规则。各部门可以结合学校每个阶段的工作特点与要求，集聚一些值得探索的研究主题进行发布，然后发动教师进行申报，填写《华育中学教育教学研究申请书》，经相关部门审核后递交校务办，由校务办组织聘请学校教授团队或外请专家进行打分排序，给予立项。凡立项为重点课题的，给予 1 万元的研修经费供研究团队使用；凡立项为一般课题的，给予 5 000 元的研修经费供研究团队使用。经费主要用于图书资料购买、专家指导费、活动差旅费、文书印刷以及论文发表版面费等。一般研究周期为一年，也可以适当延期，注重平时研究资料的收集与归类，申请结题时递交结题报告。学校将定期将教师的研究成果，包括论文、研究报告集结成册，如果达到一定的质量水准，可以推荐发表或者自主投稿，学校将对发表的论文给予一定的奖励。教师一些质量高的校本教材研修成果，学校可以资助出版。

(3) 借助学校聘请的教授团队以及校外专家力量进行指导。我们鼓励教师申报课题以团队形式开展。课题立项后，借助学校聘请的教授团队(学校已经邀请了十多位教授团队经常来校指导、交流)与专家团队(如《现代教学》《现代基础教育研究》的编辑、科协的专家等)予以教师立项开题指导以及研究过程中的指导。需要指出的是，教师基于教育教学实践的研究，主要以完成基于实践的反思、提升为价值追求，注重教育教学实践过程中的案例总结、文本收集以及实践反思，强调教育教学实效而非仅仅是研究论文、研究报告的完成。外请教授、专家团队的指导，也主要是研究方法的指导，意见的采纳最终以有利于教育教学实践的提升为导向。

4. 素养：将教师校本研修与研究型教师的素养提升统整

学校将立足于教师素养的提升，大力推进教师的校本研修，通过鼓励教师开展基于教育教学实践的研究，带动一批研究型教师的成长与提升。高质量的教师队伍是名校的最重要的教育资源，除了高尚的师德、敬业精神以及对教育事业的无限的热爱之外，还需要具备与学校可持续发展相匹配的能力与素养，包括具备较高的专业水平与学术视野、课程与教材开发能力、教育教学研究能力、组织领导能力与合作能力，注重在教育教学实践中不断修炼教书育人的“匠心”“匠术”与“匠趣”。

(1) 学校鼓励教师将校本研修与学校特色发展结合。华育中学的校本研修，将进一步注重国家课程的校本化实施，以学科校本纲要为载体，进行学术导引下集体研修智慧的集聚；进一步推进学校发展型课程图谱的建设，注重校本课程的小组或个体研修驱动。学校将做到五点：① 进一步鼓励教师的校本研修与立德树人以及学生不同优势领域、不同学科潜能的开发匹配，强化实效性；② 进一步鼓励校本研修与学校“六个领先”的发展目标相结合，强化针对性；③ 进一步鼓励教师校本研修与学校教育教学改革实际相结合，强化实践性；④ 进一步鼓励教师校本研修与教师个体风格、特色彰显相结合，强化灵活性；⑤ 进一步鼓励教师校本研修与切实促进学生志向确立、兴趣激活、学科潜能开发与创新素养持续提升相结合，强化创新性。

(2) 学校鼓励教师将教育教学实践研究作为一种技艺。学校鼓励教师在教育教学实践探索中不断锻造自身，成为某一方面的教育教学的“工匠”、行家。正因为我们教师面对的学生群体不同、学科要求不一样，我们的教育教学实践就具有独特性，才有自己独特的、不同于教育专家的“研究味道”，关注学生成长的深层思想、行为养成，在以研促学、以研促教上看到学生实实在在的成长，看到班级实实在在的变化，看到学校实实在在的发展提升。

5. 平台：借助学校发展的创新平台推进教师在实践中成长

学校教师的成长，是离不开学校已有平台的创设以及将来创设平台的引导。学校希望每一位教师乃至职工，要善于利用学校已经创设的平台以及在发展过程中正在创设的平台，找到自己在实践中提升的突破口与切入点。

(1) 利用学校的课程教学多样化平台开展实践探索。教师基于教育教学实践探究的平台，离不开课程教学这一主体。学校每一类课程的开发、构建、实施，都需要教师去研发及有个性地实施；学校每一堂课的出彩，都需要教师去耕耘。借助学校课程的多样载体以及课堂教学的多种形式(常规课、研讨课、公开课、展示课等)，教师基于教育教学实践的研究载体也就异常丰富多样。如数学教研组的分层教学探索，作业活页体系的建构；语文教研组的古诗文必读必背建构与文本阅读辅导；14 门学科的基础型课程内容的研修与发展课程图谱的建构等，都给予教师开展实践研究的多样平台与广泛的发展空间。

(2) 利用学校的创新实验室平台开展实践探索。学校已经建设了 14 个现代创新实验室，包括 3D 打印无人机实验室等，学校还将改造植物温室棚，将其变成农艺教学、心理调适的重要平台。教师要注重结合融有现代技术的现代实验室建构、创设，能够进行提取、分析、评价、诊断的学校教育教学与学习活动数据库平台搭建；教师要在与高校专家团队合作、在高科技企业参观考察中，关注学生的学术与科技的紧密结合；教师要努力建构智慧课堂，给师生一个近距离接触智慧教育的环境；教师应积极开展基于新技术手段的教学研究，加强学校教育研究的针对性与可预测性。

(3) 利用学校的教改实验平台开展实践探索。华育中学持续走在教改实验的路上，包括初中阶段科技实验班的探索、初高中衔接的创新人才早期培育探索、学生综合素养提升探索、创意性教学特色探索以及托管公办紫阳中学为契机的办学机制改革实验探索等。这些探索，都为教师学习与成长带来了广阔的空间。

6. 氛围：在学校改革中创设教职工成长的服务环境

学校教师的学习与成长，离不开具有凝聚力、吸引力的学校氛围营造，学校管理者将努力营造多样的研修环境，促进教师开展基于教育教学实践的研究，通过自身基于教育教学实践的学习，不断提升教育教学业绩；学校职工也将积极为教师教书育人服务，提供良好的后勤支持。

(1) 创设学校阅读与研修的氛围。学校图书馆经过改造、升级，藏书已经由原来的4万册到现在超过7万册，教师可以借助藏书以及购买的新书资料，开展阅读交流、引导学生阅读交流、教师与学生一起阅读、邀请专家来校指导阅读等形式，促进阅读研修氛围。

(2) 创设基于实践研究的交流项目载体。加强基于实践的研究，可以通过“走出去、请进来”的方式加强交流，关注实践比较与探索。我们在上学期与英国的两所很有名的男校和女校签订了友好交流协议，今年4—5月英国女校来华育访问，如果条件成熟可以互派师生交流。

(3) 创设教师专业发展的软件和硬件环境。学校将继续关注教师学习的硬件设备，包括部分信息技术设备的更新等，把做好教师专业发展工作放在最重要的位置，坚持不懈。教师必须知道，昨天合格的教师不等于今天仍然合格，今天合格的教师不等于明天仍然合格，教师只有在专业发展上与时俱进，才能保持思维观念、能力水平的领先。

(4) 创设教师对教学的敬畏之心。人工制造的任何产品都会随着时间的推移日益陈旧、过时和废弃，而教师的工作成就却历久弥新，唯有教师的作品——学生，会薪火相传，青春永驻。面对这样的荣誉和责任，面对每天怀着新的期待的学生，面对每天伴随着新的变化的课堂，教师一定要怀着神圣和敬畏的心上好每堂课。

(5) 创设教职工成长的激励平台。2018年1月16日正式与荣昶基金会签约三年，每年基金会提供50万元奖励华育老师。华育园丁业绩奖在80万元左右，全年130万元左右。不仅提供奖教的支持力度，也提供奖学的支持力度。我个人认为，对于教师发表的论文、参编的著作给予一定的奖励。

2018年是中考新政落地，是加强对民办义务教育招生规范化的一年，2018年也是华育中学成立的第19个年头。为迎接建校20年的到来，让我们教职工一起努力，把2018年建设成为华育中学的“教职工成长年”，凡是有利于教师成长的努力都可以尝试，凡是有利于职工成长的探索都可以鼓励。让我们教职工一起出谋划策，共同推进教职工的持续学习、成长以及基于教育教学实践的研究，共同推进学校各类教改项目的深化，共同推进学校在新时代获得更好的发展。

（摘选自华育中学 2017 学年第二学期工作计划）

二、教师应面对的三个挑战与具备的五个意识

华育中学是一个高端的民办学校，是 1999 年在唐校长的带领下创办的。我从 2012 年 8 月起任华育中学校长，2013 年 8 月开始真正履行校长的职责。现在华育中学正处在从“领先”到“引领”的转型阶段，目前的目标是创建上海市领先、全国知名的优质品牌初中。在全市初中学校中，努力发挥绿色评价导向下内涵发展的示范以及品质发展的引领，这是华育人给自己不断进取的压力，也是华育人承担社会责任的体现。作为民办学校来说，只有优质才能生存和发展。

最近大家在观看世界杯比赛，相信已经看到，西班牙队从十年前开始主导世界足坛，但是随着一批球员的老去，已经溃败。西班牙队衰落的原因有很多，主流观点有以下几方面：① 体能不行。由于西班牙队很多队员踢了欧联杯、欧冠决赛，球队大部分队员体能透支，状态奇差。② 傲慢自满。过去六年，西班牙队赢得太多了，这使得他们失去了继续前进的动力。再豪华的跑车没有汽油，如何能跑得赢？③ 队伍老化。西班牙队 30 岁以上的球员超过 7 人，自然难以挡住荷兰队这样生猛彪悍队员的冲击。④ 战术过时，新的东西没有跟上。一支冠军球队一旦失去了他们的自信和霸气，王朝基业就保不住了。

你们和我一样都是非常幸运的，你们是学校新一轮发展的建设者和开拓者，在你们身上肩负着华育中学发展的使命，一定要把华育建设成上海乃至全国最有影响的学校。也许，你们今后的几年，甚至几十年的人生轨迹都将与这所学校的命运紧密相连，你们将见证这所学校从大到强，从上海走向全国，我相信你们从中会感受到艰辛与喜悦。

我希望各位教师选择华育作为工作的起点，最主要的原因不是因为有寒暑假，不是因为有一份不薄的工资，更不是因为有一份稳定体面的工作，

而是你们相信，这所学校将会为你们提供良好的工作环境和教师发展的平台，提供来自学校的全力支持和获得归属感。我希望你们在这里工作不仅快乐，而且能够改变自己的人生经历，使自己的人生价值得到体现。

（一）教师要面临的三个挑战

1. 来自学生的挑战

华育的学生见多识广，聪明好学，思维敏捷，面对这样的学生，会促使你不断地进取，马不停蹄，马到成功，你将会更加深刻地体会到什么是"高徒出名师"和"名师出高徒"。

2. 来自家长的挑战

华育学生的家长学历高、能力强，在各行各业里能独当一面。这样的家长都有着自己的教育理念，而且教子有方，他们会质疑，会提出自己的见解。面对这样的家长，你会竭尽全力，更加用心思考工作，你将会发现自己的潜力不可低估，超出同行。

3. 来自学校和社会的挑战

名校不仅要求教师具备专业能力，更要求教师具备专业精神、具备敬业精神。社会把教师看成是公众人物，要求教师为人师表，要有师德。面对学校和社会的高要求，你会觉得自己被认可、受尊重、有成就感。

（二）教师必须具备的五个意识

在华育中学这样一个充满活力和挑战的学校里任教，责任是极其重大的，学生、家长、社会对教师期望也很高。一流的学校应该与一流的教师队伍相匹配，所以唐校长对教师队伍建设十分重视。他认为，在华育中学里有三分之一的好教师，那只有三分之一的学生得益；有三分之二的好教师，也只有三分之二的学生得益，这不是我们队伍建设中的目标。我们的目标是让所有进入华育中学的教师都要好，这样才能让所有进入华育中学的学生都受到优质资源的教育。在华育教师队伍建设上，不合格教师为零，这是我们想坚守的。教育的公平、教育的高质才是我们追求的目标。为此，华育中学教师必须具备五个意识：

1. 每一位教师要有使命意识，一定要把华育中学办成全国一流的学校

每一位在华育中学工作的教师都应该有主人翁的精神，通过自己的努

力推动学校的发展：① 没有使命感的人不适合留在华育中学工作；② 没有使命感的人也不会有责任感。无论是教师还是管理人员，都应形成这样的价值观：做不好工作没有任何借口；没有最好只有更好；当个人利益与学生、学校利益发生冲突，以学生、学校的利益为重。我们只有认同了这些价值观，我们才会从内心深处认同这些理念是正确的，才会自觉变为自己的教学行为和处事方式。唯有这样，华育中学才有希望成为全国一流的学校。

2. 每一位教师要有打拼意识，必须一年内基本功过关

学校实施一、三、五工程：一年基本过关，三年胜任，五年成为骨干。学生不会因为你是新教师而对你放低要求，如何使自己能迅速适应学校的教学环境，担负起相应的教学工作，在短时间里成为学校的骨干，这不仅是教师需要关注的问题，也是学校和学生家长非常关注的问题，如果不适应就会被淘汰。所以，教师要积极参加学校的各项培训，通过培训提高自己的课堂教学水平。做到四个了解：了解华育中学教育目标、办学理念和特色等方面的情况；了解学校的课程设置；了解学校各方面的规章制度、日常的教学秩序；了解你所任教学生的年龄特点、性格特点以及大纲要求，早日适应学校的需要。

3. 每一位教师要有忧患意识，要重新审视自己的工作职责，不能盲目自满

教师的知识结构是多元的而不是单一的，到了学校工作不能停止成长。任何一个人不管他在学校里学得多么努力多么优秀，他所能学到的现成知识，也只能占整个人生所需要知识的很小一部分。我要强调的是，到了学校任教以后，实践学习极为重要，做到三点：① 作为教师经常想一想我们学校的目标与追求，想一想我们实现新的突破点在哪里，短板在哪里。② 作为教师要想一想自己的课堂教学质量怎样进一步提升，学生的兴趣、创新意识如何激发，需要结合现状认真问自己，教学是否满足了课堂上每一位学生的需求，学生的素养是否提升了。③ 作为教师还要想一想自己的育人是否到位，教育是否符合学生的实际，需要经常问自己还有哪些不足，哪些工作有待改进。只有保持忧患意识的人，才能保持清醒的头脑，才能攀登新的高峰。

4. 每一位教师要有服务意识，要有很强的执行力

学校着眼于建设一支想干事、能干事、干成事的教师队伍，学校推行首

问责任制：① 学校工作跟着学生走，学生到哪里，工作就做到哪里，教师就深入到哪里；② 学校工作走在需求前，教师要随时了解学生的需求，不等学生要求就把工作做好；③ 学校工作跟着问题走，哪里有问题，教师就到哪里解决，什么时候有问题，什么时候解决，只有上班时间，没有下班时间；④ 学校工作走在问题前，教师要防患于未然，在问题发生之前就把问题消灭在萌芽里。只有这样，我们才称得上一流的服务、规范的服务，才可以说我们有很强的执行力。

5. 每一位教师要有奋斗意识，促使学校快速发展

每一位在华育中学工作的教师都应该有奋斗的意识。我们今天在教师岗位上的奋斗，主观上是为了自己和家人的幸福，客观上是为了学校、社会和国家。我们的教师通过艰苦奋斗，把学校搞好了，质量搞上去了，我们每个人就发展了，生活就稳定了。我希望每个教师在岗位上奋斗时，应该构筑一种快乐，同时都别忘了“艰苦”两个字。“艰苦”两个字跟物质生活没关系，跟客观环境没关系，是跟自己的思想和生活态度有关系：① 有的人情怀很高尚，奋斗就是为了国家和民族，我是理解的；② 有的人危难时不顾家人而是救助这个社会，我认为是伟大的，但毕竟这世界伟大的人数是很少的；③ 我们都是凡人，先从爱家人、爱同事、爱工作做起，不要虚度自己的青春。学校看重的是你的奋斗精神以及对生活和工作的态度。

总之，我们每个教师都应该为营造积极向上的管理团队作出自己的努力，在这个团队里注重三个提倡：① 提倡既要有竞争又要有合作，在合作中竞争，在竞争中合作；② 提倡既要能者为师，又要无师自通，真正体现“三人行必有我师”；③ 提倡既要讲团结，又要讲批评，能听到互相之间的批评不是坏事，听不到倒是有问题了。我们这个团队要有创新精神、严谨精神、团队精神和不服输精神。互相之间以工作关系为重，以学校利益为重，多看自己的不足，多看别人的长处，把自己最优秀的一面展现给团队，使团队因为有了我而更加坚强和和谐。只有这样，我们这个团队才会创造奇迹，团队里每一位成员才会快乐工作，愉快生活。

当然，以奋斗为本的文化可以传承的基础，就是不让雷锋吃亏。这也是学校文化的一部分，要使这个文化血脉相传，绝不是在大喊大叫建立起来和传承下去的，它是要落实到若干考核细节中去。每学期测评就是将文化融

入各个细节中。

我认为华育中学文化的真正内核就是群体奋斗。热力学第二定律阐述了热量不可能自发地从低温物体传递到高温物体,必须有动力才能完成这种逆转。人的天性会在成功以后松懈,这种自然现象并不是客观规律,我们管理的责任就是逆自然规律而行动,以考核为驱动力,反对松懈的生成。学校的管理就是要让大家看到奋斗、付出是有回报的。

(摘选自 2014 年 6 月 23 日在华育中学新教师培训会上的讲话)

三、教师的团队优秀与四种精神

华育中学经历了三个阶段:第一阶段:1999—2006 年创办阶段,从无到有,初露头角,中考全区第一。第二阶段:2006—2013 年发展阶段,从小到大,全市中考第一。第三阶段:2013—2020 年引领阶段,从大到强,从领先到全面引领。我是华育中学第四轮校长,2013 年 8 月开始真正履行校长的职责。我体会华育中学为什么会创办成功,就在于以下几点:

1. 办学目标定位的独特性

大多数民办学校都是企业出资办学管理,而华育中学是教育家办学,教育专业团队管理。教育家和企业家办学是完全不同的,教育家办学一定把育人放在首位,一切从育人角度考虑,从有利于学校持续发展考虑,而不是盈利。

2. 文化价值观的独特性

有什么样的学校校长,就有什么样的学校文化和价值观。可以说,学校文化的每个毛孔都渗透着唐校长的气息,都反映了唐校长办学的鲜明个性。华育中学的核心价值观是以学生为本,以奉献的教师为本。学校的核心价值观是学校的灵魂,没有文化价值观的学校,就不可能有持续发展的生命力。

3. 战略思考的独特性

任何一个国家教育都面临三个层面:① 基本教育。确保每一个公民有书读,这关系到国家的稳定。② 优质教育。提供多元的教育,满足学生个性化发展，这关系到国家的发展。③ 精英教育。促使学生天赋和潜能的激发，这关系到国家的强盛。唐盛昌校长办学着眼点高，希望在优质和精英办学中走出一条路。华育中学考虑长远，聚焦办高端学校，考虑学生未来10—20年后的发展，不是眼前的发展。

正是基于这些独特性的要求，华育中学对教师的要求也是更高的，希望华育中学教师的优秀，不是几个人的优秀，而是整个教师团队的优秀。一支优秀的教师团队，能够打造出更加优秀的华育中学。在校园里，我总能看见你们步履匆匆的身影，听见你们循循善诱的话语，你们用勤恳和奉献，撑起一片片爱的港湾，你们是学生眼里的良师益友。在工作中，你们坚持最初的教育理想，拥有华育共同的核心价值观，你们对知识的执着追求、对专业的积极进取、对同事的友爱互助，是我心中最尊敬的人。伟大来自平凡，我为你们而骄傲。华育的舞台是广阔的，为了弘扬华育教师的优秀品质，学校每年都要举行最佳教师及最受学生欢迎教师的评选活动。学校决定，一楼C区大厅墙壁成为最佳教师和最受学生欢迎教师的荣誉墙。希望能有更多的教师涌现出来，加入优秀的行列。一批批优秀教师的涌现，将成为华育中学未来的发展不可估量的财富和核心竞争力，将引领华育中学朝着“强教高地”的目标前进。

华育中学将会为你们提供良好的工作环境和教师发展平台，提供来自学校的全力支持和获得归属感。什么是平台？10分钟步行1公里；10分钟开车10公里；10分钟飞机100公里，步行、小车和飞机平台不同，速度不同，达到的结果不同，这就是不同的平台。我希望你们在这里工作不仅快乐，而且能够改变自己。

在这所学校里，提倡教师进取、挑战、竞争和奉献四种精神：

(1) 不断学习的进取精神。教师是一个永远年轻的职业，即便工作多年的老教师，也要在岗位上不断学习、更新知识。华育中学的定位是建设成上海市领先、全国知名的优质初中，只有这个团队里的每一个教师，不断研究新问题，把握发展趋势，才能真正有话语权，达到在上海乃至全国引领和领先的目标。

(2) 立足岗位的挑战精神。立足岗位是做好本职工作的前提。同样的起点，不一样的终点，只有挑战自己，才会不满足现状，才会遇到问题不断反思;只有挑战自己,才能以开放心态不断完善自己,在困难和挫折面前不屈不挠;只有挑战自己,才能够铸就非凡的成绩,达到自己的新高度。

(3) 积极合作的竞争精神。首先要明确一点,在华育学校更强调合作,强调合作上的竞争,与优秀教师团队在一起,我们更强调“竞”而不是“争”。竞与争不是一回事,与志同道合的人相互竞争,能够使自己的潜能得到更大的发挥,而不是把别人比下去。多年来,正是这种合作的竞争精神,才使教师迅速成长,才使学校有很高的知名度,教师的竞争力实质上决定了学校的竞争力,相信通过良性的竞争,教师一定会得到超常规的发展。

(4) 感恩社会的奉献精神。一个高端学校的发展不是孤立的,一定会得到社会各界的支持,没有家长的认同支持,没有优秀学生到学校求学,就没有华育的存在,更没有教师施展才华的平台。因此,以学生为本,善待学生,感恩社会,以我们的奉献知恩图报,提供优质的教育,责无旁贷。

(综合华育中学 2015 年 9 月 11 日举行的最佳教师表彰活动致辞与 2016 年 6 月 27 日教师培训会上的讲话而成)

四、学校课程建设是教师成长的重要平台

华育中学鼓励教师积极参加学校课程建设,一方面让教师在课程建设中不断学习与更新观念;另一方面促进教师在学校课程建设中了解学生的发展需求以及自身教学个性的融入,从而获得更好的成长。这就需要我们的教师理解学校为什么做自己的课程框架以及如何积极投身其中。

(一) 教师为什么做华育课程框架

校本课程建设引领个性和多元智慧,这是华育七年规划里的六个引领之一,也是促进华育中学的学生个性、潜能开发的必然。加快学校课程建设,势在必行,水到渠成。华育的课程建设将经历三个阶段:① 华育中学的学校课程教学纲要标准 2009 年全部完成;② 华育中学的学校课程框架于 2017 年上半年完成;③ 华育中学的完整学校课程体系将于 2020 年形成。站在新时代的背景下,建设华育的课程框架至少有三个理由:

1. 从眼前讲，是华育中学进一步发展的需要

在2009年建立的学校课程教学纲要标准运用到现在有7年多了，华育中学在课程建设方面已经开拓了很多视角，无论是学科类的还是非学科类的课程，对中考和自招都起到促进作用。中考从2008年后(统一考试)一直保持上海市中考第一，这几年的自招进上中一半，名列前茅。

随着学生的层次不断提升，明显非学科类的比重上升，这些都与中考和自招无关，但与人的发展有关，与人的综合素养有关，与人的潜能优势有关。高中数学和计算机竞赛，过去主要依靠上中资源为主，上中的辅导为主，现在主要是华育自己，初步的梯队形成。科技创新过去少数学生或者个别学生自发参与，现在学校组织科技A班B班，不少学生参与，利用一些资源辅导。德育大量的富有成效的活动，春秋游的社会考察、才艺展示、社团、新生军事夏令营、艺术节、运动会等，这些都需要我们上升到课程。一个好的学校，课程是核心竞争力，没有竞争力的课程，一个学校不可能有优质教育。

2. 从当前讲，是中考、高考的改革需要

高考改革已经进行，2017年的高考录取学生，按照3(语文、数学、外语)+3(从历史、地理、生物、物理、化学、政治六门学科中选三门参加等第考，成绩计入学生总分)选拔。中考明年出台新政策，对接高考、中考招生改革。学校课程格局一定要打破，一定要适应新的变化。

3. 从长远看，科技发展(社会发展)的需要

我们要考虑：现在的孩子20年后或者15年后走上社会，社会是怎样的？有哪些变化？这个社会变化太大了，如果我们总是用今天的思维去教育下一代人，显然是脱节的，甚至起到反作用。我们应该为20年、35年后的社会所需要的人才做好一切准备。

真正的教育，就是把一个人的内心真正引导出来，帮助他成长为自己的样子。科技进步太快，用胶卷拍照过去了，现在手机数码超过预期，现在又从信息时代转向概念时代，棋王大战深蓝电脑，就是一个计算机跟一个棋王下了六盘，3比3还在下，现在发展到智能社会，阿尔法狗的出现，模拟人的思维。应对思路变化，不只是死记硬背知识，呼唤基于探索的教育，批判性的思维(完全是批判性也是片面的)，基于证据的教育，有重点、有证据、有理由的教育。

作为教师,要培养学生三种能力:

(1) 不仅要有理性思考能力,还要有感性思考能力,有品位,会讲故事,能跨界,有人情味,会玩,有点自己的小追求。人文和科技交融的职业是未来的趋势。

(2) 不仅有规划的人生,而且有应变生涯的能力,信息的透明,行业转换。适应比规划更重要,要有极强的跨界整合的能力,拥抱变化,恰当的时候可以创造自己喜欢的事业。

(3) 不仅成功快乐,而且面对失败也能使自己快乐,在今天这个网络时代,没有一个人看到自己最成功的。未来的孩子面临的环境和竞争,会远远超出我们这一代人的经验可以理解的范畴。所以今天的教育要帮助孩子在未来生活中找到他要的幸福。

(二) 教师如何做好华育课程框架

我认为教师认识到以下两点很重要:

1. 形成共识

学校课程是一个学校的核心竞争力,华育不仅应该数学强,理科强,而且应该人文强、艺术体育强、活动强。在华育,每一门学科都是重要的,没有大小之分,主副之分,只有考试不同。

华育课程框架分两大类:① 学科类瞄准中考,和自主招生(高端学校)有关;② 非学科类瞄准综合素养和科学素养,与中考无关。

2. 全体教师参与

教研组长负责制,备课组责任制,教师执行力。

(1) 新教师抓住制定课程框架的机会,不断学习,尽快熟悉了解华育的课程框架,通过积极参与投入,使自己早些适应框架的要求。

(2) 已经胜任华育教学的年轻教师,在制定学校课程框架时,立足课堂教学。华育的课堂教学是师生高互动高思辨高质量的课堂,课程框架里体现出学生的许多问题需要教师在课堂上去解决,教师的专业发展也需要在课堂上提升。

(3) 骨干教师应该借制定学校课程框架机遇,使自己积累的专业知识升华到专业思想,专业知识不仅仅局限于教师所教的学科、所教的学段,而是指从小学、中学、大学的学科前沿的专业知识体系,善于把所教学科知识点串成线，连成网，最终构成知识体系，善于从具体的学科内容中提炼出对学科知识体系本质的认识，从而归纳出解决学科问题需采用的手段、方式和方法。

(4) 教研组长应该是学科的带头人，把制定本学科的课程框架作为抓手。只有研究学科，吃透课程教材，才能准确把握课程框架背后的学科思想，真正落实课程框架，把遇到的问题作为下一步课题研究，形成不同类型的论文，为2020年学校课程形成体系做好准备。课程框架制定后，教师可以写一点有关实践的论文，为华育积累一些财富和经验。

总而言之，华育制定课程框架，需要每一位教师的积极性，华育之所以强，是教师团队强，相信只要我们每一位贡献自己的智慧，使这次课程框架制定达到预期，一定会推动华育在更高层次上的发展。

(2016年12月2日在全体教师大会上作关于学校课程建设的动员讲话摘选)

五、教师的新境界

从华育中学教职工的发言中，可以看到我们教师的新境界，主要体现在三个方面：

一是不计时间、不计付出的奉献精神。华育有一批竞赛的老师，付出很多，每周的工作量都在20节左右，业余时间加班，没有半点怨言。华育有一批热衷科技教育的老师，他们把很多精力都花在课外辅导上，指导学生课题论文，乐此不疲。华育有一批对OM、DI感兴趣的老师和职工，几年如一日，保持热情。华育有一批班主任对学生倾注了满满之爱，把自己的电话、微信与学生家长绑在一起，想家长所想，急家长所急。华育有一批骨干把学校的利益、家长的利益、学生的利益放在首位，任劳任怨地工作。

二是不图安逸、不畏困难的拼搏精神。华育是一个大熔炉，不仅造就学生，也造就新老师。能够在华育坚持四年的年轻教师就能够脱颖而出。华育老师一进校门，就面临多重压力：学生起点高有目标，家长要求高有视野，学校定位高有追求。而新教师刚刚从学生转变为老师，经验不足，考验和挑战是必然的。在华育没有掉过眼泪的女老师很难找，当然男老师有泪不轻弹。其实我有时也心疼年轻教师，备课到深夜，但更多的时候还是感到，这是难得的锻炼平台，华育是培养早期人才的学校，老师本身就应该是人才。如果教师自己没有奋斗经历，没有挫折的压力，没有繁重的负担，就很难指导学生成长成才。我想告知年轻人，不要在自己该奋斗的年龄选择轻松，要能够在华育度过一段连自己都被感动的日子，才会变成那个最好的自己。

三是不自我封闭、不添麻烦的合作精神。华育是非常务实的学校，不喜欢空谈文化，谈的是以学生发展为本，谈的是以老师奋斗为本，把个人的发展和学校高度契合，达到新的境界。平时能看到同事之间互相包容，互相分享，而不是各自为政；同时又不给同事添麻烦，有困难尽量自己克服解决。这里没有文人相轻，遇到问题没有互相推诿；这里没有复杂的人际关系，遇到困难相互帮助。这种团队的凝聚力让我深深感动，这样的氛围使每个人变得很强大。华育有一支很强的团队，这支团队想干事、能干事、干成事，这支团队是华育的核心竞争力，这支团队更愿意付出而不是获取，不给同事、同学、学校添麻烦，这种境界是学校发展的动力。

华育因为有你们这批优秀的教师而变得更好更完善，你们绝对是初中教师中的佼佼者，是我们学校以及这个社会发展所需要的人才。按照现有的标准，华育大多数教师可以算得上是教育界的人才，因为华育已经担负起培养高端学生的重任，华育的中考成绩、竞赛成绩以及科创成绩都是最好的。但按照 20 年后的标准看，华育培养的学生是否适合社会需要？是不是有很强的竞争力和科创能力？还需要我们今天的教师不断地与时俱进，不断地提高自己的前瞻性。比如，从信息社会到智能社会的过渡，大家都熟知的互联网，实际上它既是互联又互不联，导致这方面原因至少有四个：① 政府的监管。允许接触哪类信息，不允许接触哪类信息。② 资本的供给。资本告诉你，选择什么，不选择什么。③ 个人兴趣。只选择自己感兴趣的信息，而排斥不感兴趣的信息。④ 技术本身的要求。高度专业化“只见树木，不见森林”。由此，互联网产生以来，总体发展趋势是少数人作为人工智能的创造者越来越聪明，而大多数人则越来越愚钝。很明显，未来的竞争是科技竞争，而科技的竞争归根到底是创造力的竞争，即人才的竞争。

所以，华育的教师还要不断进取，不断提升自身的素养，走在时代的前列，至少在四个方面要鞭策激励自己：

（1）要有强烈的求知欲与广泛的兴趣。

（2）要有强烈的创新动机和创新意识。

（3）要有勤奋工作的精神和顽强的毅力。

（4）要有充分的自信心和改变现状的能力。

（2017 年 1 月 16 日在全校教职工总结大会上的发言摘选）

六、有才华的教职工在学校有用武之地

在华育中学，有才华的教职工大有用武之地。教职工可以从自身所擅长的领域，结合学校的发展特色，发挥作用。

1. 在教师的努力下，2018 学年继续保持各类竞赛最好的成绩

2017 学年底，我曾说过，2017 学年华育中考成绩和各类竞赛创历史新高，以后很难超越。我感到欣慰的是，2018 学年过去了，华育仍然保持了强劲的发展势头，在全体师生的共同努力下，基本保持高度，有些竞赛达到了历史的最高水平。确切地说，2017 学年和 2018 学年我们应该铭记。

数学虽然高中排名从第三到第四，但主要是教育部门出台政策不让初中生参加高中联赛；参加上海的高中数学竞赛，华育中学的学生也只是陪考，参加人数限制 10 人之内，而高中参与人数不受限制。信息奥赛高中组第二，获得历史上最好的成绩。物理竞赛仍然保持获奖人数最多，化学重新夺回上海市团体第一，体育成绩有所突破，科技创新和创意两项相加获奖人数再次排名第二，中文三大竞赛名列前茅。

2. 用了 20 年的时间，形成了比较完整的华育课程体系和课程框架

课程是学校的核心竞争力，满足华育不同层次学生的需求，华育课程打破常规，打破学段，超前超越，不封顶，不限制。这次举全校之力，整整两年时间重新对课程作了调整、充实和修改，这是华育的共同财富，是一项了不起的工程，是集体的智慧，是值得我们骄傲的。这次共整理了 28 册。

科技完成 8 册：环境监测、微生物、植物学、智能机械、3D 打印、APP 应用开发、创新实验探索和人工智能。

德育完成3册：志愿者活动、德育主题活动和社团。

课程是重点，分两大类：① 校本研修按学科有6册：语文、数学、英语、理化生计、政史地、音体美。② 课程框架11册：个性发展、国际视野、科技探索、口语交际、探究活动、语文、数学、英语、理化生计、政史地、音体美。

3. 教师教研论文结集正式出版

这次学校投入了大量的财力，三次邀请专家到华育作辅导报告，三次请专家评审指导，按重点和一般课题发放课题经费，并将教师的优秀研究成果结集正式出版。老师们也投入了大量的精力，平时教育教学任务重，工作量大，依然在繁忙之中完成实践的研究。

《初中资优学生培养探索——华育中学教育教学研究文集》一书，立足教师团队合作引领专业发展境界，教改实验经验引领义务教育发展的“两个引领目标”，基于华育中学首届教育教学课题研究的实践，汇总教师课题研究的实践，汇总教师课题研究的成果，力求不断推进教师基于教改实验及教育教学实践的探索。该书共由三个篇章组成：德育14篇，教学16篇和心理3篇，涉及班级制度管理、教学前沿展望和心理沟通疏导等方面，合计论文33篇。

华育要在上海持续具有引领作用，就需要我们老师有思考有积累有研究经验推广。华育这次推动研究，不是发动教师去写空洞的论文，而是希望教师从不同年级、不同学生成长的差异中，针对性地开展研究，这是关注实践问题解决的研究。这种基于实践的研究强调华育的育人特色，强调老师自身教学个性的研究，从而推进教学特色的显现。这种基于实践的研究，关注学生初中阶段夯实的基础是否可持续发展，在高中、大学及今后到社会上仍然优秀，有国际视野和家国情怀，是进行教育教学方式与方法的研究。

学校鼓励教师对课堂教学方式改进、学科功力提升、立德树人路径、特殊学生心理引导、有效作业布置及课外活动开展等课题项目进行研究，就是希望开展立足于华育学生发展需求的实践研究，就是希望老师在基于实践研究中成为研究型老师，而不仅仅是教书匠。黄老师这次参与复旦大学的园艺心理教材编写，已经顺利开题，祝愿她借此平台，全方位提升自己，成为这个领域的专家。

4. 各司其职，各部门运行高效有序，做到有条不紊

过去几年，学校基本上是扁平化管理，副校长直接兼任中层主任，减少管理层级，提高了效率。本学年稍有变化，后勤校级兼主任没有变，中层兼教研组组长没有变，但校长、常务副校长、副校长职级增加，我的感受是磨合默契，更加健全，通常我比较忙，需要有常务副校长冲在前面，我的态度是只要各级层面能做的事，我都会放手；有困难的事，我都会顶上。我是个敢于承担责任和爱护下级的人，我始终认为，只有领导班子强，学校才会强。

我认为校长权力不能高度集中，校长对自己要有约束力，重大决策一定要听取意见，特别是招生工作十分敏感，更要公开透明，不能一人说了算，以学校利益为重。校长要赋予副校长权力。没有权力的责任会出现偏差，容易出现缺位、不到位、拈轻避重和事不关己。校长权力也不能完全下放，过度下放也会越位，滋生各自为主，师生难以和谐，难以协调。我现在的心态是，学校出任何问题我都有责任，绝不推卸，学校出成绩一定是大家干的，成绩属于大家的，属于具体操作的人。

华育现在虽然是三个层级的管理：校级、中层、年级组教研组，但实际上年级主任权力蛮大的，学校赋予了年级主任全面而又充分的权力，让他们承担着很重要的教育教学的责任。现在年级主任相当于中层，一个学校到底应该设立多少个管理层，每一个层级应该多少个部门，应该承担什么责任，拥有多少权力，之间的关系如何界定，这些都应该设定清楚。年级主任作为一个权力和责任的实体，华育中学让年级主任集教育教学管理一身，中层部门作为职能部门，不是管理部门，按照学校工作总体规划与年级主任合作，协商工作。

5. 圆满完成了招生计划，高端学生云集华育

去年华育竞赛成绩好，有了马太效应，今年招生比较顺利。但今年张江集团学校招生也给了华育中学一些压力，他们势头猛，成立科创班、数学小班，和我们争的是同一批生源。无论形势如何变化，一个颠扑不破的真理是：好学校想招好学生，好学生想去好学校。华育为了不错过优秀的孩子，不错过对华育忠诚度高的家长信任，我们也是尽全力投入招生工作，尽量做到一个不漏，创造了两天校园开放日接待近 8 000 人和 1 800 多人的高效面谈记录，真正做到来访者都是客，回报社会和家长的厚爱。

6. 凝聚团队力量，发挥整体作用

华育中学的办学理念是以学生为本，关注每一个学生的发展。华育中学面临的是学生整体强，这就意味着教师必须整体强，领导班子必须整体强，太注重个人成就感的人不适合当领导。在我们这个团队里，必须强调集体英雄，而不是个人英雄，不允许学生掉队，也不允许教师掉队，每个人既分享集体智慧，又把自己的智慧奉献给大家，不给同事添麻烦，也不给学校添麻烦。我们这个团队年轻人很多，如果带教师傅不如年轻徒弟考试成绩好，我认为很正常，说明师傅有境界，带教有方，应该提倡和表扬，青出于蓝而胜于蓝是必然的。

当然，我不希望我们这个团队的教师受委屈，我年轻的时候就是受不了委屈，如果因为工作受到委屈，可以找我吐槽，我会开导你、帮助你。其实很多的委屈都是出于误解，信息的不对称，或者都是出于对工作负责任引起的。要说现在有净土，华育应该是一块净土，华育的环境相对单纯，人际关系简单，大家都很善良，愿意付出，有使命感，这就更需要我们互相包容理解。一个好老师、好领导一定是：了解人，理解人，影响人，转化人。具体要了解他的诉求，理解他思考的方式，用自己的人格魅力影响他、转化他。理解不等于赞成，转化是需要调节温度，如果这四个方面的步骤都把握了，你的付出就有成效。希望每一位教职工都能把自己的智慧和才华奉献给华育，在凝聚团队方面，奉献自己的力量。

最后10分钟，欢送四位离校老师，表达祝福。本学期结束，有四位老师即将离开华育，这四位老师来自不同的学科：英文、国画、舞蹈，他们有三个共同特点：名校毕业，专业很强，学生喜欢。如果是20年前，这样的好老师离开，我会难过很久，但现在我更多的是祝福他们，找到适合自己的发展，哪怕是回归家庭也是一种被需要。同时，我非常感谢他们为华育作出的成绩和贡献，我一直会记得你们，华育也不会忘记你们。

刚才四位老师的离职感言是由衷的，是发自肺腑的。今天的社会有两种需要：对组织而言，需要个人为其做出贡献；对个人而言，需要把组织当成实现自己人生目标的工具，华育中学使这两种需要达到了相辅相成。华育中学今天的成就，靠的是团队，不是靠某几个人，华育已经形成了培养的机制，适当的流动，促使学校更有活力。华育中学以开放的心态吸引人才，形成人才高地，有才华的人在华育有用武之地，经过华育的磨练，更加成熟和优秀。我相信，无论在职的还是离职的华育人，都会有灿烂的明天，我也希望离职的老师能经常回家看看。

（2019 年 6 月 25 日在华育中学教职工总结大会上发言选摘）

第四辑

育人“思”为魂

初中优质教育，其“优质”的内涵是伴随新时代发展的变化、教育发展新阶段的要求而不断提升的。这就需要学校管理者以及教育工作者不断思考如何更新育人想法，引导学生正确认识自身的可持续发展，引导家长选择适合孩子成长的初中，引导社会资源不断进入初中阶段学校，不断思考学校育人的本质与使命。

育人“思”为魂，意蕴初中阶段学校要把握我国教育走强的发展趋势，认清未来学校教育发展的方向，不断推进具有国际视野、中国特色的学校教育现代化。无论是中国教育现代化2035的出台，还是上海教育现代化2035的实施，都提出了办世界水平、中国特色的基础教育，作为初中阶段领先发展的华育中学，理应不断贡献学校改革智慧，持续推进教育改革思考。

初中阶段的优质学校，需要在“培养什么人，怎样培养人，为谁培养人”的问题上进行深入的思考。我国正走入中国特色社会主义新时代，需要优质初中在培育具有良好核心素养与关键能力的高素质人才方面做出自己的探索与贡献。

这一辑主要选取了我在学校家长会与开放日上的发言以及针对初中阶段学校发展的普遍问题进行思考的文章，期望对初中阶段同类学校的发展有所启迪与思考。

一、选择适合孩子发展的学校应注重把握的五个匹配

作为一所学校的管理者，经常需要给孩子的家长讲解怎样选择一所适合孩子发展的学校。当前许多家长在为孩子选择学校时有一些误区，如只要能进“名校”就行，但事先并没有考虑这所学校是否适合自己孩子的潜质、个性与未来可持续发展，其办学追求是否与对孩子的发展期望一致。选择适合孩子发展的学校，不仅要关注学校教育的内涵提升与外延拓展，更要关注孩子的个性、潜能的开发与兴趣的培育，让孩子在合适的平台上得到更好的发展。鉴于此，我认为选择适合孩子发展的学校应注重把握五个方面。

（一）注重对孩子的正确认识与学校办学理念相匹配

每一个家庭首先应对孩子有一个正确的认识，在此基础上才能找到适合的学校；而看一所学校是否适合孩子，首先应看这所学校的办学理念是否适合孩子的发展。我们先剖析几种对孩子的认识，然后再分析如何区分适合孩子发展的办学理念。

1. 先看学业观

每一位家长都关注孩子的学业，不仅关注过程，而且注重结果。作为一所学校，最重要的使命之一就是要为孩子创造学习的机会。不是每个孩子都会成为爱因斯坦或莫扎特，但是每个孩子都有自己的特长。无论是学校还是家长，都应致力于开发每个孩子的智能，最大限度地发挥每个孩子的天赋和创造力，让他们在一个好学校的环境里成长。现在不少家长对孩子的学业产生困惑：生怕对孩子抓得不紧输在起跑线上，又生怕对孩子抓得太紧，给孩子压力太大。真正的起跑线应该关注：① 孩子的兴趣；② 孩子的习惯；③ 孩子与同学的交往沟通能力；④ 孩子的学业基础。不同的家长对

孩子的期待可能有所不同,做技术的家长可能认为智商比情商重要,做管理的家长往往认为情商更重要,而做老板的或许认为活络聪明最重要。当然,也有不少家长认为孩子的快乐最重要,体质最重要,做人最重要。对于孩子来说,学会学习很重要,学会面对自己的责任同样重要。

2. 次看教育观

现在有个现象就是国内学生出国留学的低龄化趋势,这从侧面反映出国内一些家长对于美国教育的关注。然而,社会对美国的基础教育褒贬不一,有人认为美国的基础教育人性化,很宽松,值得推崇;也有观点认为美国的基础教育不如中国,一塌糊涂,学生不要读书,等等。笔者的观点是美国的基础教育既不是一塌糊涂,也不是完美无缺。中美教育各有优势又各有弊端。一个是批评太多,一个是表扬太多;美国式教育有时过于松懈,因注重学生创造性培养而忽视了打基础,而中国的基础教育特点恰好能很大程度上弥补美式教育的不足。如果能够优势互补,将扎实的基础与创新能力相结合,不失为一种较为完美的教育方式,所以更理想的应该是两者的综合体。

3. 再看方法观

当前以"虎"妈、"狼"爸、"鹰"爸为代表的棍棒教育很受关注。"虎"妈:耶鲁大学华裔教授,她出版了一本名叫《虎妈战歌》的书,介绍了她如何以中国式教育方法管教两个女儿,要求每科成绩拿 A、不准看电视等。"狼"爸:"三天一顿打,孩子进北大。"香港商人萧百佑用藤条把 3 个孩子送进北大,被媒体称为"中国狼爸"。"鹰"爸:一名来自南京跟随父母到美国旅行的 4 岁男童,在其父亲的要求下于纽约－13℃的暴雪中裸跑。"虎妈""狼爸"只是中国家庭教育中的一些并不具有代表性的个案,既不需要捧杀,也不需要棒杀;既不需要推崇,也不需要批判。每个家长都有自己的性格脾气和专属于自己的教育方式,适合自己的、适合孩子的就是最好的家庭教育。无论是"虎妈"还是"狼爸",都只是家庭教育"百花齐放,百家争鸣"模式中的一种模式,他们只是用了一些特殊的手段,让自己的孩子达到了所谓的成功彼岸。实际上,能使孩子获得发展和成功的方法和手段有很多很多。

由此,我们可以引入这一问题:学校什么样的办学理念才适合自己的孩子成长？笔者在上海中学从事教育工作已经30年，其中从事国际教育20多年。这期间，有一个问题时时萦绕在笔者脑海中：教育的真谛究竟是什么？在笔者看来，教育的真谛大致可用三句话概括：① 帮助每个人成为他自己；② 帮助他实现自己的人生价值；③ 把每个人的独特性发挥到极致。从这样一种对于教育内涵的理解出发，合适的学校办学理念应注重以下几个方面的把握：① 不要让学生定位太高。学生定位太高，会处于“失败者”的位置，丧失信心。② 不要让学生定位太低。学生定位太低，会错过学习的最佳期。③ 合适的定位来自学校对学生正确的估计，正确的估计来自对学生细心的观察，细心的观察来自教师懂得学生的心理。④ 随着学校对孩子的潜质、能力、兴趣特长的逐步认识，把办学目标定位在孩子经过努力能够达到的位置上，也就是专家们所说的“最近发展区”。

（二）注重孩子可持续发展与学校办学品位相匹配

选择适合孩子的学校，一定要关注孩子的可持续发展；而关注孩子的可持续发展，就要注重学校办学品位的知名度。这个知名度不在于学校有多大社会名声，而更多在于学校的办学品位在孩子可持续发展方面树立的口碑。在笔者看来，具有知名度的办学品位与孩子的可持续发展联系起来，就意味着以潜力来看待学生的成长，而非把分数当作第一标准。最终帮助一批学生实现他们的人生价值，使一批中等生成为优秀生，使优秀生成为优异生。事实上，这是不容易的，所以如果能够做到这一点，就意味着其办学品位的提升与知名度的增强。总体来说，有利于孩子可持续发展的学校办学品位提升，应处理好三个关系。

1. 正确处理好学生眼前发展与长期发展的关系

现在很多学校只考虑学生的眼前发展，考虑分数多，而我认为的优质学校应用长期发展的眼光指导学生的当前发展，我们认为“受教四年，奠基终身”。初中阶段是学生成长的重要时期，为了他们今后的长期发展，必须让他们学会做人、学会学习、学会做事、学会合作，养成良好的学习习惯与道德行为规范，具体做法以文明班、先进班评比为抓手，规范学生在学校的行为，从进校着装、早操集队、课堂纪律、课间行为、午饭秩序、校园包干、公物爱护、校车安全、晚自修纪律、宿舍管理等方面全方位全天候覆盖，师生共同参与检查、评比。在促进学生知识与技能、过程与方法、态度情感与价值观三维目标的和谐达成上进行改革创新，让学生逐步树立远大志向。我们的体会是，只有从学生的长远发展来考虑我们眼前的工作，才能使我们的教育能看得更高、走得更远，让学校成为学生幸福人生的真正基点。

2. 正确处理好学生全面素养与个性特长的关系

学校应既注重学生的全面发展，又关注学生个性特长的培育，尤其在保护学生的好奇、兴趣方面力求走出一条新路。我们认为初中学生不能偏科，不能重文轻理或重理轻文，也不能单纯地把语文、数学、外语理解为主科，科学、音体美等为副科，进而对主科重视，对副科不重视。作为对初中学生的教育，任何知识都缺一不可。学校站在学科精神层面教育学生：语文、英语学科在培养语言能力的同时，加强了沟通和理解能力；数学学科培养逻辑思维；理化学科培养科学方法、科学态度和科学精神；史地学科培养人文修养、思辨能力；音体美学科陶冶人的情操；信息技术是通向知识经济时代的钥匙。学校注重抓好每一门学科的发展，通过一系列的活动来促进学生全面素养的提升。与此同时，学校丰富多彩的选修课与社团活动，为学生个性发展提供了空间。

3. 正确处理好学生成绩提升与素养提升的关系

鉴于中国的国情，初中教育依旧要面临升学考试的压力。在此背景下，学校还得将升学教育作为一项任务落实，尽可能确保学生进入高一级的学校深造。其实，素养提升与学生成绩提升并不矛盾，学生的素养除了包括学识素养外，还包括人格素养、心理素养、创新素养、体能素养等。唐盛昌校长曾说过一句话，可以用来形容学生学习成绩提升与素养提升的关系，他说：“学生的学习成绩提升是防守，素养提升是主动进攻，在孩子成长道路上既要注意防守，更要重视进攻。”这句话对于解释这两者的关系相当到位。优质民办初中要抓好升学，但不会只限于升学，更要注重学生素养的提升，只有学生获得真正意义上的、有利于他们今后的可持续发展的知识，才是他们今后一生受用的优质教育。当现实利益如考试、竞赛与学生可持续发展发生矛盾时，学校会毫不犹豫地注重后者。

（三）注重孩子全面而有个性的发展与学校教学内容相匹配

促进孩子的全面而有个性的发展，就要看这所学校教学内容的深广度如何。广度既要看全面知识点的教授，又要看能否提供更多的领域让学生选择，从而激活学生主动学习的兴趣。深度就是看学校提供的课程与教学，能否满足某一或某些方面具有个性孩子的成长，使他们的个性得到更深层次的开发。为促进孩子全面而有个性的发展，深化教学的深广度，学校教育教学要注重四个坚持。

1. 坚持集体备课

首先，在学校的课程建设方面有一套完整的教学纲要。教师通过备课讨论熟悉纲要，熟悉教材，熟悉学生，根据学生的实际，制定进度，拓宽深度与难度，这样即使是新教师也能做到"纲要在手，心中不慌"。其次，规定新教师先听完老教师的课再自己上课，为新教师搭建迅速成长的平台。由于坚持集体备课，课堂教学的有效性大大提高。一般的学校大量的时间讲课本内容，而我们大量的时间超出课本；一般学校两节课的内容，我们通常一节课就完成。这样既训练了学生的思维能力，也有利于个性的发展。

2. 坚持背靠背命题

学校不断提升教学质量，在教学内容、进度、课堂练习以及测验或考试方面，备课组的教师所带班级保持同步。由于坚持背靠背命题，坚持教学质量监控，教师、学生都不敢松懈。

3. 坚持一丝不苟训练学生

教师对学生的平时考试、测验，包括平时的作业批改都要十分严格，不仅要求解题的过程要对，而且解题的结果也要对。如果过程做对了，最后一步结果算错了，就算全错。另外，教师对学生每次测验和考试后的试卷进行质量分析，错题整理，让学生知道自己究竟错在哪里，是计算错误、概念理解错误还是书写错误，抑或是审题不清导致的错误。找出失分的原因，有针对性地加以改进。

4. 坚持开展课内外活动

除了常规的课程教学，学校还为学生开设四十多门选修课，成立各种兴趣小组和社团，学生可以根据自己的兴趣自主选择和参加。这正如吃饭，有主食，有小菜，有鱼有肉，还有特色菜，食物丰富多彩，而不仅仅是四菜一汤，爱吃不爱吃，反正就这么多，显得乏味而又"缺乏营养"。通过开展有特色的竞赛型、特长型、拓展型的选修课程和活动，满足不同层次、不同兴趣学生的要求，使得学生不仅视野开阔，而且学得生动活泼，为学生持续发展打了坚实的基础。

（四）注重孩子潜能开发与学校教师队伍发展相匹配

选择适合孩子发展的学校，要与孩子的潜能开发联系起来，充分考量学校的教师队伍建设，注重学校教师队伍发展的纵横度。教师发展的横度主要看教师之间的集体力量与相互团结协作，毕竟育人是集体的事情。而教师发展的纵度主要是看教师个体发展的速度、高度与附加值，能否成为有个性的教师。对于学生全面而有个性的发展以及兴趣、潜能的开发来说，教师队伍发展的纵横度既是一种前提保证，又是巨大的推动力量。对于学校来说，应努力建设一支想干事、能干事、干成事的教师队伍，造就一支师德高尚、业务精湛、结构合理、素质精良的教师队伍。为了实现这一目标，可以着眼于以下几点：

1. 花大力气抓好教师培训

在培训中，第一是传递信息，使教师了解学校的教育目标以及特色方面的情况。第二是改变态度，每个教师到学校之前，都有自己的价值观和行为准则，但我们要让教师接受我们学校的文化和价值观。第三是更新知识，通过培训让教师知道，教师的知识结构是多元而不是单一的，到了学校任教不能停止个人成长。第四是发展能力，主要体现在教师的教案设计能力、课堂教学能力以及与学生的沟通能力等方面。

2. 提供有效的课堂实践机会，发挥熔炉作用

只要有条件有机会，我们都会安排学校的老师分批到其他优质学校进行半年到一年的课堂实践。我们充分利用学校的优质资源，促进了教师的四个结合：即自主发展与学校计划培养结合，专业技能提高与专业精神结合，提升学历层次与提升教学能力结合，关注个体发展与关注群体发展结合。

3. 加强专家型、学者型教师的培养

鼓励教师向专家型、学者型的方向发展，使学校成为学习型、研究型学校。通过建立导师制，形成重教尊老的良好氛围。对新教师全面实施一三五工程，即一年内基本功过关，三年胜任，五年成为骨干教师的培养工程。学校十分看重教师入校后的第一个三年，因为这是教师专业精神、专业伦理的萌芽期，也是教师将职业当成“理想追求”还是“谋生手段”的分水岭。经

过新教师培养工程，不少新教师把职业当成事业，成为学校骨干。

4. 构建全面的教师评价体系，着重健全学生测评教师的制度

每学期结束，学生从教师备课、课堂教学、作业批改、课外答题等多个指标方面对教师打分，并且及时反馈给教师。通过这一途径，教师更加注重练好内功，更加注重自身素质的提高。学生认为老师是自己的良师益友。从良师角度讲，学生认为老师不仅教授给他们学科知识，教他们如何考试，还能激发他们的学习兴趣和积极性。老师们热爱自己所教授的学科，并以此感染带动学生，营造活跃积极的课堂氛围。这种关系和课堂氛围能鼓励学生专心听课，积极讨论问题。从益友角度讲，师生关系融洽，经常能听到教师夸学生，而学生也在测评中给教师打满分、高分。

（五）注重孩子成长为高层次学生与学校管理的质效相匹配

选择适合孩子发展的学校，一定要关注将孩子培养成为高层次的学生，这就涉及对于学校管理的质效度衡量。所谓质效度是指学校在创设有利于孩子成为高层次学生的管理中，既要注意质量，也有注意效度，使两者有效地结合，这样的学校才值得信赖，值得追从。学校管理应关爱每一个学生，相信每一个学生，鼓励每一个学生，发展每一个学生。

1. 用文化传承培养学生责任感，提高学生的层次

高层次学生的精神是什么？就是使命感与责任感，鼓励孩子在传承中发展。优良传统不仅是属于过去的，也是属于现在和未来的；传统是学校的文化血脉和动力源泉，是学校的魂和根。传承是教育力量，是无形的财富，是用金钱无法衡量的，是无法复制和模仿的。水滴石穿，历史凝练，才有我们不断发展的今天。

2. 用全面发展培养学生综合素质，提高学生的层次

我们通过课堂教学精讲精练，培养学生对知识的兴趣；通过丰富多样的课余活动，培养学生各方面的才华；通过十分活跃的学生社团活动，锻炼一批学生干部；通过规范的文明班评比，培养学生守纪和文明行为，包括用餐完毕后，将餐盘放回原处等细节处。

3. 用严格管理培养学生自主能力，提高学生的层次

学校各项活动是宽松的，但各项纪律是严格的。例如早锻炼、晨会、上课不允许学生迟到早退，住校生中途不能进宿舍，参加大会不允许私下讲

话，等等。严格的管理使学校的学生养成了良好的习惯，学生不仅会安排时间学习，而且生活上也会照料自己。严格的管理其实是一种养成教育，俗话说“没有规矩，不成方圆”，严格的管理不等于束缚，懒散也不等于自由发展。

4. 用多元评价培养学生全面素养，提高学生的层次

学校多角度鼓励学生在不同方面的进步，真正做到在关注学生全面素养发展的同时，促进每一个学生优势智能的开发。有质效观的学校管理注重培养孩子的兴趣，鼓励孩子的个性发展，有了兴趣就会有主动学习的动力。我们欢迎学习成绩好的学生，好的成绩是我们需要的，但我们更加看重成绩背后的东西，即学习习惯。我们欢迎各科均衡发展、爱好广泛的学生，因为爱好广泛的学生，视野开阔，思维活跃，有后劲。

总而言之，选择适合孩子发展的学校，关键就在于对孩子个性和发展有正确认识的基础上，对学校发展愿景进行分析，关注学校的办学理念、办学品位、教学内容、师资建设以及管理水平等方面，将孩子的个人特征与学校的办学特征进行匹配，力求为孩子创造最优的学习和发展环境。

二、让家长真正了解学校育人的真谛

作为学校领导者，有必要向家长介绍学校的育人特色。我每年都要亲自向报名华育中学的学生家长进行宣讲，让家长真正了解华育中学的育人真谛。以下是我在一次学校开放日上的发言，在此与大家分享。

今天非常高兴在华育的多功能厅欢迎你们的到来，你们是我们今天最重要的客人，虽然时间短暂，但你们都会受到华育师生和家长的热情接待，希望今天你们不虚此行，华育能给你留下深刻印象。今天我的介绍，主要围绕三个方面进行：其一，创办华育的初心和取得的成绩；其二，华育坚守的两个重要举措；其三，华育对未来发展的三大思考。

（一）华育创办的初心和取得的成绩

1. 华育创办的初心

华育中学1999年创办，通过20年跨越式的发展，已经成为全市公认的高端民办初中。我非常清楚教育家唐盛昌先生创办华育的初心。当时按照

市里规定，市重点高中都要取消初中，1998年上中是全市最后一个初中脱离的学校。唐校长始终认为，初中脱离不利于早期人才培养的一体化，只有高中三年培养时间太短，至少7年，12年更好。创办华育的初心就是希望民办华育能承担原先上中的初中部责任，在创新人才早期培养方面走出一条新路。事实上，培养创新人才是步步推进的过程，如果孩子从小在学习中缺乏思考能力和创新能力，将来不可能成为创新人才的。华育创办时初心非常明确，是为创新人才早期培养打好基础的学校，办学的模式和理念与上中一致。

2013年唐校长退休，我被安排到华育任校长(我当时还是上中的副校长)。我意识到，任华育中学校长不仅仅是一份工作、一份责任，更是一份使命。在教育局、市教委和唐校长的领导下，我坚信可以探索这条新路。

我到了华育后，和大家一起制定了七年的学校发展规划(2013—2020年)，明确提出了六个方面的引领。现在六年过去了，全校师生围绕规划，齐心协力，分步骤、分重点地逐步推进学校在上海六个方面的引领带头作用，学校在德育、课程、教学、教师专业发展、教改实验和管理六个方面基本达到预期。

2. 华育取得的成绩

华育这几年在各级领导关怀下，取得的成绩是显著的，2018年达到了历史最好水平。对华育来说，没有最好，只有更好。华育获得了5A级单位的称号，去年绿色指标测试全市第一，按市教研室主任的评价，是"极其出色，遥遥领先"。

华育从2008年上海市中考统一阅卷以来，连续11年中考成绩全市第一，2018年中考打破了自己2016年平均600分的纪录，达到了601.82分，五门学科大满贯，去年百分之百学生进入上海市实验性示范性高中。主要是运气好，借了改革开放40周年的东风，以前通常在99%左右。更重要的是华育学生全面发展，并且持续展现出鲜明的个性特色与领先发展的潜质，他们不断刷新自己的成长记录，而且也刷新了学校的光荣史册，各类竞赛达到了新的高度，远远超出同龄人，初中学生参加高中学生竞赛，名列高中前茅。

这些成绩展现了华育“数学教育见长、文理基础厚实、科技教育凸显，艺体素养奠基”的育人特色与学生发展的后劲。其实，这些成绩学校并不看重，学校绝不会把中考的成绩、竞赛的成绩放在第一位，学校更看重的是华育学生中考和竞赛背后的刻骨铭心的努力，在学习过程中的坚忍心以及克服困难和战胜挫折的勇气。我作为校长，虽然为华育每一位学生骄傲，但我很清楚，学生在校的成功不是真正的成功，初中学生获得的成绩，只能代表这个年龄段达到的水平，不代表他们 20 年后达到的水平，所以这些成绩不足挂齿。

我看到，华育很多学霸并非是天生的，而是后天努力和拼搏换来的。他们的优秀，不仅在于成绩，更在于人文素养、社会责任、心理品质、领导和组织能力。我对精英的理解是 12 个字：服务社会、报效祖国、奉献自己。我不希望华育的学生是一个精致的利己主义者，而是要学会去改变自己，改变生活，改变世界，要敢于和勇于帮助、影响更多的人。

（二）华育坚守的两个重要举措

华育在创新人才早期培养方面作出的努力，都是着眼于未来的教育，我们培养的学生，未来如何体验时代，适应时代和创造时代，如何在 20 年后成为真正的引领者，这是我们教育者思考和关注的。我们真正在乎的，不是学生现有水平，而是学生未来持续追求进步的心，希望我们的学生能活出生命价值的意义，今后能承担更多的社会责任，能推动社会的进步。

1. 学校把育人放在第一位

华育创办以来，一直把立德树人放在第一位，习总书记去年在全教会上提出“培养什么人，怎样培养人，为谁培养人”的重要讲话，对我们华育来说是极其重要的。华育的办学视野已经远远不再满足上海市第一，这些因升学成绩的排名。当然华育中考和各类竞赛都力争第一，我认为第一必须要竞争的，但仅有这方面的第一是没有意义的，我们更看重学生的内涵发展，持续追求；更看重他们高中、大学乃至今后走入社会的影响力。每年新生入学后的三天紧张军训，都是坚持高标准严要求，每年的军训都在 8 月份的高温下进行，2017 年是暴雨加雷电，2018 年是台风，在这种恶劣的环境下完成大会操。预初 11 岁的孩子三天军训，完成军人一周训练的任务，在场的观摩者都激动得热泪盈眶，他们没想到自己的孩子如此坚强，如此能吃苦。

每天早晨坚持三操，7:30—8:00雷打不动。教育局只规定广播操，华育自行增加武术操和自编操，让学生体验到强健的体魄不仅是学习的基础，也是奠定人生可持续发展的基础，更是培养自己锻造集体意识、团队精神的重要载体。

学校十分重视学生志愿者服务，与五十多个社区或公益机构签订长期的志愿者服务协议，每年参加6 000多人次，让学生懂得服务他人、服务社会才能更好地成长。同时学校关心学生身心健康，创办青春俱乐部，温馨的心理咨询会，配备多名心理健康咨询师，成立心理领导小组，各班设立心理服务员，他们都是学生心灵的守护者。学校还开展大量的丰富多彩的活动，每年的主持人大赛、艺术节、露天音乐会、运动会等，不仅展示学生的艺术才华，更是学生关注社会、融入社会、培养家国情怀和民族精神的舞台。

2. 学校重视学科特长学生的培养，重视学生的扬长教育

刚刚进入华育的学生有些已经显露特长，有些看不出特长，还有很多学生潜在的能力没有得到发掘，华育能够使有特长的学生更加凸显，使特长不明显的学生形成特长。华育是上海市优秀小学生向往的学校，为了进华育，很多家长和学生作了积极的准备和努力。教育也有马太效应，社会非常敏感，由于这几年华育在持续上升，受到了社会极大的认可，吸引了全市优秀的学子。

在我的心中，华育确实有一批孩子将来有可能成为我们国家的栋梁之材，他们有天赋、肯努力，学校提供了他们成长的环境，营造了他们成长的氛围。学校行政会议上通常都在研究学科特长生的培养，学校不仅做到打破常规、打破学段的教学，超前超越，而且做到扬长教育不封顶，高端教育不限制，依靠社会力量，充分利用社会的各种资源，家长资源，满足学生的发展需求。

学校根据学生的特点创设数学班、科技班和各种兴趣班，满足有特长学生的需求，同时对特长不明显的学生打造丰富的第二课堂，每学年开设120门课程，有研究型、竞赛型、活动型和工程型，推进学生的特长形成。

华育有15个创新实验室，包括人工智能实验室、微生物实验室、无人机实验室等，都与中考无关；每学年给学生提供100个大型讲座或中型讲座，都与中考无关；社团进课堂、阅读进图书馆都与中考无关；我们借助大学教

授和专家，指导学生做课题，每年申报160多个课题，参与科技活动，激发学生无限的能量，这些都与中考无关。这些看似和考试无关的活动，实际上培养了学生各种优秀的品质，打开了学生的思路，培养了学生的特长。在华育，学生整体很强，普通班的学生不普通，经过华育几年的磨练，很多普通班的同学到了高中和大学形成了自己的特长。在华育，科技班、数学班、普通班都很强，各有特色，中考成绩差距不大，每年都有一批普通班的学生考进上中的数学班、科技班和工程班。今年上中科工班自招80人，华育有56位学生进科工班，其中30位是来自普通班的学生(科技10位，工程20位)，上中数学班华育进了21位，其中3位来自普通班。

(三) 对华育未来发展的三大思考

思考一：当前中考改革的新政不会影响华育学生的发展

中高考改革，对华育发展都是非常有利的。华育在培养学生综合素养、能力上与高考新政改革方向是一致的。大家知道，华育培养的学生就是综合强、有特长。

我的看法是：如果孩子是中等以上，有潜力的，就应该选择华育这一类的高端民办，挑战自己；如果孩子是中等以下的，应该选择公办，政府对公办不选择生源的学校有很多政策倾斜，通过名额分配，容易进高中名校。

思考二：华育在迎接即将到来的教育改革有明显的优势

我们的社会处于深度的变革中，从信息社会到智能社会，从学生单科的学习能力到整个学科综合能力，从只有总分概念到个性特长的概念，对华育来说，这三个方面都有巨大优势。华育有唐校长领衔的优秀管理团队，想干事、能干事、干成事。华育有优秀学生成长成才的良好环境，好学生在一起，相互作用，相互碰撞，能激发无限的潜能。华育有自己的课程体系，能满足不同层次学生的需求，华育还构建了学科领域和非学科领域活动课程的框架，完成了14本课程标准，确保了华育的高质量。

除此之外，华育还有优秀学科骨干教师的梯队，这支中青年团队，平均年龄35岁，充满活力，他们本身是人才，他们是学校的核心竞争力。华育的学生经过这些无私奉献、专业精湛老师的四年洗礼，他们达到的高度，是其他学校同类学生难以企及的。

思考三：华育未来发展的定位，仍然坚持创新人才的早期培养

所有能进入华育的学生都是学业优秀、思维敏捷、探究课题能力强的好学生，这里要感谢家长的培养，家长是孩子的第一位老师。我认为，国家未来最先进的科技发明，最先进的武器装备，最先进的智能化技术，不只是在电脑上，不只是在流水线上，更不只是在图纸上，而是在华育学生的头脑中。进入华育的每一位学生都是矿，而且一定是金矿和富矿，上海市国际化大都市和科创中心的定位，我们华育要有责任，要有担当，为上海乃至国家未来培养具有创新潜能、创意潜质、创造潜力的优秀后备人才。

华育的学生有含金量的，事实证明，经过学校四年的培养和锻炼，能涌现一批好中更好、优中更优、特中更特、强中更强的学生。目前大环境是，初中数理化竞赛不是降温，而是取消，这就对我们提出了新的挑战。如何在早期人才的培养上有效转型，从单纯的竞赛准备，逐渐转化到项目学习和项目探索，从传统知识的反复操练到现代科技进展的学习理解和探究，我们培养的学生视野更宽，高度更高，这方面华育已经绝对领先。华育未来的发展，定位还是为早期人才培养打好基础，这就决定了华育不忘初心，一如既往，对有天赋、有特长、有潜力的学生，继续搭建平台，不仅学校不叫停各种兴趣班，而且要加强数学班、科技班学生的特长培养。不管大环境如何，华育已经在研究更有效的竞赛方式，鼓舞学生，激励学生的斗志和拼搏精神。上周二早晨，我给本校数理化一等奖的学生颁奖，我的感觉是华育的竞赛一等奖是有含金量的，是被社会认可的。华育的一等奖竞赛的水平，是上海市一等奖水平，华育的学科尖子也是上海市的学科尖子。华育坚定不移地朝着这个定位奋进，欢迎有更多有理想和价值观与华育一致的学生加入我们华育的团队。

最后，我想说的是，一所好学校未必能够确保学生的上限，但能设定人生的下限。一所好学校，除了能够让学生在共同努力的日子里收获深厚的友谊，也会让学生找到共同理想和共同价值追求的同学，衷心祝福你们找到适合自己的好学校。我也相信，在座的有一批优秀的孩子将成为华育的学生。

（2019 年 4 月 13 日在华育中学开放日上的讲话摘选）

三、让新生家长为孩子成长及早做准备

首先，祝贺你们的孩子如愿以偿进了华育。此时此刻，我特别要感谢家长坚定不移地选择华育。我知道，很多孩子为了进华育作出了多年的努力，我也知道，很多家长孟母三迁，高质量地陪伴孩子付出很多。同时，我也想告知家长，华育爱惜每一位优秀的孩子，为了不辜负对华育忠诚度高的家长信任，我们也是尽全力投入招生工作，在招生开放日的两天里华育全力以赴，创造了 8 000 人的开放日接待和 1 800 多人的高效面谈记录，学校做到来访者都是客，热情接待，回报社会和家长的厚爱，做到一个不漏，圆满完成了 360 人的招生计划。

今天，见到你们，有很多话想说，但考虑到时间的关系，我只能说些重要的，或者是一些简单的道理，希望和家长形成共识。我很想说的是，孩子到了华育，如何才能在华育健康快乐地成长，为将来的成才打好坚实的基础。这个问题，不仅是家长关注的，而且也是学校关注的，家长和学校最关键的是对孩子的教育要符合教育规律，具体就是要把握孩子成长、成人、成功的三个规律。我到华育整整六年了，初中这个阶段对孩子的一生非常重要，同伴对孩子的成长非常重要，这个阶段很容易大起大落，变化大。下面我就这三个规律谈一点认识：

第一个规律，就是成长规律，如何把握教育发展的成长规律

成长为何？成长是一个漫长曲折的过程，但是，我们很容易期望过高，把孩子的成长之路大大缩减，欲速则不达。

华育的定位，是为早期人才的培养打好基础，孩子们到了华育，面临一个新的学习环境，大家都是高手，谁也不是常胜将军，功课多了，难度大了，标准高了，很多家长既激动又不安，如何帮助孩子尽快适应学校的发展，为早期培养人才打好基础？我认为，当前最重要的是家长要帮助孩子，鼓励孩子做到两点。

1. 帮助鼓励孩子积极参与学校的各项活动，提升活动能力和品质

华育关注孩子的是长远发展，不仅仅是初中四年，也不仅仅是高中或者

大学，而是关注孩子大学以后，对社会、对国家、对人类的贡献。有家长认为，孩子到华育来就是读书，其他不重要。这是带有片面性的看法。华育培养的孩子不是只会读书，但必须强调的是，一定要读好书。其实对华育的孩子来说，读好书是底线，但还不够。事实上，在华育，很多时间花在课外活动中，这些看似与读书和考试无关的活动，都在培养孩子各种优秀的品质和社会活动能力。

如果在华育四年读书没有学到这些，就失去了在这里读书的意义。华育90%以上的孩子，学业已经足够的优秀，家长应该关注孩子课外的活动，关注孩子未来的优秀品质培养，应该比普通学校的家长更加淡定从容。

2. 帮助鼓励孩子提高学习效率，合理安排业余时间

时间对每个人都是公平的，有些孩子之所以觉得时间不够用，不是真的因为没有时间，而只是没效率。提高效率，就是要能够合理规划时间，掌控时间，从而提升做事的效率。

大家都知道，好学生不仅在学业上出色，更会合理安排业余时间，在为同学服务、班级服务、学校服务、社会服务方面获得良好的综合能力提升。我在学校各种场合一直强调，不希望华育的学生是一个不懂感恩的人，也不希望华育的学生是一个精致的利己主义者，我希望他们能够敢于和勇于帮助、影响更多的身边人。所以，华育的孩子平时一定要利用好零碎时间，利用好业余时间，培养讲究条理的学习习惯，尝试用新的方式来快速提升学习效率，这样才能腾出时间参加各项活动，做到学习和活动两不误。

第二个规律，就是成人规律，如何把握学校发展的成人规律

我讲的成人不是以个人为标准，而是以学校为尺度，学会做对社会有用的人。对孩子来说，一定要把个人成长与祖国前途、命运结合起来，与学校荣誉、集体的荣誉结合起来，这样才能真正地成人。

其实一个人将来能走多远，能取得多大的成绩，取决于三点：① 服务社会的意愿和热情；② 对从事的事业的兴趣和喜欢；③ 达到高度的潜力和能力。为此，学校在任何时候都会坚守两个原则：

1. 坚守把育人放在第一位的原则

20年来，华育对学生的基本要求是：要有境界和修养；要有内驱力，坚忍心；要有正确的价值判断，不利己不自私；要有奉献精神，服务精神，大格

局,大情怀。

华育始终从国家层面思考未来人才的培养教育,从教育站起来、大起来,到强起来,考虑华育的育人,营造学生成人的环境。学校十分重视军事夏令营、志愿者服务、社团等各种活动,提升学生对社会的责任感。对品德不佳、人格不够健全、缺乏社会责任感的个别孩子,学校都会加强心理疏导,加强必要的教育,不会因为成绩好就放松教育。

2. 坚守在全面发展基础上扬长教育的原则

传统学校和非传统学校的最大不同点是,补短和扬长教育,华育是两者的结合。家长和学校的老师都要用心观察孩子的长处,及时发现孩子的长处,知道孩子的后劲在哪里,潜力在哪里,如何发掘。对孩子的期望值不要太高,高了会失望,但也不要期望过低,低了会错过最佳发展期。

学校会通过大量开设的课程,满足学生不同层次的需求,也会通过第二课堂,每学年为学生提供 120 门课选择,激活学生发展兴趣和潜能。学校除了传统的理化生实验室,还新建了 15 个高质量的实验室,聘任来自复旦、交大等高校教授,以及社会专业知名人士来校讲座报告,内容涉及人文艺术、时事政治、金融经济、计算机、人工智能、化工能源、军事国防、生命科学、法律等多个领域。据学校统计,每年为学生提供大中型报告讲座 100 场。除此之外,每年学校组织学生去华为基地、中国商飞集团等企业考察。学校通过搭建各种各样的平台,通过扬长教育,使学生更加自信。

学校不会在乎中考排名,也不在乎竞赛的成绩,但是我们非常清楚,当学校把完整的教育体系不断完善提高的时候,孩子的个性特长、综合素养自然而然就会上去,排名和成绩不是第一也难。

第三个规律,就是成功规律,如何把握个性发展的成功规律

成功是由一个一个奋斗目标垒起来的过程,每个目标都是一个台阶,真正的成功对学生来说,是将勤奋和努力融入每天的学习生活中。在华育四年,如果孩子没有一段辉煌的奋斗史、成长史,是人生一大遗憾。

家长应该知道,小学和初中有许多不同之处:① 随着孩子年龄的增长,自我意识大大增强,一方面他们希望摆脱大人的控制,另一方面又常常表现出不能自控;② 初中学习与小学不同,不是以记忆为主,华育强手如林,稍有不慎就会掉队,一旦掉队补起来比较困难;③ 初中管理又不如小学细致,往往粗线条，风格更加多样，对孩子的自觉性主动性要求更高。

在我的眼里，华育没有孩子是靠运气进来的，个个都有实力。一般的竞赛成绩我们招生都不看，英文过了初级口译，甚至中级口译的也不少，才艺方面，钢琴、小提琴、围棋、机器人几乎成了大多数人都会的普通技能。在这样一个充满活力的校园里，我希望：

(1) 家长不要被培训机构绑架。现在社会大环境让人担忧，教育也被资本绑架，机构为了挣钱，不择手段制造紧张，再加上各种无孔不入的新媒体缺乏情怀，将社会的焦虑情绪不断扩散，补课乱象纵生，影响学校的正常教学，不少孩子补课适得其反，作业马虎，上课效率低。家长花钱花精力达不到预期效果。实际上，有两类孩子需要补课：有超强学习能力的孩子，学校的教育不能满足需求，可以通过校外机构再补充一些；某些学科有短板的孩子，需要针对性补课。

家长一定要从孩子自身出发，顺其自然，跟着学校的节奏，克服盲目焦虑。人生是一场马拉松，起步的那一瞬间道路拥挤，绝大部分人跑不到一半就主动慢下来，退下来了。我发现，那些过去和我差不多的人，甚至读书更优秀的人，早已放弃了人生的马拉松，我能够跑得更远，仅仅是因为我还在坚持跑而已。坚持马拉松和坚持学习是一样的道理，学习是一辈子的事，笑到最后的人是一辈子学习的人。

(2) 家长不要紧紧盯着孩子每天的作业和每次考试的成绩，要关心一下孩子真正的兴趣，了解孩子的天赋所在。帮助孩子找到自己的个性发展，找到他人生的价值所在，让他的生命从此有了存在的价值和意义。无论孩子的成绩在学校好还是不好，只要孩子能够一直保持“热爱学习”的状态，家长和学校就算是尽到责任了。反之，如果孩子的成绩还可以，但已经开始厌恶学习了，那么，家长和学校应该反省在教育上有没有出现偏差。

作为华育的家长，你们应该引以为自豪的是，华育有一个非常优秀的家长团队，在家长学校与家委会的带领下，家长在学校发挥了重大的作用。值得一提的是，通常都是好几届的家长在一起，他们不仅关心自己的孩子、同班的孩子，而且还关心同年级的孩子，学校的孩子，谁有难处，大家都会群策群力帮忙。尤其新生的家长，都会受到高年级家长的无私帮助，分享彼此经验，找到很多志同道合的人。让我欣慰的是，华育的家长都是半个教育家，教子有方、识大体、顾大局，他们是最好的家长。对外家长非常抱团，容不得社会上对华育任何指责和质疑，对内又非常的热心，关心学校的发展，经常给学校提出建议意见，甚至批评。有些批评虽然有些尖锐，但推动了华育的发展。学校的发展是问题驱动的，我是从来不怕问题，发现问题认真解决问题，才使华育不断领先。处于领先的华育，我们不用担心中考新政影响我们，也不要只想着初中四年孩子的成绩，我们只要关注孩子赢在20年后，不忘华育创办初心，为创新人才早期培养打好基础，我们就能赢得孩子的未来。孩子是每个家庭中最重要的财富，让我们携起手来，让家中的财富不断升值，相信华育，相信自己，相信孩子。

最后就大家关心的两个问题说明一下：

(1) 今年为什么会增加一个科技班？主要考虑两点：① 去年初中综合素质评价有新的实施办法，强调四个评价内容，品德发展与公民素养；修业课程与学业成绩；身心健康与艺术素养；创新精神与实践能力。华育要突出综合实践活动与科学探究。② 华育学有余力的优秀孩子越来越多，一个科技班不能满足。

(2) 数学班、科技班如何选拔？数学班以数学竞赛的成绩为主，参考总分。科技班以总分为主，参考科技特长，1:1.2选拔。

实际上华育的平行班实力很强，要比外校理科班强，这是不争的事实。华育的平行班也有很多孩子，一旦学有余力也是积极参与科技活动，做科技项目。也有一些孩子发现了自己的潜能，越来越喜欢数学，也参与了数学的竞赛，华育平行班的学生到上中数学班的例子也不少，说明华育平行班很强。总而言之，不论你的孩子进入科技班、数学班还是平行班，都是很优秀的班级，祝贺你们的孩子，希望你们的孩子在华育四年能够愉快、健康成长。

(2019年6月1日在新生家长会上的讲话摘选)

四、基于学生核心素养培育的初中学校课程体系建构

中国学生核心素养的颁布，推进基于学生核心素养培育的学校课程建

设成为未来学校发展必须关注的重要课题。不同阶段、不同类型的学校围绕学生核心素养培育，如何把握共性要求进行富有自身个性特点的实践，进而推进学校课程体系的建构？对这一问题的思考与突破，成为每一所学校办出特色、提升核心竞争力的必由之路。现谈谈基于学生核心素养培育的初中学校课程体系建构思考与对策。

（一）基于学生核心素养培育的初中学校课程体系建构思考

进入21世纪以来，为提升人才适应未来的竞争能力，许多国家与国际组织把培养学生的“核心素养”作为育人的重要环节加以引领，围绕学生核心素养进行课程建设，成为世界各国教育发展的一种必需。如何把握共性要求，进行个性选择，进行切合学校特点的核心素养解读，成为初中学校课程体系建构思考的一条主线。

1. 基于学生核心素养培育的初中学校课程体系建构必然

学校课程是学校发展的核心竞争力，同时也是国家所强调立德树人的基本载体，是将学生核心素养要求落到实处的重要支撑。基于学生核心素养、把握时代发展需求、立足学校个性特点进行初中阶段学校课程体系的建构，是学校发展的需要、期许、应对与财富。

初中阶段的学生在夯实学生核心素养的基础上进行切合时代发展需求的发展，学校课程改革是基础。学校应当清晰地认识到科技进步十分迅速，如拍照过去用胶卷，现在用手机以及数码产品；新媒体代替纸媒体；电商颠覆了实体经济；滴滴打车的出现使传统的出租车行业遭到颠覆；资本＋高科技形成新的形态，对教育冲击很大，家长加码，所有这些都远超预期。此外，信息技术的发展，使我们快速走进智能社会，阿尔法狗（AlphaGo）可以模拟人的思维。学校课程应当跟上时代发展，无论是从内容还是结构上，都需要做出改革。

基于学生核心素养的学校课程建设，是立足于学生的未来发展，为学生更好地走向2030年、2040年，反过来思考今天的教育内容改革。未来的学校教育，以单一学科为基础的教育将受到巨大挑战与冲击，今后必将走向跨学科、超学科乃至多学科的时代。从人的素养发展来看，单一学科的教学，无法培养学生必备的核心素养，从培养学生的认知能力、协调能力、团队合作、抗挫折的角度讲，都需要整合学科课程与非学科课程的育人能量。从创新精神讲，大力推进学校课程建设是对个体条条框框的突破，不限于基本技能、技术，学科课程只是学校课程的一部分，不是主渠道。因此，传统的学科知识教学格局必然面临重大的改变和挑战。

初中阶段的学校课程，必须不断走向现代，整合现代科技的内容。我国的理化生教育内容，大多以经典内容为主，而欧美等国际主流教育，则更强调与科技、生活紧密相关的现代内容传授。2016年我国北京、上海等四省市学生参加的PISA测试排名第十，其中科学素养测试反映的我国学生问题是对现代科技内容掌握得不够。初中阶段的学校课程改革，要促进学生开展基于现代科技的学习、基于探索与证据的教育，养成学生的批判性思维。

学校课程改革，是学校发展的巨大财富，是学校个性、特色彰显的制胜法宝。作为初中阶段的学校，需要围绕学生核心素养的夯实进行智慧集结，发动学校教师围绕学科课程与教学大纲进行思考、实践，充分激活教师的智慧，并把这种智慧集聚起来，变成学校共同的财富，变成学生全面而有个性成长的财富，进而让学校的课程建设成为上海市初中学校课程改革的财富与品牌，推进学校基于课程建设的转型发展。

2. 把握共性要求与个性特点的学生核心素养的解读

初中阶段的学校在把握这一共性要求的基础上，可以根据学生的特点以及学校自身的个性，提出切合实际的学生核心素养培育要求。华育中学由于集聚的学生资质相对优异，因而学生的素养要求也比较高，提出了切合自身特色与发展因子的核心素养“6＋3”要求，作为学校课程框架的建构支撑。“6”是在中国学生发展核心素养的基础上加上修饰语，即“良好的人文底蕴，高尚的科学精神，持续的学习能力，富有情趣的健康生活，强烈的责任担当，优秀的实践创新”。除此之外，为培养学生走向优质与卓越，华育的学生还应具备“3”项华育特定要求的核心素养，即“宽广的国际视野，高远的生涯规划能力，优秀的信息媒体运用能力”。这“3”项从一定意义上说在共性要求中有所体现，只是隐藏其中，将其凸显出来，作为学校的特色要求提出。也就是说，不同的初中阶段学校可以提出不同的特色个性要求。

首先是宽广的国际视野，这是文化修养方面的延伸。作为比较优秀的初中学子，发展视野不仅仅要放在国内同类型的比较平台上，而应放在国际视野下认识自身的发展优势、差距以及不足，从而能够不断拓宽视野，认识自身可能达到的高度。应当在科学素养上进一步拓展，要有与世界同类学生比肩的勇气与气魄。

第二是高远的生涯规划，这是自主发展方面的延伸。初中学生应当初步形成自己的阶段生涯规划与思考，家长与教师的建议只是为了能够让自己做出更好的选择。要引导学生结合自身的特点，结合社会和科技的发展，进行高远的生涯规划，不断思考“我是谁”“我能做什么”“我要做什么”，从而不断激发自身的兴趣、开发自身的潜能、探寻自身发展的方向，使自己的阶段发展目标清晰，明确自身的潜能、兴趣与职业倾向的匹配度①，形成自己的高远发展追求与阶段发展取向的一致性。

第三是优良的信息媒体运用能力，这是社会参与方面的延伸。当今世界，一个国家如果不能在信息与数字技术运用上抢占先机，这个国家就将失去未来科技发展的竞争力。放眼世界，德国率先提出了“工业 4.0”标准，美国则喊出了“再工业化”以及“能源互联网”等口号，日本、韩国等工业智能化不断升级，全球正从制造工厂走向“智造时代”，这些都与数字技术运用、“互联网＋”紧密相关。2017 年被寄予厚望的科技进展包括：① 开发新智能（如自动驾驶技术）；② 发现新星体（如寻找太阳系中的“第九行星”与银河系中央的黑洞）；③ 打开新视界（如欧洲 X 射线自由电子激光器将完全投入运用），这些都与信息技术、数字技术的使用不可分割。为了适应乃至成为未来科技的领军人才，就需要在信息媒体运用能力上获得突破。

（二）基于学生核心素养培育的初中课程体系建构对策

初中学校把握共性要求与个性特点，形成学生核心素养认识与解读后，就需要根据这些进行校本化的课程体系建构。主要对策有以学生核心素养培育来统整学校课程的结构，注重学校课程建设研修共同体的建构，学校课程实施管理文化的解构。

1. 以学生核心素养培育来统整学校课程的结构

基于学生核心素养培育的初中学校课程体系建构，首要环节是根据学校对学生核心素养的培育进行学校课程结构的统整思考，可以从学科领域课程与非学科领域课程两大部分进行架构。按照上海市和国家规定的周课

① 罗伯特·C·里尔登. 职业生涯发展与规划[M]. 侯志瑾，等译. 中国人民大学出版社，2014：11.

时数，一周为 43 节左右，学科课程是每周 34 节，还有 9 节课可以作为非学科课程加以探索。非学科课程，不是以学术性作为重要指标，而是以开阔学生视野、介绍前沿内容为主，与中考无关，但与人的素养发展有关。通过学科课程与非学科课程的学习，可以将促进学生在文化基础、自主发展和社会参与三个方面的核心素养上获得更好地提升。

学科领域课程结构奠定初中生获得可持续发展的基石。初中阶段的学校，可以围绕国家、地方课程的共同要求与学校的个性要求结合方式进行校本课程纲要的编写，明确哪些是基础型内容模块要求、拓展型内容模块要求（学科发展延伸）、研究型内容模块要求（与学科在生活中的运用、学生学科探究能力与创新素养提升有关）。育人目标定位在培养有良好的学科发展功力、理性思考能力以及有探究与批判思维的强潜能、有责任心，以学科领域课程建设培养具有国家规定的核心素养学生。华育中学的学生学习基础厚实，除了国家、上海规定的学科课程内容外，还进行了学科课程内容的延伸，包括学科竞赛的课程建设，科技方面的课程不仅强化与国际接轨的 STEM（科学、技术、工程、数学的英文缩写）课程，而且深化符合学校特点的科技特色专门课程的建构（包括聘请外校专家来进行授课），德育课程与音体美学科也形成自己的学科课程标准与校本纲要。

非学科领域课程架构为学生志、趣、能开发创设广泛空间。对于非学科领域课程的架构，关注学生核心素养的进一步夯实，并围绕学校的个性发展需求进行深化，通过各种各样的活动、项目，来培养学生的志向、兴趣与潜能。非学科领域的课程，不仅深化学生必备的核心素养，而且关注不同类型初中学校独特要求的核心素养。非学科领域课程的架构，应当允许不同的学生，有不完全相同的个性化知识结构，这对于学校发展来说是一种巨大挑战，要求所有教师立足于科技、社会、所从事的领域、学生需求等方面，大力推进非学科领域课程的每一个科目的建设。

2. 注重学校课程建设研修共同体的建构

基于学生核心素养培育的学校课程体系建构，不仅仅要理清学校课程的结构，更为重要的是让教师团队达成共识，不拘泥于自身所在的学科，要具备跨学科，甚至超学科的思想去进行教学，注重学校课程建设研修共同体的建设。初中阶段的学校要打造一支高素养、懂开发、善研究的师资团队，在构建具有引领价值的学科课程与非学科课程系统架构与体系实施过程中，学校教师应当具有学生志趣引领的能力、进行学校课程开发的能力、开展具有国际视野的比较研究能力以及运用现代数字技术进行教育教学的能力。

初中阶段的学校要进一步强化基于学生核心素养培育的学校课程建设研修共同体。在学校课程建设中，教研组组长是负责制、备课组组长是责任制、教师是执行与开发制，层层落实：

(1) 新教师要抓住制定课程框架的机会，不断学习，尽快熟悉了解学校的课程框架，通过积极参与和投入，使自己早些适应框架的要求。

(2) 胜任教师在制定学校课程框架时，要立足课堂教学。学校的课堂是师生教学高互动、高思辨、高质量的课堂，课程框架要在内容上体现出来。学生的诸多问题，需要教师在课堂上去解决，教师的专业发展也需要在课堂上提升。

(3) 骨干教师应该借制定学校课程框架的契机，使自己积累的专业知识升华为专业思想。专业知识不仅仅局限于教师所教的学科、所教的学段，而且要注重邻近学科或跨学科的思维，善于把握小学、中学、大学的学科或专业领域的知识体系，把所教学科知识点串成线、连成网，最终构成知识体。善于从具体的学科内容中提炼出对学科知识体系本质的认识，从而归纳出解决学科的、跨学科的、综合的教学手段、方式和方法。

(4) 教研组组长应该是学科的带头人，要把制定本学科的课程框架作为抓手，只有研究学科、吃透课程教材，才能准确把握课程框架背后的学科思想或专业思维，真正落实课程框架①。

3. 学校课程实施管理文化的重构

基于学生核心素养培育的学校课程体系建构，需要对学校课程管理文化进行重构，营造学校课程建设的良好文化支撑氛围，对于学科课程与非学科课程的系统架构与实施，产生潜移默化、可持续发展的影响力。学校的人文环境对学生成长的影响很大，人文环境体现在学校对学生的态度、对教师的态度以及教师对学生的态度。如果教师对学生的态度不好，学生之间的

---

① 尹后庆. 多途径落实学生发展核心素养[J]. 现代教学，2017(3A)：4-7.

关系不融洽，校园文化环境不好，学校对学生、教师不尊重以及贴标签，就不利于学生的身心健康发展与教师的专业发展。初中阶段学校要努力营造一种氛围，不完全用学科水平判断学生的好坏，而要用志趣、优势潜能来判断学生。目前国家与上海的课程标准修改已经基本完成，如何根据国家、上海的标准形成自身的课程架构，进而形成实施体系，包括课程领导、课程管理、课程实施、课程评价以及相应的实施机制与文化建设，让学校课程成为引领学生个性发展与多元智慧生成的载体，需要初中阶段的学校做出探索。

学校将进一步营造基于学生核心素养培育的学校课程建设匹配的物质文化、宣传文化以及走廊文化。譬如，在适当的时候开展学科素养与核心素养提升的教研组特色课程展示与评比活动，围绕科技、艺术专门课程建设进行研讨活动，组织教师进行基于学校课程建设的研究活动，开展非学科领域的精品课程与星级课程考核（采用多样的考评方式，包括竞赛获奖、学生满意率等），进一步深化学校课程改革的物质文化建设，包括强化学校课程实施的硬件支撑与技术支撑。

初中学校基于学生核心素养培育的学校课程体系建构，在实施管理文化上应超出单纯的学科育人范畴，走向人文育人的新境界。从学生的核心素养夯实来说，从促进学校走向卓越、学生走向志趣能匹配而言，必须认识到只为了追求中考第一是没有实质意义的，必须立足于学生未来成才、可持续发展去思考今天的学校课程建设以及实施。学校管理团队要进一步提升课程领导的能力，促进课程管理“善治”空间的营造，吃透学校课程建设的框架与体系，通过制度设计、系统营造、资源优化、广聚意见等，最大限度地参与到各学科、各领域的课程建设中去，将学生核心素养的共性要求与个性要求通过课程实施内化为学生的全面而有个性的可持续发展上。

五、初中优质教育的“航标”与“路径”

初中阶段是学生身心从懵懂走向初步成熟的重要过渡期，怎样为学生提供适合他们发展的优质教育，是每一所初中都需要认真思考的问题。我国初中教育在普及高中阶段教育视野下面临新的发展机遇，那就是每个初中毕业生只要想上学，都能接受高中阶段教育。我国教育总体规模已经迅速扩大，上学难的问题已经基本得到解决，上好学的问题成为主要矛盾。所以，尽管在一定时期内，一些地区、一些领域的民办教育补充性作用依然存在，但从总体上看，民办教育向着优质发展转型已成为一个不可逆转的趋势[①]。在国家与社会“十三五”改革发展的阶段，更需要我国的初中不断根据自身的优势、特点以及学校学生特点，探索初中优质教育的“航标”与“路径”。

（一）定位初中优质教育的“航标”

初中优质教育的探索方向，应把握国家与社会的发展需求。我国正提出从人力资源大国走向人力资源强国，需要我国教育走强。教育走强就需要办好每一所学校，包括催生一大批初中优质教育。由于学校的传统、特色不一样，学生的智能结构与优势智能领域是有差异的，这就为不同类型初中优质教育的探索提供了广泛的空间。作为初中阶段的学校，就需要根据自身发展与集聚学生的特点，进行初中优质教育“航标”追寻的自我定位，主要显现在以下几个方面。

1. 探求优质教育目标的“标杆”——树参照系

每一所初中阶段的学校在探索优质教育的过程中，需要找准自己的发展“标杆”，明晰切合学校自身发展的参照系。有的学校可以区域的优质学校为参照系，有的可以地区、省市的优质学校为参照系，有的可以全国乃至世界范围内的优质学校为参照系。也就是说，应当以一定范围内的“一流”或“先进水平”为参照系。上海的初中阶段学校，要有一批学校能以世界一流或先进水平为参照系。我们一直对上海的基础教育很自豪，因为上海的PISA测试曾连续两次获得世界第一的好成绩，但不要忘了我们的成绩是基础底线高了，但高度领先不多，有些还明显有差距。事实上，在针对初高中前5%的学生培养，我们与国际一流或先进水平的差距还很大，欧美等一些发达国家，针对初高中5%的学生培养，在个性化培育与资源提供的力度方面，比我们国家要大得多，包括这批学生与优秀的大师对话，进入科研机构和大型企业做项目等。因此，在探索初中优质教育的过程中，需要有一批学校以“国际一流或

① 陶西平．民办教育发展要立足“优质”[N]．中国教师报，2011-12-2：12.

国内先进水平”为参照系，也需要大量的学校找到适合自己的优质教育发展定位。

2. 探求优质教育内容的“标准”——立足高地

初中优质教育的探索，需要明确自身发展内容的“标准”，思考学校应该在哪一个或哪些领域成为教育发展的高地，在优质教育内容思考上把握“高地”的要求，这也是各类人才早期培育适应国内外竞争的迫切需求。当前世界各国都想抢占未来人才培养的高地，因为只有如此，才能在未来世界竞争与格局调整中找准自己的位置。放眼世界，德国率先提出了“工业 4.0”，之后美国喊出了“再工业化”以及“工业互联网”口号，日本、韩国等国家迎头赶上，工业智能化不断升级，我国也出台了中国制造“2025”。世界在不断变化，中国也在迅速发展，中国的发展要从过去的融入世界到今后的引领世界，所需要的人才不仅要关心中国，还要面向世界。如何培养具有中国根、世界眼光的英才，就需要早做准备，在初中培养内容上确立一流的标准，考虑适合未来 20 年的教育内容改革，确立相应的教育标准与教育内容。这将包括对不同优势潜能学生的课程建设、智能化内容的融入、社会资本的充分利用、对当前乃至未来科技发展前沿的了解、对全球及中国的重大问题关注等，进行初中教育内容的选择。

3. 探求优质教育方式上的“标码”——坚守适度

实现优质教育有三个层面：第一个层面是从不规范的学校到规范的学校；第二个层面是成为一所有吸引力的学校；第三个层面是从有吸引力的学校到有创新性的学校[①]。每一所初中阶段的学校在探求优质教育的方式方面，关键是走出一条属于自己的创新之路。穿什么样的鞋，选择怎么样的标码，只有自己试了才知道。在优质教育的方式探索上，需要把握优质教育共有的属性，又要探索有自己的传统、特色、文化的道路。从优质教育道路探索的“共性”上，要把握“五个适度”上的考量：① 高度。站在一定的高度来看学校的发展；② 宽度。视野要宽，既要与国内同行比肩，更要有国际视野来分析当前的不足与优势，迎难而上；③ 深度。探索优质教育，要立足于学科优势、特色的不断深挖，形成自己不可撼动的特色、亮点与核心竞争力；

---

① 唐盛昌. 我们需要三种不同意义的优质教育[J]. 现代教学，2010(3)：15.

④ 厚度。注重学校文化的积淀，包括对传统的传承与奠基，营造良好的学校文化引导；⑤ 长度。探索优质教育的时间，绝不是一朝一夕的事，既要把握学校的历史底蕴，也要做好打持久战的准备。

4. 探求优质教育评价的“标尺”——有竞争力

每一所初中阶段的学校在探索优质教育的过程中，要明晰教育评价的标尺，那就是形成自身在一定领域的竞争力。这种竞争力，体现在培育的学生应当具备我国学生的核心素养，需要注重学生志趣能发展的匹配，需要在学校优势发展与特色发展上做出选择。每一所学校优质教育的探索，都需要大力推进具有不同领域发展潜质学生的发展，培养他们有远见、有担当、有视野、有信念，能够适应并引领未来某一或某些领域的发展潮流，具有可持续发展的竞争力。我们的学生在面对迅速变化的社会，面对来自社会的各种诱惑与不确定性，在理想追求、价值观念、胸怀视野等方面，面临严峻的考验，要引导学生坚守自己的理想，耐得住寂寞，使自己能够在志趣与潜能的匹配探索上做出更好的选择，获得更好的成长。我们既要培养不同类型高素质劳动者，也要培育在一定领域具有引领能量的开创者、建设者。在工具性知识越来越多的当今社会，如何培养非功利心的未来某一领域优秀人才，就需要帮助学生掌握未来成长最重要的价值与能力，立足于未来英才核心素养的夯实，如良好的组织能力、深厚的人文底蕴、扎实的科学精神、高尚的审美情趣等，避免人生目标的功利化与庸俗化。

(二) 选准初中优质教育的“路径”

当每一所初中阶段的学校能够清晰地定位好自己学校优质教育的航标，接下来就需要选准适合自身发展的优质教育道路，为不同领域、不同潜质学生成为优质提供各种桥梁、载体、车道，走出一条适合自身特色与个性发展的优质教育之“道”。这种“道”，其实就是探索，有利于优质教育的“原动力”开拓，注重“道”法自然，为学生的成长创设一条属于有学校特点、学生特色的“康庄大道”。

1. 在立德上要注重育人的“仁道”

初中优质教育的探索，学校德育是重中之重。一个有才的人必须有德，否则不但成不了国家栋梁，而且有可能成为“害群之马”。因此，我们在学校优质教育的探索中，应当注重德育工作“仁道”的落实，树立学生的“仁爱之心”与“道德内化”，学校的主要抓手是推进实践型德育，以各类德育实践来推进立德树人的“仁道”落实。

初中优质教育在落实德育“仁道”的过程中，可以从多个方面进行努力：

首先，要立足“绿色指标”育人导向，转变德育观念。强调根据不同的学生群体需求进行德育关怀与人文关怀，将“仁道”贯彻到学校德育实践工作中，将学生的思想道德建设与人文素养夯实统整起来，真正让学生明白“育德”与自身的人文素养提升紧密结合起来，内化到自己的言行举止中，让学生“智育”素养与“德育”素养共同提升。

第二，进一步丰富德育课程与活动，搭建实践舞台。学校德育的方式要从“灌输”走向“渗透”，从“有痕”走向“无痕”，从“无趣”走向“有趣”，将德育目标分解、渗透到具体的德育实践课程与活动中，包括以志愿者服务、爱心义卖培养学生的社会责任；以科技活动培养学生的创新能力；以运动竞技比赛培养学生的体育精神；以阅读大赛培养学生的人文情怀。

第三，进一步开放与利用校外资源，推进社会实践。要不断引导学生去体验社会、走入社会，真正将资优生的仁爱之心与社会发展需求联系在一起。

2. 学校课程建设应注重彰显内涵中的“跑道”

当前初中阶段的学校课程建设做了许多具有自身特色的工作，包括分层次学校课程建设、特色科技教育课程建设、多样化第二课堂建设等，但我们往往忽视了从学校课程的另一个本意，即对学校课程“跑道”中的“奔跑”把握得不够，没有反映出学校课程建设是一个动态、不断发展的过程。初中优质教育在彰显课程建设的“跑道”之义，可以从以下几个方面努力：

第一，推进智育课程在激发学生兴趣、潜能方面的活力。关注不同优势领域、不同层级学生的可持续发展。讲智育课程，不完全以学校为主的传统课程，要适度打破一些以学科为中心的构成，以激发学生兴趣、潜能为主的板块式、微课程等课程的开发，包括对数字时代的认知方式的探索，可借用数字技术来探索新知，包括知识定位、课题搜索、内容整合、发散创新、参与互动；对项目设计常用方式的探索；对科学探究常用模式的探索，如发现问题、提出假设、真伪验证，形成培养学生有科学家的思路和意识的课程。

第二，进一步强化科技教育课程特色与活力。科技教育课程的建设要在优才与英才的早期培育上做出更多的努力，如在STEM（科学、技术、工程、数学）教育以及科技创新实验室建设上进行探索，把握“兴趣引领、运用切入，项目导向、板块支撑，方法养成、创意发展”的思路。学校可以活动课程、课题研究、探究式学习、主题式学习、项目等为抓手，进行多学科的共同学习和跨学科的共同学习。

第三，体艺课程建设真正显现学生成长的“光环”。对现在的优才与英才认识，身体素质与艺术修养是他们可持续发展的重要一环。如果大家关心当前的许多优才与英才的话，都可以看到这样一个共同点：要么他们具有某一个方面特别感兴趣的体育运动爱好；要么具有某一方面的艺术修养。学校在进行优质教育的探索中，应当在体艺课程建设上下更多的功夫。

3. 推进教学改革不断“悟道”

初中优质教育在教学改革上，立足于优质、高质不断进行探索，需要根据不同学科的特点，进行教学特色与模式的建构，在学科教学实践中不断“悟道”十分重要。学科教学改革的“悟道”，在于把握学科的育人内涵、学科的人文价值和学科的特色建设之路。这个“道”包括理解本学科的精髓，形成教学特色，建构教学模式。初中在优质教育探索中“悟道”，可以做好以下几方面的工作：① 营造新教师迅速成长的环境。② 营造学科教学研究的氛围，推进教研组的学科特色研讨。③ 挖掘学科教学特色，将特色建设与教学模式的研究结合。④ 要挖掘和总结出每个教研组的特色，可以邀请专家、行家指导。初中优质教育的教学改革探索，需要结合学校课程改革进行深入思考。

4. 教师专业发展应不断树立“匠道”

初中优质教育，教师专业发展显得十分重要。我们教师经常被称为“教书匠”，如果真正能够领悟“教书匠”的“匠道”，就是一种专业精神与教学个性、特色的提升与升华。当前我国在大力提倡“工匠精神”，对于我们教师来说，其实也有自己的“匠道”。具有工匠精神的教师将教育作为终身事业，专注、执着于教育教学，力求教育教学工作的精细、极致，并在此过程中体验幸福[①]。即努力探索符合自身特点、学科特点、学生发展需求的专业智慧并形

① 王加强. 教师教育：重拾“工匠精神”[N]. 中国教育报，2014－04－28：6.

成相应的专业精神。随着高考招生考试新政的颁布与实行，随着教育环境的变化，尤其是数字技术给教育教学带来的挑战，各种新教学形态层出不穷，如慕课、翻转课堂、在线学习等，要求我们的教师需加强对教学对象——学生的研究。最近，各地区也在酝酿初中升高中的招生考试改革，我们的教师就需要不断加强对招生考试新政对课程教学要求的研究，加强对教育教学环境的研究，努力使自己在教育教学实践中成为“独具匠心”的研究型教师。

5. 学校管理在法理情机制探索上持续“问道”

学校在优质教育的探索中，需要注重学校管理上自己的操作与运行体系，其核心理念是走向学校管理的善治，走法理情结合之路。在遵照“法”“规”的同时，注重学校管理的合情合理。学校应进一步发挥在教育改革趋势引领下管理团队、系统的作用。如果把握改革趋势，完善系统、整合团队、发挥个人智慧，就能形成学校发展的强大合力：个人＋团队＋系统＋趋势＝成功。教师是一个需要能力和素质颇高的岗位，如何保持持续的工作动力？需要一个“立体机制”的激励。底端是利益激励，待遇、道德纪律的约束；高端是理想激励、榜样的示范；中端是工作伦理、兴趣、集体荣誉感。学校在优质教育的探索中，一定要保持管理团队带头推进教育教学研究，提升学校的研究与创新氛围，从而带动教师、学生进行研究与创新。学校应进一步推进学生的综合素质评价，既关注学科学习成绩，也关注学生的品质表现、团队活动等，真正使奖学金发挥激励作用。

学校在初中教育的路径选择中，还可以从学校文化建设上深入下功夫，不断落实“法道”。学校文化建设，包括物质文化、精神文化、制度文化建设。我们将进一步推进学校的文化建设，推进道法自然，发挥学校文化润物细无声的熏陶作用，让教职工和学生在校园生活得有价值、有信仰、有尊严、有幸福、有快乐，营造学校优质教育建设的良好氛围。

六、新中考视野下的初中教育“四个激活”

从2018年开始，上海市推行了高中阶段入学招生改革(以下简称“新中考改革")。面对新中考改革初中教育如何转型或者深化教育内涵,成为初中阶段学校值得关注的重要课题。新中考改革的一个核心理念是,促进学生全面发展,不偏科,努力让每一个学生获得综合素养的全面提升,个性潜质得到良好的开发。新中考实行"两条腿走路",一个是"初中全学全考",一个是"初中生综合素养评价"。

新中考改革后,语文、数学、外语满分 150 分,综合测试 150 分,体育与健身 30 分,新增历史、道德与法治两门计分科目,满分各 60 分。记分科目由以往的 630 分增加到 750 分。其中,综合测试 70 分物理题、50 分化学题、15 分跨学科案例分析题、15 分物理与化学实验操作题。7 门等第评价科目中地理、信息科技、生命科学、科学和社会 5 门科目统一命题,统一评分标准,统一时间组织考试;艺术和劳动技术两门科目,注重平时学习的综合评判。面对新中考改革,需要每一所初中把握改革精髓,进行切合自身学校实情的策略探索。

(一)注重立德树人的初高中衔接——激活学生的创新潜质

新中考改革侧重于学生的全面发展,不是立足于应试,而是立足于学生的素养提升,尤其是立德树人的根本以及每一个学生创新潜质的激活。从新中考的考试改革来看,对学生的学习能力要求更高,不仅强调学生对语文、数学、外语的基础知识与能力的夯实,而且注重学生的跨学科分析能力、动手实验操作能力,强调学生对道德、历史等方面政治、人文素养的奠基。学生要想获得高分,就需要提升自主学习、持续学习以及综合学习的能力,并且思考学习与人文历史、品德的发展。学校要将立德树人放在首位,做好初中与高中阶段的教育衔接,注重激活学生的创新潜质。

初中阶段的立德树人是以初中生综合素养的提升为衡量准绳的,要求学校和家庭从一开始就做好孩子综合素养提升的多种准备,创设多样发展的舞台。初中学生综合素养评价主要包括四个方面:品德发展与公民素养;修习课程与学业成绩;身心健康与艺术修养;创新精神与实践能力。在"品德发展与公民素养"上,德育先行,进一步创设丰富的德育课程,搭建广阔的实践舞台,让学生的品格与胸怀决定学生发展格局,让学生发展的格局影响学生学习眼界与学识。在"修习课程与学业成绩"上,要继续深化课程体系的分层化与拓展课程的多样化,注重学生个性潜质的开发。在"身心健康与艺术修养”上，应注重让学生在多样活动中积淀人文情怀和提升审美情趣。在“创新精神与实践能力”上，努力打造学校多样的特色平台与创新空间，让学生的创新潜质开发建立在多样的舞台与教育资源拓展上。

（二）注重阶梯式课程与创意性教学——激活学校的育人载体

新中考改革要求学生全面而有个性的发展，提升学生的综合素养，这就需要不断激活学校的育人载体，在课程与教学上做文章。学生在成长过程中对不同学科的领悟是有区别的，故建构阶梯式课程系统就成为必然。在课程实施过程中，不同类型、不同区域的初中应把握自身的实际，在培养学生的素养过程中，鼓励开展针对不同学生、不同学校特点的创意性教学。学校需要在课程建设与教学改革上推陈出新，推进学生多元个性发展与学生核心素养提升的一体化探索。这种一体化探索，既注重核心素养与综合素养提升的导向，又鼓励学生的个性潜能开发，将学生学业提升与以学生德育为核心的思想维度，以可持续发展、个性化发展、创新性发展为导向的智能维度，以体验为特征的行为方式维度等多方面结合起来，走出一条新路。

阶梯式课程与创新性教学方面的育人载体建设，对于初中阶段的学校来说还处于探索阶段，需要加强综合性研究。现在我国核心素养的研究探索，既是国际教育发展趋势的把握，又是本土化实践探索的结晶。在课程与教学的载体创设上，需要加强专业化、综合化和本土化。初中教育应把学校课程项目建设作为十分重要的驱动力量，发动全体教师，并积极与高中、高校乃至科研院所等方面的专家学者进行实质性合作，从基础型课程的学科教学纲要与各学科应当拓展的发展内容开展研究，努力推进特色学科、创意性教学特色创建与现代技术平台的整合探索，促进教师、学生基于数字平台（如创新实验室等）的教学方式革新。

（三）注重教师的校本研修与专业提升——激活教师的实践智慧

新中考对教师关注学生的全面而有个性的发展提出了新要求，初中教育应进一步开展教师的校本研修，关注教师的专业可持续发展，不断激活教师在教育教学实践中的智慧。教师的校本研修与专业提升，需要学校创设丰富的校本研修课程，激励教师基于教育教学实践的课题研究。教师应主动关注新中考、新课标对教育教学观念、行为带来的挑战与变化，注重实践中的问题探究，努力成为研究型教师。初中教育应鼓励学科教研组开发多样的校本研修课程，促进教师进行校本研修。校本研修课程与校本课程不同，校本课程是针对不同学生发展的课程，而校本研修课程指向教师培养的研修课程，往往由几个骨干教师为主体进行开发，集聚学科组教师的智慧，促进学科教师的成长，形成学科育人特色，形成教师基于实践探索的学科特色研修课程，供全体教研组教师学习。每一个有兴趣的教师都可以尝试开发供全体教师使用的校本研修课程，如英语教师使用题库研究、错题指导策略等。

校本研修文化的本意是唤醒教师内在对学习的价值追求，是教师生命智慧成长的不竭动力。① 校本研修课程的开发与实施过程，也是研究型教师培养与集聚的过程。校本研修课程的开发与学习，尊重教师团体与个体参与的价值，注重调动一线教师共同研修的力量。研究型教师是立足于学校发展实际与学生成长，注重把基于实践的课程开发与教学研究当作一门工艺、技艺、手艺去认识的教师，其能够在研究过程中形成一种关注教育教学实践与时俱进的“工匠精神”。学校在教师开展基于实践的教育教学课题过程中，鼓励教师采取“走出去、请进来”的方式，深化学科专业视野与拓展专业实践智慧。学校将以课题研究、分组培训等方式，加强教师与学科专家、外聘教授的对话，拓展研究，开阔视野，鼓励教师进行跨学科的交流与研究。

（四）注重学校法理情管理机制的完善——激活管理的文化效能

新中考改革对学校管理提出了挑战，初中阶段的学校管理需要在学生的学科成绩提升、综合能力培育、课程载体创设、教学管理革新、教师专业发展等方面做出教育善治处理，完善学校管理机制，并将诸多管理举措上升到文化层面，真正发挥学校管理的文化效能，将新中考强调的育人理念长久地落到实处。在管理过程中，没有法的管理会缺少规范，没有理的管理难以服人，没有情的管理不通人性②。不同类型的初中，教育管理应当根据我国教育体制改革的法律法规要求，进行切合情理的处置，形成先法后理再情三者结合的管理机制，激活学校管理的文化效能。

将法理情管理上升为学校管理文化，并产生促进学校教育质量的效能，

---

① 熊伟荣. 营造教师校本研修文化的“生态场”[J]. 教学与管理，2016(5)：20－21.
② 张友苏. 管理艺术：法、理、情的有机统一[J]. 求实，2002(2)：57－59.

需要长期努力推进“以人为本,依章办事,诚信合作,和谐发展”的理念落实,建构高效能的学习型与管理型组织体系。立足于新中考理念的落实与学校办学特色的彰显,学校管理要善于立风气、用人才、建规则。立风气是倡导以奋斗者为本的理念,并在行动上带头。让全体教职工逐步树立共同的信仰,共同的价值观,共同的道德标准,把学校的发展放在重要的位置,从而促进学校与时俱进。用人才是要让一批有责任感、使命感的老师有用武之地,学校的强是团队强,老师强,疑人不用,用人不疑。建规则是一个好的学校要有规则,要有行为准则,做事要有制约,健全制度,订规矩,制定纪律等,可以提高效率,有章可循。

学校在教师管理、家校合作、应急处理等方面应形成很好的管理机制。教师管理注重让教师产生学校的归属感。在家校合作上,建立信任系统。在应急处理上,不要过高或过低估计自己的能力。处理问题要讲节奏,不能情绪化,不能就事论事,不能激化矛盾。学校鼓励教师把握工作和生活的平衡,生活中只有工作是不健康的,应该享受生活,希望每一个老师有幸福感,有成就感。

七、未来学校视野下初中教育改革的几个方向

所谓“未来学校”是指着眼于未来的人才培养规划和教育发展战略,整合或融入现代教育技术、数字技术乃至智能技术进行育人实践的学校教育形态。为抢占面向未来的人才竞争制高点,全球教育变革正在如火如荼地进行,学校教育将迈入一个面向未来的全新时代。在未来信息与智能时代,现在的许多工作会被智能技术替代,但人的创造力与情感是无法取代的,世界各国都围绕“关于培养 21 世纪人才技能、提升 21 世纪核心素养”进行改革。许多学者以及对学校教育怀揣梦想的人士对未来学校进行了理论探索、实践勾勒以及学校改革行动。从事基础教育的教育者,应当针对未来学校的发展趋势以及对各个学段的挑战进行相应的教育改革思考。我试图以初中教育实践者的视角,来解读未来学校发展趋势对初中教育的挑战,提出几个初中教育改革的方向。

（一）未来学校发展对初中教育的挑战

自美国2003年创建第一所以未来学校命名的学校以来，在欧洲、亚洲等国受到了广泛的关注，并进行了诸多改革的实践，从中可以认识未来学校发展的趋势以及对初中教育带来的挑战。

1. 未来学校的基本发展认识

首先了解一下美国的未来学校发展行动。美国教育分权制影响下的多元化教育运行系统、鼓励学校教育多样化发展的容错机制以及支持学校教育个性化发展的社会文化氛围，激活了美国在“未来学校”的探索上出现了诸多创新行动。在面向未来学校发展的创新行动上，可以看到所谓的“现代意义上的传统学校发展基础上的创新”，如进一步拓展STEM（Science科学、Technology技术、Engineering工程与Mathematics数学的英文单词首字母缩写）的内涵，走向STEAM（添加了“Arts”艺术的英文缩写）、STREAM（添加了阅读“Reading”的英文缩写），乃至“STEM＋”的变化，并将之与学生的创业教育、创业项目、创业指导联系起来；将大学中的“Design Thinking”课迁移运用到中小学，让孩子从小认识到设计思维对于成长的重要；将数据思维与计算机技术平台融入各学科教育中，基于技术平台的分组混合学习广泛运用；谷歌教室（Google Classroom）以及微软、苹果等公司教育软件平台在学校各学科教学中的普遍采用，信息化软环境建设成为学校教育的发展生态等。美国在面向未来学校的创新方面，还可以看到冲击我们对学校教育观念认识的“未来学校”创新形态，如引导学生在通用平台上进行可定制学习的AltSchool及学校像一座东敲西打式的学校Brightworks School等①。

除美国以外，其他国家也在推进未来学校改革或实践项目。俄罗斯的学校“未来项目”是立足现实的学校环境和现有的师资条件，通过改变教育环境，更新教育内容、教学组织形式及管理形式，保证每个学生具有个性化的学习路径。新加坡的“智慧国项目”，鼓励学校充分利用高科技信息通讯手段，扩大学校教学和学习的内涵和外延，为学生提供优质高效的学习体验，提升学习成效，提高学生技能。欧盟的“未来教室实验室”，通过教育技

① 张治. 换个坐标看教育[J]. 上海教育（环球教育时讯），2018(11B)：68－71.

术的引入，支持教与学的方式变革，拓展学生的学习空间。芬兰"FINNABLE2020项目"，正式废除小学和中学阶段的课程式教育，采取实际场景主题教学，旨在促进建立能够打破传统时间、地点和人员限制的创新性学习生态系统[①]。中国教育科学研究院于2016年发布了《中国未来学校白皮书》，对我国未来学校进行了勾勒。此外，联合国教科文组织发布的《教育2030行动框架》以及我国制定的《中国教育现代化2035》，也对我国未来学校的改革提出了发展方略。

未来学校发展的各国行动以及发展趋势，对初中阶段的教育改革提出了新的挑战。初中阶段教育既是衔接小学教育与高中教育的桥梁，也是学生从儿童走向青少年的转型期，这个时期学生教育的可塑性强，对未来的新事物、新技术充满好奇。如果能够在初中阶段开始让学校教育注入面向未来发展的教育元素与技术元素，学生就更容易接受新的知识，锻造新的能力去不断挑战自己。对于初中阶段的学校来说，应当认识未来学校发展的基本趋势，并且认识到这些趋势对初中教育的挑战。

2. *未来学校发展趋势对初中教育的挑战*

从时代发展需求与国家教育战略出发，未来初中教育需要关注未来学校的以下发展趋势：越来越关注学生的核心素养、关键能力的培育，引导学生适应未来时代变革的挑战；越来越关注对人的大脑研究成果的运用，包括大脑的神经可塑性，通过新的体验而改变大脑结构（包括聚焦训练，忽略外来干扰，提供可预测性），引导学生相信他们的才能和能力可以改变，而不是相信智力是一个固定的值；越来越关注学生基于问题或项目的学习（包括自定进度和个性化学习、在线学习），将学习应用于现实生活中的问题解决，让学生与学科领域建立联系，可能以社区为基础，重点关注当地问题；越来越注重开放办学以及学生在课堂之外进行实习和服务学习等多种方式的学习；越来越关注运用新的技术手段来推进教育教学改革，并立足于重新思考学习将如何、何时、何地以及以何种速度进行；越来越关注学校为学生未来生涯发展做准备，关注学生的全人教育，注重学生开展探究学习与课题、项目研究的学术严谨性，与他人合作与交往的情感学习和与获得成功的策略。

---

① 中国教育学科研究院，未来学校实验室. 中国未来学校白皮书[EB/OL].（2016－11）[2019－1－29]. https://max.book118.com/html/2017/0504/104207230.shtm

初中教育应对未来学校发展的趋势，把握初中阶段的学校任务与学生的特点进行改革与突破，需要认识到对学校教育管理者与学校教师带来的诸多挑战。

未来发展趋势对学校教育管理者的挑战。学校管理者对学校的发展思考，要立足于国家高水平人才培养体系与未来社会发展的需求进行前瞻性思考，而不仅仅拘泥于学生是否升入好的高中。要立足于学生的未来生涯发展进行教育内容的整合，认识以学科教学为核心的课程体系正面临挑战。如何让学生学会借用外脑是教育的又一挑战，突破学校围墙的界限重新定义校园的内涵①。学校管理者应把握初中教育改革的特点与未来时代对人才发展的需求进行育人方式的变革，包括引导学生学会选择学习与跨学科学习，根据未来发展目标、兴趣、优势来确定学习计划，从任务完成复杂性视角，推进学生之间的高度协作与相互信任，注重学生的批判性思维培育等。

未来学校发展趋势对学校教师的挑战。教师仍然至关重要，但教师的角色可能会发生变化，从知识的传授者变成与学生一起建构知识，与学生形成师生学术或探究的共同体；教师作为研究者、指导者、辅导员的功能将变得更为凸显；更经常与小组学生和个别学生见面；关注学生成长数据与实证资料的积累等；教师的信息素养将变得越来越重要。未来的教师要重视数据科学，对数据的理解和分析应成为未来教师和管理者的基本功。

（二）基于未来学校挑战的初中教育改革方向

立足于面向未来的学校教育发展趋势与未来学校对初中教育的挑战，把握我国教育体制改革“融通中外”的教育走强要求，需要明确我国未来学校视野下初中教育改革的方向。

1. 将立德树人的核心导向与引导学生自主及个性化学习结合起来

未来学校视野下初中教育改革的立德树人，既要按照国家教育改革的要求培养学生的关键能力（认知能力、合作能力、创新能力与职业能力），将社会主义核心价值观教育与学生关键能力培育融为一体；也需要注重未来学校发展对学生核心素养培育的要求（如批评性思维能力，数据处理与信息素养，设计思维与沟通、交往能力等），立足于国家发展需要的高水平人才培

---

① 唐盛昌. 未来学校教育面临的三大挑战[EB/OL]. 教师博雅·海派新思录，2016-5-30.

育去进行初中阶段教育改革的探索。无论未来学校的发展趋向如何，这一立德树人的核心导向是初中教育改革的引领方向，也是中国教育的文化基础，关注人才培养的超前性“不能只看到社会在现阶段对人才的需求和规格要求，更要看到社会的未来发展阶段对人才的要求，还要看到人的潜在能力和他在未来的发展”①。初中教育改革立足于学校教育立德树人的核心导向以及致力于培育人才的超前性，需要创设良好的发展舞台，在推进学生全面而有个性发展的理念指引下，考虑到每个学校的特点与学生的差异性，引导学生自主及个性化学习，将立德树人的核心导向与引导学生自主及个性化学习结合起来。

2. 将学校教育内容革新与创意性教育教学方式突破结合起来

立足于未来的学校教育内容革新，应着眼于初中阶段学生特点以及集聚初中学生的资质特点去进行重新设计。学校教育内部革新从人的发展需求出发，“教育在许多时候就是一种唤醒，一种体验，一种影响”，“人的回归才是教育改革的真正条件”②。学校教育内容革新就是从时代发展需求的视角，唤醒学生内在的学习本源与动力支撑。学校教育内容的革新与创意性教育教学方式的变革要结合起来，才能将育人的内容载体转化为学生的内在素养。大力推进基于任务、问题解决、项目的学习，深化批判性思维、设计思维、数据思维在教育教学中的整合运用，让课堂教学成为培养学生批判性思维与创新思维的重要渠道。探索突破传统教学模式的课堂教学方式，加快探索新型课堂，这是未来学校成功的标志。

3. 将现代数字技术融入与学校教育信息生态环境建设结合起来

面向未来的学校教育发展以及学生适应未来的发展，如何运用技术、驾驭技术为人的能力增强服务，变得越来越重要。无论是学校、教师、学生，都要进一步思考教育技术的多样化运用，在提升学生基于信息技术、数字技术的学习、探究与创新能力上做出实质性的探索。未来初中教育改革应注重现代数字技术的融入，并努力将数字技术的整合与学校走向现代化的教育信息生态环境建设结合。这种环境建设需要推进开放式学习，重新设计学习空间。变革学习方式，要首先从变革空间开始。

---

① 顾明远. 中国教育的文化基础[M]. 太原：山西教育出版社，2018：308.

② 凌宗伟. 教育的积极力量[M]. 上海：上海教育出版社，2018：127.

4. 将学生学习空间拓展与校外教育资源开发结合起来

面向未来的学生学习空间，已经不局限于课堂、学校，社区、社会都是可以拓展与运用的学习环境。未来的初中教育改革，要将学生的学习空间拓展与校外教育资源的开发结合起来，"教育所处的空间，就是社会整体的系统与生活相关联的系统的一个复合体。它所处的空间性质，既是封闭的，又是开放的，它自身的特殊性不断地与外部的社会、生活元素进行着物质和能量的交换，在传递的过程中完成自身的转换与更新"①。在学生学习空间拓展与校外教育资源开发上，无论是社会研究机构还是企业单位，无论是大学还是社区，都可以用来参与支持学校教育的发展与创新。初中阶段的学校需要进一步探求多样的途径，努力拓展学生的学习环境，进一步开展学生可以利用的社会资源，包括到高校、研究机构、企业进行考察学习，将图书馆等公共资源变成创新活动中心等。

5. 将研究型教师培育与营造学校创新发展机制结合起来

面向未来的学校创新，依旧需要依赖教师的引领与指导，而且教师作为学生发展的促进者、引导者、研究者的作用增强了。初中教育管理者要努力营造教师基于教育教学实践开展研究的环境，推进学校创新发展机制的突破，注重培育研究型教师，将研究型教师培育与营造学校创新发展机制结合起来，"教师研究者倾向于更好地理解自身专业实践对学生学习的影响，与此同时，他们的研究也对更好地理解教育学以及教学实践质量提供了新的、有创造性的方式"②。走向未来的初中教育改革在培育研究型教师的过程中，一定要与学校创新机制建立结合起来，与学校与学生发展的实践需求结合起来，建立教师开展教育教学探索与学生开展课题项目研究的容错机制，鼓励教师敢于去探索。教师教育属于社会场域之中，也属于学校场域之中，需要了解教师教育在社会场域、学校场域中共享哪些信念、价值观和知识。发展中的教师教育场域，需要理解挑战可能会有助于改进教师培养③。学校创新发展的机制，能够让教师在学校教育这个场域中找到自身的价值。

---

① 张子石. 未来教育空间站的设计与应用研究[M]. 武汉：华中科技大学出版社，2016：30.

② [澳] 约翰·洛克伦. 专家型教师做什么[J]. 李琼，等译. 上海：华东师范大学出版社，2018：195.

③ [美] 玛丽莲·科克伦-史密斯，等. 教师教育研究手册[M]. 范国睿，等译. 2017：919－921.

当然，把握未来学校的挑战，面向未来的初中教育改革需要把握的方向还有许多，包括营造学生多样发展的评价体系，注重学生个性发展的校园文化营造，建构数字化教学软件的运用平台等。作为学校的管理者与教育者，需要根据时代的发展思考教育的变革。在探索面向未来的初中教育改革过程中，呼唤我们有高远的格局与良好的教育情怀去不断努力。

附　录

继续保持优质内涵的优势领先 整体推进品质发展的示范引领

——2013—2020学年上海市民办华育中学发展规划

上海市民办华育中学于1999年创办，2010年迁址于目前的新校区。在上海市教委、徐汇区委、区府与区教育党工委、教育局的领导下，华育中学得到了上中输出教育管理与教学经验的全力指导，得到华泾镇政府及其所属华泾实业的鼎力资助和中房置业股份有限公司给予的全力支持。在“强强联手”的体制驱动下，学校坚持德育为先，突显“欲成才，先成人，全面发展”的教育理念，勇于改革与开拓进取，已成为社会各界关注度高的一流优质民办初中，学生进入全市实验性示范性高中的比例居于全市初中的领先地位；历年办学成绩持续处于全市初中的领先水平。近5年来，学生进入市级实验性示范性高中比例超过90%，进入上海中学的学生每年在100人左右，2012年为137人，2013年为147人。华育中学在探索创建一流民办学校上迈出了坚实的一步，并为下一步发挥引领的导向作用奠定了基础。华育中学从创办到2020年，大致经历了三个阶段。

第一阶段：传承底蕴，注重突破领先的创建阶段（1999学年至2006学年）。

华育中学创办之初，注重传承上海中学优良教育传统及乐育菁英的教育理念，并且集聚了上中师资优势对学校发展的支持与倾斜。全校上下迎难而上，勇于探索，敢于尝试，重点在稳定教师队伍、推进教学改革、规范管理制度、优化激活机制等方面有所突破，取得了可喜的进步和发展，保持了在区域范围内领先的地位。

第二阶段：质量为重，注重优质内涵的发展阶段（2006 学年至 2013 学年）。

这一阶段的华育更为关注学校的内涵提升，注重学科优势的发挥，构建了以德为纲的素质教育框架，着力推进校本教学纲要的编写与完善，加强了第二课堂与校本课程建设的规范化。同时，认真汲取徐汇区和全市有知名度优质学校的办学经验，并为我所用，初步形成了自身优势的管理模式，推动了华育在全市初中学校中保持领先。

第三阶段：整体改革，注重品质提升的引领阶段（2013 学年至 2020 学年前后）。

这一阶段，学校将以德育为核心、以教育转型发展为契机、以上海市绿色指标与教育部质量综合评价体系为导向，充分关注学生在小升初的衔接引导以及初升高的衔接突破，立足于教育国际化与人的现代化发展品质，推进学校在上海初中领域的改革与探索中真正发挥凸显优质内涵发展的引领作用。

鉴于上述，华育中学是从注重突破领先的创建阶段，到注重优质内涵的发展阶段，再到转向注重品质提升的引领阶段，需要重点在以下方面予以突破：一是从内涵发展上，需要在规范自主办学、校本课程建设、课堂教学改革、拓展教师视野和提升专业素养等方面进一步下功夫，不仅在上海形成办学特色的领先优势，而且要在全国具有一定的知名度和影响力。二是从拓展外延上，要想使学校成为真正的优质名校，就要提升对外的发言权、影响力、示范与辐射力，发挥名校应有的社会责任与担当。2012 年上海市民办华育中学托管公办紫阳中学不仅开创了民办学校托管公办学校的先例，也开启了华育中学作为名校提升自身话语权与影响力的新篇章。三是从强师兴校上，学校将持续完善管理与激励体制，用学校规划引导个人发展规划，以激励机制激活每一个教师的内驱力，推进教师在师德为范、团队合作、教学特色、国际视野、专业提升等方面有创新突破。四是从教育国际化水平上，华育中学需要立足于已有的办学基础并依托周围的优质资源，以课程为切入口，进一步推进教育的国际化。加强与国外名校师生的交流并吸纳部分优秀的上海外来务工人员子女进行教育实验，推进不同国籍和地区、不同肤色与族群、不同家境与条件的孩子之间的彼此之间的尊重、理解、包容、合作。

2013 学年至 2020 学年，学校的发展规划如下：

第一部分 总体思路

(一) 发展定位

1. 指导思想

服务于上海建设社会主义国际化大都市战略与上海教育实现“四个率先”发展的定位，力求在教育转型综合改革实验中适度超前，坚持“以立德树人为核心，创新精神和实践能力为重点”；坚持“以转型发展为契机，转变校长办学理念、转变教师教学方式、转变学生学习行为”；坚持“以绿色指标为导向，强健学生的身心素养，强调和谐的师生关系，强化校长的领导能力”，把握学校坐落于全国一流城区——徐汇区的地域优势，努力探索引领上海市中心城区优质初中的率先发展、引领发展、创新发展之路。

2. 办学目标

华育中学未来 7 年的办学目标为：**“创建本市领先、全国知名的优质品牌名校。在全市初中学校中，努力发挥绿色评价导向下内涵发展的示范以及品质发展的引领。”**围绕这一目标，做好提升内涵、拓展外延的文章。从“领先”到“引领”的一字之差，标志着含义的大不相同，面临的挑战也大不一样。在未来的办学追求上，力求做到三个统一。

第一，在遵循教育规律中形成独到的教育理想，立德与树人统一。学校将持续秉承“欲成才，先成人，全面发展，张扬个性”的教育理念，遵循学生身心发展规律，强调个性健康发展与未来社会责任担当的合一，注重中小学阶段教育的有效衔接，探索创新人才早期培育的新模式。

第二，在把握教育改革中形成独特的文化韵味，内涵与外延统一。华育中学要在本市初中教育领域发挥引领、示范作用，不仅要在办学名声和学业成绩上领先，更重要的是在内涵上形成学校独特的文化韵味，在校园文化建设等方面的特色办学上提升品位，真正为初中学校提供可示范和借鉴的经验。

第三，在踏准教育节奏中形成独家的办学风格，质量与品质统一。学校要进一步形成特有的改革举措与教育经验，不仅要成为上海市领先的优质初中，而且要在全国具有相当的知名度和影响力。在尊重教育规律的前提下，努力形成"四品"的学校风格，即塑造学生阳光自信的品格、历练教师专业境界的品位、提升校园和谐文化的品味、形成学校质量上乘的品牌。

3. 育人目标

从学生发展的德智体的横向维度与志趣能的纵向维度，构建以下四个方面的育人目标。

（1）品行优秀，学做真人。锻造学生成为有良知、懂感恩的人；塑造学生成为辨是非、树使命的人；培育学生成为有气度、大胸怀的人；促进学生成为有责任、宽视野的人；培养学生成为讲合作、能力强的人；关注学生成为讲荣辱、树志向的人；注重学生成为守法纪、会包容的人；形成理想信念，提升人格品质。

（2）智能全面，彰显个性。使学生数理空间的思辨等全面智能得到良好的发展，同时要关注每个学生的智能光谱组成与优势潜能不同，注重学生兴趣的激活与智趣的开发，促进学生健康个性的发展；强调学生的学科思想方法孕育与实践能力提升，激发学生的创新意识以及未来服务社会志趣的形成。

（3）身心健康，志存高远。让学生的身心获得健康发展，不仅要教会学生学会学习、学会生活、学会做事，更要注重的是学会做人；而且要教会学生具有强健的体魄，在意志磨砺和坎坷励志中学会并懂得内化核心价值，提高审美情怀和人际沟通的情商，促进学生创新思维与健康人格的统一，志向高远与创新素养培育匹配。

（4）国际视野，包容理解。华育的学生能够拓展国际视野与形成海纳百川的胸襟，在把握自身成长的国际标准与中国特色上展现魅力。让学生学会包容，学会在生活中的博爱与尊重；懂得包容，懂得在交往中的理解与互助；善于包容，善于在学习中的合作与共享；自觉包容，自觉在一生中的理解与宽厚。

（二）行动方针

1. 坚持国际标准与中国特色

华育中学要从领先转向发挥引领作用，必须充分考虑本市建设国际化大都市的定位，注重对国际同类学校标准的正确把握。在加快推进教育国际化中，注重深化校本课程的选择性和现代性，促进信息技术与教育教学、教育管理的融合，注重校园文化的建设等。创建国内知名的优质名校，正确把握中国特色与自身优势，做到质量优先、效能优先，实现学校教育适度超前发展。

2. 坚持比较研究与改革创新

学校要持续保持领先中的引领，需要不断加强与国际、国内知名学校的比较研究，明确自身的优势与不足，推进学校的改革、创新。同时要借助上海市基础教育国际课程比较研究所这一平台，推进各学科骨干教师参与国内外教材的比较研究；在促进与国内外同类学校交流和广泛吸取办学经验中，不断推进引领中的发展性突破。

3. 坚持特色创建与管理效能

学校要坚持已有的办学特色，特别要继续保持数学拓展教学与强潜能学生教育、多层次与阶梯式课程设置、丰富多彩的讲座、多样的特色活动等方面的优势，不断提升特色创建的品牌与层次。通过不断拓展教师境界、管理团队的视野，强调法、理、情的管理机制，营造以质量与绩效为核心的管理评价体系，促进现代名校管理效能的显现。

4. 坚持原创突破与教学变革

学校在原有的优势教学模式的基础上，重点探索从小学升初中的衔接以及初中升高中的衔接改革，大力推进教育转型发展的综合改革实验与课题、项目研究，力求在颠覆性课堂、挑战性学习、创意性教学、研究性教育上的变革和突破。努力培养学生批判性、深刻性、跳跃性、逆向性、缜密性思维，让学生能够有更多的时间和机会进行研究性学习。

第二部分 发展任务

（一）学校德育工作引领成人成才融合

华育中学在传承上海中学资优生德育的思路上，始终坚持“大德育”观，强调“欲成才先成人”的德育工作格局。在未来的学校德育工作中，将努力从名校的视角出发，围绕“立志、素养、服务”六个字，推进学生的思想品德教育，彰显德育与学科教育和班主任工作的融合，让德育工作春风化雨、润物无声。

1. 发展目标

注重学生的自主、自尊、自信、自强教育，强化学生的良好行为规范、优秀个人素养以及乐于奉献的精神境界；推进学生的礼仪教育、诚信教育、感恩教育等多样化德育主题特色活动；从明理着手，通过内化和实践体验，注重学生思想道德品质的知、情、意、行统一，促进学生成为立志境界高远、品德素养厚实、责任合作担当的人。

2. 改革举措

(1) **加强学校校本德育课程系统化、序列化建设**。充分发挥班主任在德育的主体责任，推进礼仪教育、诚信教育、感恩教育、尊重教育等主题教育内容的序列化，强调学校德育课程的系统化。每个年级形成系列化、衔接性的德育专题和重点。预初一抓好学生行为规范，良好的习惯和责任意识的教育；初一抓好青春期教育，抓好养成健康心理与审美情怀的教育，强化责任的职责；初二进一步加强诚信教育与立志教育，增强是非观和责任能力；初三强调学生的综合素养提高以及意志品质、抗挫折能力，养成责任自觉。

(2) **推进价值观教育与立德树人紧密结合**。学校努力推进社会主义核心价值观教育要求与上海城市价值取向“公正、包容、诚信、责任”在学校文化建设中的渗透，思考学科教育与德育的结合点，推进学生认识自我价值提升与社会价值追求的紧密结合。努力推进学生对多元文化的理解，关注地区差异的不平衡，充分考虑教育国际化、经济全球化带来的意识形态方面的冲击。

(3) **推进特色德育活动与特色德育教材的编写**。学校将进一步提炼自身的亮点，形成特色德育活动系列，推进校本特色德育教材的形成，如深化生命教育、礼仪规范教育、生活自理教育、人际交往教育的特色化提炼；形成“爱国尚礼、厚德重道、勤学博采、务实创新”的校园文化手册等。

(4) **锻造高素质、懂服务、善示范的德育教师队伍**。“学高为师”，也就是说每一个教师都是学生的“镜子和梯子”。德育工作者只有自身率先垂范，对生活有深切思考，才能承担起育人和管理学生的资格。华育的德育师资培育，要让每一位教师树立育人为本、德育为先和全员德育的思想，以理想信念教育为核心，以爱国主义、民族精神教育为重点，以公民道德、生命健康和现代文明教育为基础，培育学生健全人格。

(5) 强化学校、家庭、社区的三位一体化德育体系建设。学校将充分利用博物馆和科技馆等社会优质资源以及周边社区资源，建立学校、家庭和社区联动的、共同关注学生心灵健康发展的德育机制，强化与托管紫阳中学的德育资源互补，广泛开展志愿者服务与互帮互助活动，充分关注家庭教育的指导工作，重视学校、家庭与社会联合推进学生的情商教育，促进学生在“三位一体”的德育中人格健全发展与特色发展。

(二) 依法规范办学　引领内涵品质提升

学校在强化依法规范办学中，将凸显自主组织和实施教育教学活动，认真落实并严格执行课程计划，为学校新时期的内涵发展发挥更大的引领作用奠定基础。

1. 发展目标

在教育转型发展当中，学校内涵品质提升的特征为：学生是学校发展的主人和主体，教师是学校内涵发展的源泉和动力，校园文化是学校品质提升的标杆和标志。学校内涵品质提升的方法和途径为：要让依法规范办学成为学校实现内涵品质提升的基石；要把依法规范办学成为引领内涵品质提升的重要导向。

2. 改革举措

(1) 持续完善学校管理制度，激发教职工工作热情。学校将继续传承以人为本、民主管理、政务公开，在探索人性化管理制度上创新思维模式。学校要积极推动符合学生创新能力与创新实践发展的学科改革和课堂教学变革探索，一线的教师要以学生为本、二线的管理人员要为师生提供“全天候”的服务，并努力形成规范性的管理制度。

(2) 汲取上中传统优秀文化元素，形成独特的文化韵味。华育中学将继续依托上海中学百年名校的优良传统，传承“守纪 · 尊重 · 感恩”这一校园文化主题，形成“守纪是体现严以律己、宽以待人；尊重是体现彼此理解、团队合作；感恩是体现服务社会、责任担当”独特的华育人的精神风貌。

(3) 重视创新人才早期教育，打造华育特色品牌。结合自身特点，发掘精神资源，推进人才培育的衔接实验，提炼学校精神。借助上海中学拔尖创新人才培育链的构建，思考华育规范办学的新思路，打造华育中学创新人才教育特色。

（三）校本课程建设引领个性多元智慧

课程建设是学校发展的基本资源，而有质量的校本课程是一流、现代名校的核心资源。要建立华育独特的校本课程框架并努力形成体系，是促进引领学生个性健康和多元智慧发展的关键所在，更是在上海引领义务教育阶段学校示范与品牌效益优势的所在。华育要成为上海引领、中国知名的现代名校，就需要在学校课程建设上率先突破。

1. 发展目标

把握上海课程标准，加强特色化、个性化的课程建设，推进建立以市级博物馆、科技馆等以及徐汇区和上中优秀人文优质资源结合的阶梯式课程设置；构建立足于创新、创造和创意企业家为主的多样化选择性课程；形成以上中课程图谱为样本、体现华育特点、适合初中生学习的跨学科、强潜能开发的课程系列，体现并形成初高中课程衔接与创新人才早期培育的衔接。在学业上关注“奠基、激趣、挖潜”，注重学生实践能力与创新意识的提升，促进课程建设在激活学生广泛兴趣与强化学生基础学业素养上的活力，实现学校课程改革的高位、引领与公认。

2. 改革举措

(1) 推进阶梯式课程设置与学生广泛兴趣激活、个性潜能开发的结合。需要建设全面满足所有学生高质量的基础性学习和重点满足学生多元化的提高性深造的阶梯式课程设置：一是旨在完成正常学历教育所需要的国家课程；二是旨在培养学生学科兴趣的选修课；三是旨在扩充学生视野的以院士和高校一线教授为智库人选的拓展课；四是旨在培养学生健全人格的特色活动课程；五是旨在拓展一些智优生学习空间的辅修课程。这样的课程将学生的兴趣激活、个性潜能开发紧密结合。

(2) 推进校本化课程教学标准的完善与提升。随着国家义务教育课程标准的修订，我校的校本化课程教学标准也将进一步修改、完善、提升，对学生认知水平从“记忆水平”“解释性水平”“探究性理解水平”等进一步细化，使之符合华育中学的学生发展需求，强调与知名高中在推进学生基础素养、创新意识、学科潜能等方面的衔接，推进学生的学科思想方法、实践能力、创新意识的培育融为一体。

(3) 努力推进基于实践的国际课程比较研究与校本特色课程的开发。学校将进一步强化自身优势课程的开发，尤其注重发动相应的骨干教师，开展初中理科课程与教材的中、美体系的系统化比较，丰富自身的优势学科教育内容与特色校本课程的建构，为学生的个性化知识构成奠基，为学生的个性潜能开发奠基。借助上海市基础教育国际课程比较研究所的力量，促进教师开展初中阶段国际课程的比较研究，从中找到有价值的元素来推进学校课程改革。

(4) 推进学校课程实施的多元匹配。借鉴上海中学课程图谱的制定和实施经验，吸收国际课程精髓，推进课程选择，强化自身特色。学校要求每位教师一学期需要开设一至三门不同类型的学校课程科目、模块供学生选择学习，在实施形式上多样化，可以是小型、微型，讲座或主题报告等。与此同时，学校还将充分利用上海市或徐汇区的优质教育资源、本校校友资源，并与一些知名的大学、科研院所、企业合作，进一步丰富课程实施的资源匹配。我们还强调课程的规范内容、评价，大力推进教材编写，逐步形成自己的学校课程教材。

(四) 课堂教学变革引领学生潜能开发

教育的转型与信息技术的飞速发展必然引发课堂教学的变革，而课堂变革的重要目的便是进一步促进学生潜能的开发。学校要发挥引领作用，必然要走在课堂教学变革的前沿。努力创建与课程相适应的教学特色与学科特色，是学校特色化建设走向深入的重要标志。学校将强化教学的道德与智慧整合，推进学生学习动机与兴趣的激发，促进多元特色的教学风格的形成。

1. 发展目标

学校将抓住民办学校特色化建设的契机，推进语文、数学、物理、化学、艺术等学科特色与教学特色的形成。既强调学科的“基色”，又强调拓展的“多色”，推进“挑战性学习、颠覆性课堂、创意性教学和研究型教育”的课堂教学变革，最终形成自身的教学特色与学科特色。学校将在原有课程教学内容的基础上，紧跟科技、社会发展步伐，重新审视与变革学科内容结构，将大量反映学科领域最新发展的内容融入教学过程。

2. 改革举措

(1) **变革课堂教学模式，促进学生的挑战性学习**。开展颠覆性课堂的特征探索，挑战传统的师生角色，充分发挥学生的学习积极性；探索为了学生发展的教学，构建发展性评价体系，让学生不断进行挑战性学习。引导学生自主探究与合作，建构研究性学习模式。

(2) **形成并逐步强化基于数字技术的颠覆性课堂**。教师利用数字化设备让抽象知识形象化，并尝试通过现代技术实现全面实时互动；在课堂教学外，通过建立学习交流 QQ 群、微信、微博、论坛、学校 FTP 等资源平台，实现教师之间和师生之间的互动，鼓励学生的质疑和挑战。促进学生基于数字技术的合作学习、探究学习，甚至是超限学习、翻转学习、混合学习等与国际接轨的学习模式。

(3) **整体推进初中课堂创意性教学模式的探索**。注重课堂教学中学生的道德生成、智慧增长以及多种智能的开发，而且关注教学内容、教学方式与教学对象的和谐统一。发挥教师的主动性，鼓励教师对课堂进行创意性设计，推进德智有的交融、无痕交融，加强各年级、各学科德智交融的规律性的探索，让创意教学逐渐成为教师的自在、自觉的追求。

(4) **注重研究型教育，形成学科品牌与鲜明特色**。发动各学科教师，在总结已有经验的基础上，提炼自身学科特色，并围绕此特色开展一系列的研讨课、公开课，进一步拓展特色的内外认可度。与此同时，强化数学等学科品牌，推进特色教学模式的建构。关注学生学习动机的激发与学习兴趣的激活，推进活力高效课堂建构。关注学生的学科学习兴趣的调动，帮助学生确立明确的恰当的学习目标，对不同水平不同能力的学生确定不同的目标，关注教师教学个性与特色的引领。

(五) 教师团队合作引领专业发展

一流优质学校的建设，教师队伍建设是关键。我们强调教师发展的职业精神、科学态度、学科功力、持续发展、国际视野、敬业精神，让教师放眼世界，推进综合素养的整体提升，真正让“综合”“个性”“潜能”“审美”“信念”“创新”等关键词在脑海里扎根。

1. 发展目标

让教师在学科特色创建中不断深化拓展自身教学特色与教学个性的彰显，推进和磨砺教师在国际课程的教学实践中拓展国际视野与胸襟，形成把握国际标准与中国特色，进行特色化教学的建构能力，构建一支充满活力，在区、市各个学科有一定话语权，对学科教学改革能够提出独特见解的一流师资队伍。

2. 改革举措

(1) 强化新教师成长的“三四五六”。努力把好教师入口关，推进新教师的校本化培训，让他们认识到面对现代教育对学科驾驭能力、研究能力、国际视野及学科英语运用能力、数字技术运用和探究性教学能力带来的挑战。新教师在短期内通过努力成长为骨干教师，应认真面对来自多方的挑战，把握未来社会发展必须明确的“方向、能力、心态、奋斗”四个方面重要性，具备使命意识、打拼意识、忧患意识、竞争意识、服务意识，通过第一印象和人格魅力的感染，调整心态，服从学校规章制度，唤起对学校的荣誉感，不断更新知识，提高自己的沟通能力六个途径来迅速实现角色转化。

(2) 努力推进骨干教师、高端教师培养。推进优秀教师成长是学校能否保持领先、一流的重要标准。学校将加强教师梯队建设，推进骨干教师基于实践的特色化培养以及高端教师教学风格与教学个性的培育，强化他们的学科功力与对外影响力。

(3) 拓展教师的国际视野与学生兴趣激活指导能力。学校将努力推进教师开展中外理科教材的比较研究，促进教师参与国际交流，拓展教师的国际视野，了解世界名初中的教学经验。与此同时，为进一步促进学生的兴趣激活与潜能开发，学校将强化教师在指导学生兴趣培养上的能力，使教师成为学生兴趣培育、潜能开发的引路人。

(4) 推进教研组文化建设，加强对学科教学质量提升规律的研究。在弘扬教师教学个性的同时，注重教师集体智慧的发挥，推进教研组文化建设，抓好统一备课、统一教案、统一进度、统一要求四个统一，强调教师要加强学科教学质量的自身规律研究，鼓励教师撰写学术专著和论文。

(六) 教改实验经验引领义务教育发展

大力推进教改实验，取得能为义务教育发展借鉴的经验，是学校走向引领的关键衡量指标。学校将在教育转型综合改革实验的推动下，大力推进教改实验，力求引领上海市义务教育的改革与发展。

1. 发展目标

学校以课题引领与项目驱动为抓手，坚持先行先试、联动超前、注重衔接、深化内涵的方针，积极探索有高校专家学者、市级优秀学科带头人和上中教师参与指导的跨区域人选、跨学科交叉、多门类并举、多层次推进的教改实验，努力做好人才培育衔接、学生综合素养提升、学校课程系统、学生学习指导、托管体制深化、学科特色平台创建等方面的教改实验。

2. 改革举措

(1) 推进初中与知名高中在创新人才早期培育衔接的实验研究。将有潜质学生的教育与创新人才早期培育紧密结合起来，关注不同阶段教育的早期衔接是华育中学创建上海市领先的名校必须拓展的重要内涵。为此，学校将广泛推进学生的兴趣培育，创设学生广泛涉猎的舞台与空间，及早关注他们的潜能识别与开发，推进他们的创新意识与感兴趣学习领域的整合。

(2) 推进初中生多元个性保持与学生综合素养提升的一体化实验研究。强化学生学业提升与以学生德育为核心的思想维度，以可持续发展、个性化发展、创新性发展为导向的智能维度，以体验为特征的行为方式维度全面拓展的深化研究。在品德发展水平上，特别重视学生的理想信念与人格品质的培育。在学业发展水平上，特别重视学生的实践能力与创新意识的评价。在身心发展水平上，将“审美修养、情绪行为调控、人际沟通”提到应有的高度。在兴趣特长养成上，充分考虑学生发展的多样性与学生的爱好、兴趣与潜能的培育。在学业负担状况上，充分关注学生主观感受与想法。

(3) 推进基于国际视野、实践智慧的教师专业发展实验研究。学校将推进教师充分利用上海市基础教育国际课程比较研究所这一平台，促进教师在实践比较中提升专业素养，尤其是加强对学生兴趣激活、潜能开发的指导能力，充分发挥名校教师专业发展对学生素养持续提升的强大引导力量，推进教师育德能力、增强教师的学科功力、提升教师人文修养与信息素养，鼓励教师进行跨学科的交流与研究。

(4) 推进阶梯式课程建设与创意性教学特色创建的整合实验研究。华育中学将抓住上海市推进民办学校特色化建设的契机，以阶梯式的学校课程体系建构为突破口，把学校课程项目建设作为十分重要的驱动力量，发动全体教师，并积极与高校专家学者等进行实质性合作，从基础型课程的学科教学纲要与各学科应当拓展的内容开展研究，努力推进特色学科、创意性教学特色创建与现代技术平台的整合探索，促进教师、学生基于数字平台的教学方式革新，包括网络学科教学平台、教学资料库建立与教学管理系统等，促进学生具有数字化生存、发展与创新的素养基础。

(5) 推进以托管公办紫阳中学为契机的办学机制改革实验研究。学校将充分抓住托管紫阳中学这一契机，促进学校人力、物力、财力资源的优化整合，进一步推进法、理、情管理机制的营造，在民办学校托管公办学校的优质教育拓展中形成具有示范意义的经验，包括学生流动、教师流动策略等。

第三部分 保障系统

学校的保障系统主要从现代管理机制的营造、学校优质文化的构建、多元资源的凝聚与利用三个方面下功夫。

(一) 法理情融合的现代管理机制，引领学校持续走强

学校管理应从传统意义上“学校是单位”的概念，上升为“学校是组织”的意识，健全学校组织系统是现代名校发展的动力保障，要努力构建高效能学习型组织与高绩效管理型组织，注重以法理情的融合推进学校走强。

1. 发展目标

为促进学校的现代高效管理，华育中学将从学校实际出发，完善管理组织、提升管理效能，推进“以人为本，依章办事，诚信合作，和谐发展”的理念落实，形成法、理、情的管理机制，形成高效能的学习型与管理型组织体系。

2. 改革举措

(1) 努力推进高效能的学习型组织构建。学校将努力建立师生发展共同体、教师教学研究共同体、学生学习共同体，促进学校各组织成员相互合作、共同进步，促进自我超越、整体效能、共同目标、团队学习、系统思考，持续推进学校从学习中获得可持续发展的动力。

(2) 强化法、理、情相辅相成的管理机制。一所现代学校，没有规章制度

是不行的。让共同遵守的规章来推进学校管理的情感维系、权力维系、制度维系。规则在先,程序操作,机会均等,携手共进。在建章立制的基础上,正确处理好奉献与获取的关系及分配制度上的劳动质与劳动量的关系,形成"能上能下,合理流动"的教育人力资源优化策略。法,是我们通常讲的"法则、规矩、制度";理,是我们通常讲的"道理、理论、事理";情,是我们常常讲的"人情、情感、情谊",在学校管理与事务处理的过程之中,三者之间,法是第一位,先要把法则、规矩、制度讲清楚,然后在处理事情时再看是否合理,最后看是否合情。

(3) 完善职能部门以及健全学校管理制度。学生处独立设办公室,分管学生德育;总务负责物资采购、维修、工程、整洁;有关学校财务报销审核、人事、劳动工资、文书档案、网络与接待归校务办;学校招生、教学、竞赛、图书馆、实验室归教学处。学校将充分发挥校务委员会的集体决策作用与家委会的沟通协调作用,进一步推动学校管理制度的健全。

(4) 优化组织系统与人员激励的评价系统。学校将根据校物流、人流、资本流、技术流、信息流的流动与集聚来考核各部门的分工、合作,强调能级授权、集体矢量最大、群体需要趋势导向及把握激励因素。注重对教职员工的劳动价值科学认定,劳动分配按质核算份额应超过按量核算份额。

(二) 激励优化高效,引领校园文化韵味彰显

浓郁的学校文化积淀是现代名校的基础,学校应注重自身传统的弘扬以及核心竞争力、影响力的培育,为此学校将在延续上中优良文化的基础上,充分关注华育自身校园文化的构建,彰显华育中学独特的文化韵味。

1. 发展目标

注重自身富有特色的学校个性文化彰显,提炼自身的学风、教风与校风,在校园文化创建中注重中西文化融合,博采先进文化精华,注重学生个性张扬,强化一流意识,提升在教育领域的发言权。

2. 改革举措

(1) 注重上中文化与华育文化的沟通与衔接。学校将在认真分析上中文化的基础上,对华育这十多年来的文化进行提炼与深化,强化年级之间的相互沟通、衔接,充分考虑初中教育文化自信体系的一体化与序列化,注重整体提升。

(2) 关注学校整体特色与年级、学科特色的匹配。各年级的特色、学科教学特色要与学校整体特色文化匹配,注重分工、合作以及教育内容上的整体设计,如围绕创新素养培育,如何推进学生乐趣、兴趣、志趣的系统培育,同时,关注各自特色的提炼与提升,彰显各学段的个性。

(3) 促进学校与其他名校的交流与互惠。加强学校与国内外其他名校的交流,增进互惠,共同开展国际课程与国内课程的比较研究,形成持续的交流往来,提升学校在交流中的地位与影响力。

(4) 认真处理好国际与国内沟通的关系。华育中学要成为上海领先的名校,就必须把握国际化大都市的特征,海纳百川,不仅要扩大对国内的示范、辐射,而且要扩大国际影响力,提升国际地位,拓展国际合作的空间,提升教育交往的层次。

(三) 多元资源优势互补,引领学校资源开发新格局

学校资源优化是学校实现高效发展、引领发展的重要保障,让人尽其才、物尽其用,让教育技术的发展与学校内外部资源优势互补,形成学校资源开发的新格局,为学校可持续发展提供强大的动力。

1. 发展目标

学校注重充分激活内在人力、物力、财力、技术资源,关注对内对外的协调,促进学校教育资源持续、不断地优化,形成"人才共育、资源共生、特色共建"的发展氛围。

2. 改革举措

(1) 形成以上中、社会专家为主的社会资源智库能量。作为上海中学初中教学基地,学校将尽最大的能力利用好上中与国际部的资源,充分借助上中骨干教师与国际部的比较研究力量,推进学校支撑外力系统的形成,拓展社会资源智库能量,为学校提供智囊服务。

(2) 强化部门服务意识、质量意识、合作意识与奉献意识。服务意识是定位,服务有不同的级差,主动还是被动的服务效果就不一样;质量意识是目标,服务的目标是提高教育教学质量,学校工作的一切是为了学生的发展,要敢于奉献。各部门要以四个意识为出发点,推进资源的利用与协调。

(3) 深化以数字技术为依托的数字化校园建设。在进一步优化数字技术环境的同时,大力提升网络环境下的管理与教学效率。完善校园信息网络管理平台,大力推进数字技术与课程的整合,基于数字平台的教学与评价、学习与管理,促进学校信息沟通渠道畅通、数据库资源共享与基于网络的教师团队教研、师生交流良性互动,提升管理的效能与基于统一数据分析的管理决策。

第四部分 行动计划

1. 学校管理行动计划

(1) 学校管理必须能够为教育教学活动提供全天候、高质量、服务型保障。

(2) 关注后勤服务人员业务水平与思想境界的提升,树立二线人员为一线服务的奉献精神,树立全校一盘棋的思想。

(3) 拓展管理团队的视野,汲取上海中学的丰富管理经验,营造法、理、情结合的管理机制及以质效为核心的管理评价体系。

(4) 加强制度文化建设,不断健全各项管理制度,尤其关注对教职工的激励机制。

(5) 关注信息技术与学校管理的整合,构建整合学校教学、管理需要的信息化管理系统。

2. 教师专业发展行动计划

(1) 建立初中理科国际课程教材研究小组;利用外籍教师资源,推进外教与中教的优势互补。

(2) 搭建多元平台,推进教师专业能力发展,使得教师教育教学的国际视野与学校特色得到良好融合。

(3) 内化教师的思想境界,让教师成为学生志趣激活的引领者,形成一批有特色的学科名师。

(4) 关注教师"一专多能"与"三基(人文基本功、学科基本功、信息基本功)一特(特长与专长)"的发展,在上海市初中教育领域发挥引领作用。

(5) 强化教师基于绿色指标与综合评价的教育教学质量观的树立,形成良好的教研组等级评比制度。

3. 课堂教学变革行动计划

(1) 按照年级实施不同课程，进行分层次、创意性教学改革试点，尤其在数、英、语、计算机等课程教学方面初步形成特色，在颠覆性课堂、创意性教学上有所突破，形成主要学科创意性教学的基本框架。

(2) 建立基于学生学习过程的数据搜集机制，形成更具科学性的教学评价方式，将社会优质资源引入课堂教学与评价机制，与部分高中、高校、科研院所、社会团体等建立实质性联系，共同推进教学与评价变革。

(3) 推进“学科育人・德智交融”为主题的学科教学研讨会与公开课，提炼各学科的华育中学学科育人特色。

(4) 加强初中生学科探究教学与基于数字平台的学习研究，探索在数字化环境下教学改革的新方式、新途径、新思路，形成有利于学生发展的教学新模式。

(5) 推进研究型学科教研组建设，在教学与基于实践的研究上融为一体。

4. 学生德育行动计划

(1) 关注学生的德育体验平台的创设，抓好专题活动教育，将“立志、素养、服务”这一德育思想在学校实践中得到充分贯彻与创设多样化的载体。

(2) 形成5—10门学校德育特色课程与教材的编写思路，深化华育中学德育课程、活动的序列化探索，形成具有华育中学的行为规范教育标准。

(3) 召开华育中学“学校、家庭、社会”三位一体化德育研讨会，推进家长讲师团的构建，在挖掘家长资源上形成体系化。

(4) 在德育队伍建设上形成内外互补、优势整合的多元渠道。

(5) 加强对华育中学德育特色的总结，提炼初中生思想品德发展的基本规律，学校德育引领作用初步显现。

5. 示范辐射作用行动计划

(1) 利用大型研讨会的形式推进示范辐射。如颠覆性课堂设计研讨会、创意性教学改革研讨会等。

(2) 建构并完善与华育中学课程体系相匹配的个性化教学要求及多元、分层的评价方式，取得广为认可的教学改革成效。

(3) 加强以“学科思想与方法”为主题的学科教学讨论，力争在数学、物理、化学、信息科技等学科教学上形成品牌。

(4) 进行利用数字化环境下教学模式变革的实践研究,初步建立与国际接轨的课程教学模式。

(5) 华育中学各学科特色成型并在上海市初中教育中发挥引领作用,实现学生学业水平提升与个性潜能开发齐飞。

6. 推进教育国际化发展计划

(1) 借助上海中学国际课程的实施经验,组织教师认真研究国际主流教育的基本思想、内涵和做法,将其中的先进元素整合到教育教学实践中,开阔办学与育人的国际视野。

(2) 将国际理解教育融入学校的课题体系中,开发促进国际理解与多元文化交流的科目与模块,让学生选择学习,促进学生在课程的学习中增强国际理解。

(3) 加强与海外名校的合作,增加学生出国交流、访问的机会,注重促进学生对国外文化、生活、教育的认识。

(4) 关注骨干教师进修和考察培训,重点放在教师学科国际视野的拓展与专业的提升上。

(5) 以国际一流名校为参照系,借鉴上海中学国际部法理情结合的管理机制,推进学校管理的现代化、国际化。

第五部分　实 施 评 估

1. 基本步骤

第一阶段：2013 年 9 月至 2015 年 9 月为初步实施阶段。

第二阶段：2015 年 9 月至 2017 年 9 月为全面落实阶段。

第三阶段：2017 年 9 月至 2018 年 9 月为发展提升阶段。

第四阶段：2018 年 9 月至 2020 年 9 月为引领升华阶段。

2. 发展评估

建立华育中学推进发展规划专家学者的智库,实施全程的指导、参与、推进和引领。成立专门的 7 年发展规划评估小组,小组成员由校长室与各部门的主要负责人、各类工作委员会的代表组成。

该评估小组负责对 7 年发展规划的内容与实施情况进行及时的发展评估，形成阶段评估报告，提出进一步修改、完善的意见，提交教代会讨论通过后，对学校发展规划进行修订完善。

3. 组织落实

学校将充分调动内外资源，促进 7 年发展规划的落实，将各项任务具体分解到相关部门与人员负责协调落实，建立健全规划落实的激励、问责制度。

加强对 7 年发展规划的学习、宣传、更新，促进全体教职工理解 7 年发展规划内容，并利用朝着规划引领的方向实践、发展、提升。

结　语

融精细、悟性与大气于学校教育探索中

我是1979年从事教育工作的，2019年正好是我从事教育工作40年。其中在上海中学工作整整35年，担任上海中学副校长与上海中学国际部主管20多年；在2006年兼任上海市民办张江集团学校首任校长，2013年兼任上海市民办华育中学校长。2014年从上海中学退休后，一直担任上海市民办华育中学的校长。无论是在上海中学及上海中学国际部的教育探索中，还是上海市民办张江集团学校、上海市民办华育中学的改革探索中，我均注重将自身的精细、悟性与大气的风格融于其中。

我在学校教育管理与开展教育改革探索中，有一个习惯一直保持至今，那就是每次参加大型会议、重要会议或重要活动需要发言时，都认真地准备发言稿。一方面，我认为讲话准备得越认真、细致，方能在讲话中有底气、有的放矢；另一方面，我将准备发言稿的过程也作为学习、提升的过程，而且在准备发言稿的过程中经常向唐盛昌校长请教，不断感悟教育家对学校发展的理性智慧，并且努力转化为实践可操作的方案，觉得这个过程让我对学校教育的认识能够一步步走向深化。

因此，在上海中学工作期间，我的许多发言稿留存在抽屉里，后来校务办公室的同志整理材料时看到了，说这些好的稿子可以汇集起来与教育同行分享，因为这些发言稿是针对学校发展当前需解决的问题与未来学校发展方向的，既有实践智慧，又有启迪价值，而且体现了作为学校管理者的精细、悟性与大气。我一直觉得，这些手稿只是我工作的一个经历，没什么好分享的。后来，学校办公室的同志悄悄地在我退休的时候，将这些发言稿选

择一部分整理成一本50余万字的内部印刷本《精细·悟性·大气——李英副校长论文集》作为我在上海中学退休的礼物，接任唐盛昌校长的现任上海中学校长冯志刚专门在此内部印刷本上写了一篇阅读感言。

到了华育中学工作后，我一直保持重要活动发言准备讲稿的习惯，而且在准备讲稿的过程中，认真思考华育中学到底为什么一直能够成为上海市初中阶段的引领者，其育人的成功密码在哪里？并且将这种思考、认识融入各类发言中予以贯彻与宣讲。经过这7年的探索，我认为华育中学能够成为初中阶段学校发展中的一个品牌，就在于其一直坚持立德树人的使命，敢于从国家、社会发展需求出发，努力创设各类平台来开发资质相对优异的初中生发展潜能，通过营造良好的学校发展氛围、优质教师团队与卓越管理队伍，在教育家唐盛昌先生的引领下，承担起优质民办初中的发展使命与担当。

在华育中学从事管理工作这些年，发言讲稿以及整理的学校发展论文也形成了厚厚的一摞。仍旧是学校办公室老师的提议，可以选择一部分精彩的发言及论文集结起来出版，一方面可以作为华育中学建校20周年的献礼；另一方面也可以让初中教育同行以及社会、家长知道华育中学是如何把握中国特色社会主义新时代发展脉搏进行教育改革的，如何将立德树人、育“德”为先放在首位的，如何在学校课程改革、教学改革中培育优质师资的，如何通过集聚教职工集体的力量共同努力奋斗，实现学校发展一个又一个突破的，真正认识华育中学的成功“密码”，用华育中学的使命与担当回应各种声音。

用“精细、悟性、大气”来形容我的工作风格，最初是源自2005年《教育发展研究》编辑部在“校长风采”栏目给我做的一个专访报道的文章题目《集女性的精细、悟性、大气于一身》。后来，学校同事都认为这六个字是我工作状态的反映：能够将学校改革大的思考、想法转化为细致、可操作的方法和措施；能够及时领悟教育家唐盛昌先生的管理方略并把握、落实到位；不计较自己的得失，分管的工作脚踏实地，不越位、不缺位、不抢功，不会有野心，能够把自己的位置摆好。

我是教育管理专业出身的，擅长教育心理研究，经常学习的书籍和杂志以教育管理、教育心理类的居多，非常关注各个阶段学生发展的身心特点，并针对集聚学生的特点去推进教育改革。在初中教育改革的探索中，我尤其注重将学生身心健康发展放在十分重要的位置，注重学生在身心健康发展的基础上成人、成才，为他们终身可持续发展奠定坚实基础。因而学校这些年的教育教学改革，往往从学生未来10年、20年乃至50年的发展去思考、突破。我想，这本书的出版，可以作为华育中学如何承担初中阶段育人使命的回应，可以作为华育中学如何立足于集聚学生相对优异的特点进行教育改革的初步反应，可以作为同类学校进一步立足于本校实情进行教育参照的响应。

在华育中学建校20周年以及我从事教育工作40年之际出版这本书，也算是我对这些年教育工作认识的一点回馈。这本书的出版，要感谢原上海中学校长、现任华育中学理事长唐盛昌先生的鼓励、支持与这些年的指导；要感谢我的家人在背后的无私支持与付出；要感谢这些年来我的同事的关心与爱护；也要感谢这些年信任华育的学生、家长以及社会各界人士；感谢文汇出版社的竺振榕编辑在较短的时间内校样核对，使之能顺利如期出版。

由于之前并没有准备将这些发言汇集成册，到了决定要出版时编辑的时间比较仓促，疏漏之处请批评指正。

上海市民办华育中学校长　**李英**
2019年9月

图书在版编目(CIP)数据

解读华育中学成功密码：优质初中教育探索之道 / 李英著. —上海：文汇出版社，2019.10
ISBN 978-7-5496-3004-2

Ⅰ.①解… Ⅱ.①李… Ⅲ.①初中—中学教育 Ⅳ.①G63

中国版本图书馆 CIP 数据核字(2019)第 199471 号

·名牌中学研究丛书·

解读华育中学成功密码

——优质初中教育探索之道

李 英 ◎ 著

责任编辑 / 竺振榕
特约编辑 / 胡敦伦
装帧设计 / 薛 冰

出版发行 / 文汇出版社
上海市威海路 755 号
(邮政编码 200041)
经 销 / 全国新华书店
排 版 / 南京展望文化发展有限公司
印刷装订 / 上海新文印刷厂
版 次 / 2019 年 10 月第 1 版
印 次 / 2019 年 10 月第 1 次印刷
开 本 / 720×1000 1/16
字 数 / 226 千字
印 张 / 15

ISBN 978-7-5496-3004-2
定 价 / 45.00 元